APOLLODORE D'ATHÈNES

PINDARE

그리스 신화론

신화의 문헌과 신화의 해석

HÉSIODE

조진근 지음

HOMÈRE

DIODORE DE SICILE

신아사

읽기에 앞서

우리는 현대 사회에 살면서 일상 생활에서든 교육적 과정 속에서든 신화와 자주 접하게 된다. 우리 민족의 신화일 수도, 저 먼 서구의 신화일 수도 있다. 일반적으로 우리가 더 자주 접하는 신화 이야기는 우리 것보다 서구의 것이 더 많고, 그 옛날의 고대 신화들이 더 많다. 더구나 요즘은 어린 시절부터 서구의 고대 신화에 익숙해져 있음을 부인할 수 없다. 신화 이야기는 발달된 영상 매체와 매력적 표현 수단의 덕분에 더욱 쉽게 다가와 우리 어린 세대의 마음 속까지 드나들고 있다. 캐릭터, 애니메이션, 게임, 동화, 영상 등으로 본의 아니게 그래도 자연스럽게 서구 고대 신화 이야기들을 즐겁게 받아들인다.

자신도 모르게 우리의 일부가 되어 있는 서구 신화인 만큼 이제 그 정체 정도는 이해해 보려고 해야 할 것이다. 신화란 무엇인가의 문제이다. 신화가 허구인가 아니면 사실인가? 또는 신화는 허구인가 허구가 아닌가? 신화가 허구라고 답한다면 더 이상 나아갈 필요가 없다. 신화가 허구라기에는 너무 오랜 세월 동안 사람들의 마음을 사로잡아 왔고 중단되지도 않고 사라지지도 않았다. 그렇다면 사실인가? 사실도 역사도 아니라고 말할 수 있다. 그러나 사실이나 역사가 아닐지라도 사실이나 역사만큼 사람들의 마음을 끌어당기는 매력이 숨어 있는 것이 신화이다. 그 매력은 인간의 본성이나 보편적 인간 정신 즉 달리 말하면 자연스러운 인간의 개인성이나 공동체 속에서의 바람직한 사회성을 가장 중시하며 받드는 특성을 가지고 있다.

그러면 신화는 신들의 이야기가 아닌가? 신들을 통해서 인간의 이야기를 전하는 것이다. 좀 더 자세히 말하면 신화 속에서 신화적 주역은 신들의 시대에서 인간들의 시대로 이행하는 흐름을 보여 준다. 비록 신들이 인간의 운명을 장악하고 있다 하더라도 신화에서 그 주인공은 인간이며 신은 점차 뒤에서 조역을 하게 된다고 함부로 말할 수 있다. 비유적으로 표현하면 인간의, 인간에 의한, 인간을 위한 이야기[1]가 신화인 것이다. 문장의 구성이 기본적으로 주어 동사 목적어로 이루어진다면 '인간의'는 주어에 해당하고 '인간에 의한'은 동사에 해당하고 '인간을 위한'은 목적어에 해당하는 말이라 볼 수 있다. 신화는 기본 문장의 구성 성분처럼 모두가 인간이 주체다. 신화의 주인공은 대체로 인간이거나 신의 혈통이 섞인 인간 즉 신인神人이기에 신화에서는 주로 인간이 행위한다. 주어와 동사는 인간의 몫이다. 신은 단지 인간에게 행위의 무대를 제공하는 존재이다. 시공간적 무대를 제공하는 만큼 인간의 생존적 터전이 되는 운명적 힘을 지닌 무대이다. 나아가 신화에서 이야기의 궁극적 대상인 피해자도 수혜자도 다 인간임을

---

1 미국 16대 대통령인 링컨Abraham Lincoln이 1863년의 게티즈버거Gettysburg 연설(게티즈버그 전투 후 7800여 명 전사자를 위한 추모공원 개원식)에서 "우리들은 (…) 그분들의 죽음이 헛되지 않도록, 신의 가호 아래, 새로운 자유를 탄생시키며, 사람들의, 사람들에 의한, 사람들을 위한 정부가 이 땅에서 사라지지 않도록 해야 한다"라고 말하였다.

부정할 수 없다. 신화의 목적은 인간을 위한 것이다. 결국 신화에서는 인간이 인간을 위해 인간적으로 행위한다. 신화이지만 우리 인간에게 매력적으로 남아 머물며, 신화는 우리와 생을 같이 사는 것이다. 달리 말하면 인간이 없으면 신화는 당연히 없고, 인간이 있어서 인간이 신화를 이야기하고 기록한 것이다. 신화는 신이 인간에게 전해 준 것이 아니다. 신들은 먼저 말하지 않았다. 인간이 먼저 신들을 인식하고 신들을 이야기하였다. 왜냐하면 인간에게 필요하였기 때문이다. 즉 인간을 위한 신화가 존재하기 시작한 것이다.

신화는 우리 인간에게 왜 지속적으로 존재하는가에 대한 답이 어느 정도 나왔다. 신화는 인간의 인간에 의한 인간을 위한 이야기이다. 그러기에 신화는 인간적 속성과 특성으로 가득 차 있다. 인간에게는 다양한 개성과 유형이 있다. 한 인간이 하나의 성격만으로 평생 살 수 없다. 성향이 변하고 새로운 취향을 찾고 성격도 변화하며, 남의 성격을 싫어하다가도 자신도 모르게 그런 성향을 취하게 되곤 하는 것이 인간이다. 신화도 인간처럼 생명력을 가지고 있다. 하나의 신화는 법조문처럼 고정되어 전해지는 것이 아니고 다양한 변이체를 형성하는 이야기로 존재한다. 그래야만 싫증나지 않은 생명력으로 지속될 수 있다. 하나의 사건을 전해주는 신화가 여러 다양한 내용으로 전해진다면 그 신화의 진실성이 의심될 수도 있다. 애초부터 없던 이야기를 입맛대로 꾸민 것으로 여겨질 수 있다는 것이다. 그러나 각가지 신화가 다양한 변이체를 가지는 것은 자연스러운 일이다. 오랜 세월동안 구전으로 전해져 왔으니 그럴 수밖에 없다. 더욱이 문자가 생겨 이야기가 기록되기 시작한 이후에도 변이체가 생기는 것은 여전히 막을 수 없는 일이라는 걸 우리는 잘 알고 있다. 그래서 신화mythe가 신화군체mythologie라는 말과 구별되는 것이다. 다양한 변이체를 가진 신화군체야말로 그 신화의 진실성을 더욱 보증해 주는 힘을 스스로 가지고 있는 것이다. 어떤 부모로부터 한 자식만 있으면 그 부모가 진정한 부모이고, 여러 자식이 있으면 그 부모가 제 부모가 아니라는 논리는 성립될 수 없는 것과 마찬가지이다.

이제 더욱 중요한 것은 신화가 전해주는 진실은 진정 무엇인가이다. 처음에 어떤 사건이나 상황으로부터 또는 특정한 목적에 의해 형성되어 다수의 마음과 입에 의해 제 모습을 갖춘 후, 문자 기록의 도움도 없이 오랜 세월을 거치며 다른 환경과 사람들에 의해 풍파에 시달리며 살아남은 이야기가 신화이다. 물론 어떤 신화의 첫 출발점이 사건이 아닐 수도 있다. 그래도 좋다. 애초에는 부모로부터 또는 음유시인들에 의해 오랜 기간에 걸쳐 구전으로 전해져오다가 문자로 기록이 되면서 문학의 위상으로 점차 자리잡게 되었다. 신화는 정도의 차이가 있겠지만 내용적 변화를 수반하기 마련이다. 그런 만큼 신화의 진실을 옳게 밝혀내는 일은 여간 어려운 일이 아니다. 그럼에도 불구하고 신화 속의 꾸밈과 잘못들을 제거하고 남은 진수 즉 신화의 진실을 찾아내야 한다. 그 일이 신화의 해석 작업이다.

시대와 환경이 변화하면서 거기에 맞는 새로운 시대정신이나 사상이 등장하고 거기에 따라 신화에 대한 해석도 달라진다. 그런 만큼 신화에 대한 해석 방법은 매우 다양하다. 그러나 그 많은 다양한 신화 해석 방법을 다 잘 알아보기는 어렵다. 그래서 G. Bachelard[2]도 "신화에 대한 '해석'이 많아질수록 '잘못된 해석'이 많아진다"라고 말한 바 있다. 무엇보다 신화 해석에 대한 방향을 크게 두 가지로 나눌 수 있다. 그 하나는 신화가 사실이나 실제 인물에 대한 이야기라는 관점이다. 그리고 다른 하나는 신화가 그 출발점이 사실이나 실제 인물이 아니고, 인간에 의해 자연과학적, 철학적, 종교적, 심리학적, 상징적 등의 여러 가지 목적을 위해 인위적으로 만들어진 의도적 산물이라는 관점이다. 신화 해석에 관한 이러한 두 방향을 고려해서 본 신화론에서는 가장 기본적이고 대표적인 몇 가지 신화 해석, 즉 역사합리적 신화 해석, 철학적 신화 해석, 심리학적 신화 해석을 중심으로 설명할 것이다. 이를 위해 처음에는 고대 그리스 신화에 관한 문헌에 대한 탐색을 하

2 Gaston Bachelard(1884-1962): 프랑스의 역사적 인식론의 대표자이다. 그는 과학과 기술의 역사 철학 연구소(IHST)의 소장을 역임했다. 문학과 과학 사이의 관계에 관심을 쏟았으며, 특히 상상력에 대한 문학적 철학적인 새로운 접근법을 구축하려 했다. 그는 폴 디엘Paul Diel의 『그리스 신화의 상징성』*Le Symbolisme dans la mythologie grecque* (Paris, Payot, 1952)의 서문에서 그렇게 말을 하였다.

고 마지막으로는 오이디푸스 신화를 통한 신화 해석의 실제를 살펴 볼 것이다.

본 '그리스 신화론'은 신화나 그리스 신화에 대한 깊이 있는 연구서이기보다는 오히려 이에 대한 기본적 이해를 위한 입문적 수준의 글이며, 그런 만큼 많은 부족함이 있을 수 있음을 인정하지 않을 수 없다. 읽는 독자분께는 독서 중 잘못들을 고쳐 읽어 주시는 혜량을 기대하며 아울러 많은 편달도 부탁드린다.

마지막으로 이 책이 기본적인 입문 이론서여서 독자들의 흥미를 잘 끌지 못할 수 있는 내용임에도 불구하고 흔쾌히 출판을 허용해 주신 정현걸 사장님, 한규갑 상무님 그리고 김금란 실장님과 신아사 여러분께 깊은 감사의 마음을 표한다.

2021. 2. 복현 캠퍼스에서
조 진 근

일러두기:

1. 인명, 작품명, 지명 등 고유명사의 원어표기는 각 파트별로 처음 표기에 한 차례만 한글 표기와 붙여 표시하고 그 이후는 한글 표기만 하는 것을 원칙으로 하였다.

2. 고유명사의 한글 표기는 그리스식 발음을 우선적으로 표시하였다.

3. 고유명사의 서구어 표현은 프랑스어 표현을 사용하는 것을 원칙으로 하였다.

4. 의미의 명료성을 위해 때때로 한글 어휘에 한자를 병행 표기하기도 하였다.

5. 주는 대단원별로 구분하여 번호를 매겼다.

그리스 신화론
신화의 문헌과 신화의 해석

차 례

I. 그리스 신화 기록에 관한 문헌

II. 신화 해석의 제 방법

III. 신화 해석의 실제

그리스 신화론

신화의 문헌과 신화의 해석

I.

그리스 신화
기록에 관한 문헌

사실 신화는 인간과 더불어 발생하고 인간과 더불어 존재해 왔다. 그런 만큼 신화에 대한 인간의 관심과 탐구도 끝이 없다. 우리는 신화에 관한 많은 전승 자료들을 가지고 있는데, 그 자료에는 문학, 철학, 역사, 지리, 정치, 천문학, 고고학, 종교 영역에서의 제 문헌과 구전의 신화와 전설과 민담, 고적, 동굴 벽화, 암각화, 도상, 고고학적 유물, 전승되는 원시적 의식 등등이 포함된다. 이러한 여러 자료 중에서 우리는 신화 기록에 대한 문헌적 자료에 한정해서 살펴볼 것이다.

우리가 여기서 알아보고자 하는 대상은 고대의 신화들 중 특히 그리스 민족의 신화에 관한 제 문헌이다. 이 그리스 신화에 관한 제 문헌은 신화 연구의 기본이 된다. 왜냐하면 여러 민족의 신화에 관한 기록 중에서 그리스 신화에 관한 기록이 가장 잘 보전되어 있어 신화 연구가들로 하여금 효율적으로 그들의 연구를 수행하게 해 줄 뿐만 아니라, 많은 작가들이 신화로써 문학적 창조를 할 때나 또는 우리가 신화적 주제의 문학 작품에 대한 분석이나 해석을 할 때 그리스 신화는 가장 중요한 출발점이기 때문이다. 그런데 우리가 그리스 신화에 관한 문헌들로 고찰을 제한하지만 그 문헌들의 양이 대단히 방대하고, 더욱이 우리가 알고 있는 신화에 관한 중요한 여러 문헌들이 원전 그대로 전해지지 않고 일부만 전해지거나 차후에 가필된 경우와, 또 그 문헌의 작가에 대해 잘 모르는 경우가 많다. 그리고 신화 기록에 관한 문헌들이 그 내용에 있어서 구전을 그대로 옮긴 것인지, 기록자의 의견이 어느 정도로 개입되었는지도 확실하지 않다. 이러한 점들이 우리가 그리스 신화에 관한 문헌들을 고찰할 때 겪는 어려움들이다. 우리는 그리스 신화 기록에 관한 문헌들을 가능한 한 연대 순서로 언급해 나갈 것이다. 그 중에서 특히 우주의 기원, 신들의 탄생과 발전, 초기의 인간 문화, 그리고 영웅들의 업적 등에 관한 신화를 잘 이야기해 주는 호메로스Homère의 서사시 『일리아드』*Iliade*와 『오디세이아』*Odyssée*, 헤시오도스Hésiode의 『신통기』*Théogonie*와 『일과 나날』*les Travaux et les Jours*, 핀다로스Pindare의 『승리의 찬가』*Les Épinicies*, 아폴로도루스Apollodore d'Athènes의 『총서』*Bibliothèque*, 디오도루스Diodore de Sicile의 『역사 총서』*Bibliothèque historique* 등에 대해서는 내용의 구성을 중심으로 면밀히 살펴볼 것이다.

이제 신화 기록의 문헌과 그 작가들이 속하게 될 시대를 구분해 보자. 이러한 시대 구분은 신화 기록의 문헌들을 더 잘 이해하기 위해 필요한 것이다. 왜냐하면 초기의 상당수의 문헌은 그 작가나 원본의 여부가 확실히 알려져 있지 않아서, 그로 인한 우리의 부족한 이해에 대해, 그 문헌이나 작가가 소속한 시대적 배경이 도움을 주리라 기대할 수 있고, 문헌이나 작가가 소속한 시대를 아는 것은 우리들로 하여금 신화의 내용을 역사적 진실과 관련하여 이해할 수 있도록 도와주기 때문이다. 그리스 신화를 역사적 진실성과 관련시켜 이해할 수 있다는 점을 고려하여, 이 시대 구분은 그리스의 역사적 관점에서 행해진 것이다.

아마 기원전 2600년경에 소아시아 쪽의 바다로부터 그 기원이 잘 알려져 있지 않은 펠라스고이족Pélasges이 그리스 땅에 들어옴으로써, 이때부터 그리스에서는 청동기 문화가 처음 시작되어 철기 시대의 본격적 출발점인 기원전 750년경까지 계속된 것으로 본다.[1] 기원

1 Cf. *Encyclopédie Française*: fer, Paris, Larousse, 1988.

전 1100년경에 인도유러피언족인 도리아인Doriens이 그리스 땅에 침입해 올 때까지는 에게해mer d'Egée의 40여 개 도서의 군도인 키클라데스Cyclades, 크레타Crète, 미케네Mychènes가 에게해의 세력권을 움직이고 있었다. 이 청동기 시기는 다시 최초의 그리스인들이 도래한 '고대 청동기'(-2000~-1580)와 미케네문명의 시대인 '근대 청동기'(-1580~-1100)로 구분된다. '고대 청동기' 초에는 최초의 그리스 민족에 속하는 이오니아인Ioniens과 아케아인Achéens이 그리스 땅에 들어왔다. 그리고 '근대 청동기'에 즉, 기원전 1200년경에 트로이Troie 전쟁이 일어난 것으로 추정되고 있다. 그리고 기원전 1100년에서 기원전 900년까지는 도리아인이 그리스 땅에 들어와 터전을 잡기 위해 기존의 문화와 맞닥뜨린 시기로서 소위 '고대 그리스의 중세'Moyen âge hellénique라 불리며, 도리아의 군사적 귀족 정치가 그리스의 궁정과 해상의 문화를 파괴하고 지중해의 무역권을 페니키아Phéniciens에게 빼앗긴 후진적 시기였다. 그러나 특이할 만한 사실은 이때 철의 제련술과 기하학적 장식으로 꾸민 도자기가 모습을 보이기 시작했다는 것이다.[2] 기원전 900년경부터 기원전 750년까지는, 도자기의 모습에서 이름을 따서 '기하학적 시대'époque géométrique라 일컬어지는데, 도리아인이 다시 이주하면서 그리스인으로서 적응한 시기가 된다. 이 시기에 호메로스가 나타난다. 그리고 그 이후엔 헤시오도스가 속하는 '고대 시기'époque archaïque(-750~-500)와 핀다로스, 아이스킬로스Eschyle, 소포클레스Sophocle, 에우리피데스Euripide 등이 속하는 그리스 민주주의 전성기인 '고전 그

2 P. Robert, *le Robert des Noms propres*; Grèce, Paris, Dictionnaire le Robert, 1994.

리스기'époque de la Grèce classique가 뒤따른다. 그런데 이 시기 다음부터 그리스는 정치적으로 쇠퇴하기 시작하고 로마에 복종함으로써 완전히 쇠락의 길을 걷게 된다. 그러나 기원전 4세기 후반에 '알렉산더 대제'Alexandre le Grand(-336~-323) 이후부터 소위 '헬레니즘 시대'époque hellénistique[3]가 로마인들이 그리스를 제압할 때까지 계속되어 사상적 정신적 측면에서의 그리스 문화가 꽃핀다. 아폴로도루스는 이 '헬레니즘 시대'의 사람이다. 그리고 이후엔 디오도루스가 속하는 '로마의 시대'가 뒤따르며, 서로마제국이 멸망한 476년부터는 중세로 이어진다. 이제 신화 기록의 문헌들에 대해 호메로스부터 살펴보기로 하자.

---

3 시대 구분에서 '헬레니즘 시대'époque hellénistique가 끝나는 시점은 모호하다. 『로베르 사전』*le Robert des Noms propres*에는 '헬레니즘 시대'는 로마의 정복으로 그리스 지배권이 끝나는 것으로 표현되어 있고, 무르Michel Mourre의 『역사사전』*Dictionnaire de l'Histoire*에는 '헬레니즘 시대'는 알렉산더 대제Alexandre le Grand의 죽음(-323년)부터 오리엔트에 로마가 확고하게 지배하게 될 때(기원전 30년)까지 3세기간이나 그 영향력은 서로마의 시대와 비잔틴 시대까지 미친다고 되어 있고, 또 엘리아데M. Eliade와 쿨리아노I. P. Couliano의 『종교 사전』*Dictionnaire des religions*에는 '헬레니즘 시대'의 끝은 기독교가 도래하는 시기까지이지만 서로마가 멸망하는 시점까지 또는 그 이후까지 헬레니즘의 여러 특징이 계속되어 '헬레니즘 시대'의 끝을 확정해서 말할 수 없다고 되어 있다. 사실 그리스에서는 로마의 지배가 기원전 2세기에 시작된다.

1. 호메로스

고고학적 역사학적 탐구의 노력이 이룩해 낸 여러 역사적 발굴 덕분에, 기원전 1200년경의 트로이 전쟁에서부터 호메로스에 이르는 기간까지의 역사와 호메로스[4]의 서사시와 관계를 어느 누구도 함부로 무시할 수 없게 되었다. 이를테면 1871년에서 1890년에 걸쳐 쉴리만 H. Schliemann의 고고학적 탐사 덕분으로 소아시아의 히사릭크Hissarlik에서 고대 트로이 도시를 발견하게 됨으로써 기원전 1200년경에 트로이 전쟁으로 파괴되었다는 흔적을 신빙성 있게 확인하게 되었다. 1876년에 쉴리만이 황금이 풍부했던 고대 미케네Mycènes의 아가멤논 Agamemnon 왕궁을 발견한 일, 1900년부터 에반스A. Evans 등의 탐사 작업으로 많은 도시를 가진 크레타 섬에서 벽화와 조각된 항아리들을 발견한 일, 또 필로스Pylos에서 네스토르Nestor의 왕궁과 심지어 그 욕탕까지 발견된 일,[5] 특히 그리스어로 서툴게 쓰인 상태의 미케네 문명의 서판書板들이 크레타와 미케네와 필로스 등에서 발견된 사실 등

4 호메로스의 활동 연대에 대해, J. Gabriel-Leroux는 『지중해의 초기 문명』 *les Premières Civilisations de la Méditerranée*에서 호메로스가 기원전 850년경의 사람이라 했고, Jacqueline de Romilly는 『그리스 문학 요론』*Précis de Littérature grecque*에서 호메로스는 8세기에 살았던 사람이라 했고, 『로베르 사전』*le Robert des Noms propres*에는 기원전 9세기에 태어났을 것이라고 했다.

5 Jacqueline de Romilly, *Précis de Littérature grecque*, P.U.F., 1980, p.17 : 『일리아드』의 시가 XI, 632행 이하에 묘사되는 네스토르Nestor의 잔杯은 실제로 미케네에서 발견된 것과 거의 일치한다.

이렇게 오랜 과거의 증거들을 발견함으로써 이것들이 그리스 시인들이 묘사했던 문명들의 근원과 직접 연관되어 있음을 우리는 알게 되었다. 그러한 발견은 역사적 신화적 관점에서 호메로스 같은 시인이 우리를 전도顚倒와 다양성으로 가득 찬 과거로 안내하였으며, 모순이 없는 것은 아니지만 그래도 민족과 문명이 분명히 계승되었다는 점을 우리들에게 알려 주었다.

호메로스의 서사시에 나오는 그리스인, 즉 아케아인에 대해 알아보자. 그들은 인도유러피언의 일파로서 기원전 20세기 초반쯤에 그리스 땅에 들어와서 기존의 펠라스고이인을 내쫓고 주로 미케네, 아르고스Argos, 티린스Tirynthe, 필로스 등을 중심으로 터전을 잡았는데, 이들은 청동기 문화를 소유하고 기원전 1580년경부터 발전하기 시작하여 기원전 1400년경에서 기원전 1200년경까지 그 전성기를 이루었다가 기원전 12세기 말경에 도리아인이 침입함으로써 펠로폰네소스Péloponnèse 북쪽과 소아시아Asie Mineure와 키프로스Chypre 등으로 분산되었던 민족이다. 호메로스의 서사시에 나오는 트로이 전쟁은 바로 이 아케아인의 전성기에 있었던 역사적 신화적 이야기이다. 이 아케아인이 처음 활동했던 시대에 가장 뛰어난 문명을 가졌던 사람들은 기원전 1700년경에서 기원전 1400년경까지 그 전성기를 누렸던 크레타인이었는데, 호메로스의 서사시에 이 크레타인의 영향력도 물론 반영되어 있다. 그런데 이 크레타 문명 시대와 호메로스가 그의 서사시를 쓸 때의 시대 사이에는 적어도 5세기 이상의 상당한 시간적 차이와 문화적 차이가 있다. 게다가 호메로스가 이야기하는 트로이 전쟁의 시대도 호메로스에게는 적어도 4세기 정도나 떨어진 먼 과거이다. 이 점은 호메로스가 그의 서사시를 쓴 것이 오랜 세월 동안 축적되어 온 기존의 전승된 서사시의 도움에 의한 것이라고 판단할 수 있는 근거가 된다.

비록 먼 과거의 신화적 이야기라 다양하고 복잡한 해석을 야기하기는 하지만, 역사적 관점에서 호메로스의 서사적 이야기가 벌어지는 시대적 배경은 상당한 진실성을 가지고 있다. 역사학의 영역에서 철기는 실제로 아케아인에게는 거의 알려지지 않았고 그들이 통상 쓰던 금속은 청동이었지만 호메로스의 시대에는 철기가 벌써 사용되기 시작했었다.[6] 그래서 호메로스의 『일리아드』에서 나오는 시가 XXIII의 261, 834, 850행에는 철기가 아주 드물고 값진 것으로 나타나 있다. 또 철이란 금속은 영웅의 마음을 '철통같은 심장coeur de fer'으로 묘사하는 것처럼 가끔 비유적으로 불쑥 표현하곤 했을 때 나타났던 것이다. 마찬가지로 예외적인 경우나 비유적인 경우를 제외하고는 어로를 하거나 승마를 하는 일은 없었다. 호메로스는 도리아인이 그리스 땅에 도래한 것을 통상 무시하고 있지만 『오디세이아』의 시가 XIX의 177행 이하의 한 문단에는 도리아인에 대해 이야기할 때도 있다. 그런데 호메로스는 페니키아인에 대해서는 자주 이야기하고 있는데, 그 페니키아인의 전성기는 트로이 전쟁 시대보다 2-3세기 뒤 즉 호메로스와 아주 가까운 시대에 위치하지만 페니키아인들은 이미 기원전 2000년대부터 해상권을 중시하면서 활동을 해 왔기 때문에, 이 점 역시 역사적 진실과 완전히 상반된다고는 할 수 없다. 이러한 몇몇 관점에서 보면 호메로스는 『일

6 Cf. *Encyclopédie Française*: 'fer', Paris, Larousse, 1988.

리아드』와 『오디세이아』에서 트로이 전쟁 시대와 호메로스 자신과 가까운 시대를 다소 혼용하기는 하여도, 대체로 그리스의 역사와 그리스인들의 생활과 크게 상치되지 않는 묘사를 하였다.

호메로스의 두 서사시를 자세히 읽어 보면 중복된 부분과 모순된 부분이 있음을 알 수 있다. 『일리아드』의 시가 V에는 필라이메네스Pylémène가 죽은 것으로 되어 있고 시가 XIII에는 필라이메네스가 살아 있는 것으로 되어 있다. 그리고 『오디세이아』의 시가 I과 시가 V에는 같은 신들의 회의가 두 번 있는데, 사실 두 번째 회의는 별로 효과가 없는 것이다. 이런 점들을 미루어 보아 이들 이야기가 후에 가필되어 만들어졌을 가능성이 많다고 주장하는 사람들이 있다. 기원전 2세기의 아리스타르코스Aristarque de Samothrace나 아리스토파네스Aristophane de Byzance 같은 사람들이 그와 같은 의심을 품기 시작했었다. 그리고 17세기의 도비냑abbé d'Aubignac과 18세기의 볼프F.A. Wolf도 호메로스의 두 서사시가 자신의 온전한 작품이 아니라는 비판적 입장을 주장했다. 이 점에 관해서는 오늘날도 확실한 단언을 하지 못하는 상태에 있다. 그러나 명확한 것은 호메로스의 『일리아드』와 『오디세이아』와는 다른, 아마 호메로스가 의지했을 서사시가 있었고 그 서사시들이 오랫동안 음유시인들에 의해 노래되어 왔을 것이라는 사실이다. 이를테면 『일리아드』와 관련되는 것으로 『아킬레이드』*Achilléide*와 『오디세이아』와 관련되는 것으로 아르고Argot 선의 모험Argonautes에 관한 시들이 있었음을 짐작할 수 있다. 어쨌든 여러 가지 점을 고려해 볼 때, 특히 이야기를 기록하는 문자의 존재가 호메로스 시대 초기에 있었다는 점을 상기한다면 우리가 알고 있는 현재의 호메로스의 서사시들은 어떤 한 순간에, 한 시인 또는 일단의 시인들이 문학적 구성 작업을 했고 그 이후에 가필이 있었을 것이라고 결론을 지을 수밖에 없다.

이제 호메로스의 두 서사시들의 구성을 살펴보자. 『일리아드』와 『오디세이아』는 똑같이 24개의 시가로 이루어져 있다. 그 시가의 구분은 숫자나 그리스 문자로 표시되고 『일리아드』에서는 대문자로 『오디세이아』에서는 소문자로 표시되어 있다. 그러나 이러한 구성은 아마 호메로스 이후 기원전 2세기에 알렉산드리아 학파의 아리스타르코스나 아리스토파네스 같은 사람에 의해 이루어졌을 것이다. 『일리아드』에서 시가 I은 아킬레우스Achille가 분노한 이유와 결과에 대해, 시가 II는 트로이 전투의 준비 상황을, 시가 III은 파리스Pâris와 메넬라오스Ménélas와의 첫 전투에 대해, 시가 IV부터는 본격적인 전투에 들어간 상황을, 시가 V는 본격적인 전투의 연속인데 여기서는 신들의 참전, 예를 들면 전쟁의 신인 아레스Arès가 디오메데스Diomède에 의해 부상을 당하는 등의 전황을, 시가 VI에서는 헥토르Hector가 전장에서 트로이 시로 돌아가 시민들로 하여금 아테나Athéna 신에게 기도를 올리라는 당부와 아내 안드로마케Andromaque와 그의 아이들과의 작별을, 시가 VII에서는 헥토르가 전장에서 되돌아와 아이아스Ajax와의 단독 결투를 하다가 밤이 되자 휴전을 한 상황을 이야기하고 있다. 시가 VIII에서는 신들의 회의 결과 신들이 전투에 개입하는 것이 금지되고 제2의 전투가 재개되어 아케아인이 밀리다가 밤이 와서 트로이의 진격이 중지된 것을, 시가 IX에서는 위기에 처한 아케아인이 아킬레우스에게 참전하기를 설득하나 실패한 상황을, 시가 X에서는 오디세우스Odysseus와 디오메데스가 정찰 차 나갔다가 트로이의 정찰 스파이인

돌론Dolon을 잡아 그로부터 트로이의 원군인 레소스Rhésos 왕의 군대에 대한 정보를 자백 받고는 돌론을 죽이고 그 덕분에 트로이 원군이 레소스 왕의 군대를 습격하여 대승을 거두었던 내용을, 그리고 XI에서 XV까지 제3의 전투 상황을 이야기하고 있다. 그리스인들은 트로이군을 그리스 진영으로 끌고 갔고 당분간 그리스에 유리한 상황이 계속된다. 왜냐하면 시가 XIV에서 그리스 편의 헤라Héra 여신이 트로이 전쟁에 관심을 기울이던 신들의 거처지인 이다Ida 산에서부터 잠자던 제우스Zeus를 끌어내었기 때문이다. 그러나 시가 XV에서 제우스가 잠에서 깨어나고 그리스인들은 가장 위급한 지경에 처하게 된다. 시가 XVI에서는 아킬레우스가 그의 친구 파트로클레스Patrocle의 출정을 만류하다가 그들의 배가 불타는 것을 보고 출정을 허락하고 아킬레우스 자신의 군장을 친구에게 빌려준다. 파트로클레스는 혁혁한 전훈을 세우나 아폴론에게 속아 헥토르에 의해 죽음을 당한다. 이제 시가 XVIII에서 아킬레우스는 친구를 잃은 분노를 참지 못하고 그의 어머니는 헤파이스토스Héphaistos로 하여금 아킬레우스의 새 군장을 만들게 한다. 시가 XIX에서 아가멤논은 아킬레우스에게 사죄하고 아킬레우스는 출정을 준비한다. 시가 XX에서 아킬레우스의 혁혁한 무훈이 이야기되고 시가 XXI에서 아킬레우스는 트로이군을 후퇴하게 하고 시가 XXII에서는 마침내 헥토르를 죽여 친구의 복수를 한다. 이제 양 진영에는 죽은 전사들을 위한 장례만이 남게 되는데, 시가 XXIII에서는 그리스 진영에서 파트로클레스의 장엄한 장례가 있고 마지막으로 시가 XXIV에서는 트로이의 왕 프리아모스Priam가 굴욕적으로 아킬레우스를 찾아가 아들 헥토르의 시신을 요구하여 그 시신을 트로이 진영에 가져와 비장한 장례를 치른다.

이렇게 『일리아드』의 구성은 전반적으로 대단히 명료하면서도 동시에 대단히 비극적인 방식으로 짜여 있다. 이 서사시 속의 전쟁은 10년간의 것이지만 실제로 줄거리를 구성하는 기간은 모두 50일밖에 되지 않는다. 호메로스는 이 전쟁에서 전사들의 회의와 신들의 회의가 훌륭하게 교차되도록 하면서 영웅들을 신들과 관련시킴으로써 영웅을 더욱 영웅답게 만들어 주었다. 더욱이 이 서사시는 아주 인간적인 관계를 중심으로 이루어져 자연스러운 감동의 효과를 발휘하는데, 이를테면 아가멤논과 메넬라오스와의 관계, 메넬라오스와 헬레네Hélène의 부부 관계, 파리스와 헬레네의 연인 관계, 헥토르와 안드로마케와 그 아이들의 가족 관계, 아킬레우스와 파트로클레스의 친구 관계, 프리아모스와 헥토르의 부자 관계 등의 근친적 인간 관계 등이 우리를 끌어들이며 특히 서사시의 마지막 부분이 전투의 승리 장면으로 끝나게 하는 것이 아니라 친구나 아들의 장례 장면으로 끝나게 하는 것 등 사랑과 의리와 용기와 연민의 정과 숭고함으로 가득 찬 가장 인간적인 면모로 우리에게 고귀한 감동을 준다.

『오디세이아』는 오디세우스와 그의 부하들의 귀환 모험담에 관한 것으로서 트로이에서 오디세우스의 고향 이타케Ithaque에 다다른 후까지의 이야기이다. 이 줄거리는 40일 동안의 내용인데, 오디세우스와 그의 아들 텔레마코스Télémaque가 만나기 전까지는 두 편을 독립적으로 이야기하는 식으로 되어 있다. 즉 호메로스는 이 서사시의 마지막 부분을 장식할 장소가 될 이타케의 궁정을 처음 무대로 하여 텔레마코스의 상황부터 시작한 후 이어서 오디세우스에게로 이야기를 돌리는데, 이 서사시에도 역시 신들이 줄거리에 개입을 한다. 이 『오디세이아』의 줄거리 구성은 시간적 순서에 따르지 않고 도중에 과거의 모험담을 삽입하여 이야기하는 식이어서 『오디세이아』 자체의 줄거리는 종종 다시 시작하곤 한다. 이 줄거리 구성은 크게 텔레마코스의 이야기, 아테나 신의 가호에 의한 오디세우스의 모험담, 오디세우스가 이야기하는 자신의 지난 모험담, 고향 이타케에 귀환하여 구혼자들을 물리치기 위한 준비 과정, 그리고 구혼자들을 물리치는 상황 등으로 되어 있는데 그 전체적인 흐름은 모험담의 설화적 환기에서부터 이타케에서 다시 세워지는 인간적인 기도로 넘어가도록 하고 있다.

시가 I에서 IV까지는 텔레마코스에 관한 이야기이다. 시가 I에서는 신들의 회의 결과 아테나 신이 텔레마코스에게 용기를 북돋워 수년 전부터 궁정에 모여 있던 텔레마코스의 어머니이자 오디세우스의 아내인 페넬로페이아Pénélope의 구혼자들과 맞서도록 한다. 시가 II에서는 텔레마코스가 이타케 궁정을 떠날 준비를 하여, 시가 III에서 아버지 오디세우스의 소식을 듣고자 필로스에 있는 네스토르 왕에게 가며 시가 IV에서는 스파르타Sparte에 있는 메넬라오스 왕에게로 갔다가 다시 이타케로 되돌아갈 채비를 할 즈음 이타케 궁정의 구혼자들은 텔레마코스를 기습하기 위해 매복을 시킨다. 이런 매복의 위기에 신들의 회의로 다시 아테나가 개입을 한다. 이제 시가 V에서 VIII까지는 오디세우스의 이야기로 넘어간다. 시가 V에서는 오디세우스가 칼립소Calypso와 같이 있던 일과, 제우스의 사자 헤르메스Hermés가 칼립소로 하여금 오디세우스가 뗏목을 만들어 칼립소 곁을 떠나도록 한 일, 그리고 폭풍을 만나 파이아케스인Phéaciens의 해변에 밀려간 일이 이야기된다. 시가 VI에서는 파이아케스인의 왕인 알키노오스Alcinoos의 공주 나우시카아Nausicaa가 빨래를 하러 가서 발견한 오디세우스를 왕궁으로 안내한다. 시가 VII에서는 오디세우스가 알키노오스의 환대를 받으며 자신의 신분을 밝히지 않는다. 시가 VIII에서 오디세우스가 고향으로 귀환하도록 준비를 하며, 사람들은 그의 업적을 예찬하고, 음유시인 데모도코스Demodocos는 트로이의 목마 이야기를 노래 부른다. 다음의 시가 IX에서 XII까지는 오디세우스가 알키노오스 왕에게 이야기하는 자신의 놀랍고 기이한 모험담들인데, 즉 시가 IX에서는 키클로프스Cyclope와의 모험담, 시가 X에서는 바람의 신 아이올로스Eole의 섬과, 식인종 거인인 라이스트리고네스Lestrygons의 나라와, 마녀 키르케Circé의 섬에서의 모험담, 시가 XI에서는 사자死者의 나라에서의 모험담, 시가 XII에서는 키레네Cyrène의 섬과 태양의 신 헬리오스Hélios의 소가 있는 섬에서의 모험담을 이야기한다. 시가 XIII에서 XIV까지는 오디세우스가 이타케에 귀환해서 구혼자들을 물리치기 위한 준비과정으로 예전 그의 돼지치기인 에우마이오스Eumée의 집에 도착해서 자신의 신분을 숨기고 이타케의 상황을 묻고, 시가 XV에서 페넬로페이아의 구혼자들의 매복을 피해 있는 아들 텔레마코스가 있는 곳으로 가며, 시가 XVI에서는 아버지와 아들이 서로를 인지하게 된다. 시가 XVII에서 XXIII까지는 오디세우스와 그의 아들이 구혼자들을 물리치고 오디세우스와 아내 페넬로페이아가 마침내 재회하게 된다. 그리고 마지막의 시가 XXIV는 종말 부분으로서 오디세우스가 늙은 아버지 면전에 가는 일, 죽은 구혼자들의 운명, 이타케 사람들의 반응 등이 묘사된다.

『오디세이아』는 『일리아드』와 마찬가지로 그 구성이 교묘하고 훌륭하게 잘 짜여 있는데, 전쟁을 이야기하는 『일리아드』는 모든 상황이 줄거리 구성의 위기 단계 쪽으로 치닫는 반면에 평화를 묘사하는 『오디세이아』는 여유 있게 과거의 아름답거나 멋진 이야기로 되돌아가기도 하는 유연성을 보여준다. 그러나 두 서사시 모두가 인간과 신을 서로 접근시키면서 결국 인간들의 이야기가 핵심이 되게 하였다. 사실 『오디세이아』는 『일리아드』보다 20년 내지 30년 후에 쓰여진 것이지만 대체적인 구성의 유사성으로 인해 『일리아드』와 『오디세이아』가 같은 작가의 것이라는 판단을 우리는 할 수 있다. 그러나 이러한 판단에도 불구하고 『오디세이아』는 그 자체로서 독립적으로 완전한 하나의 작품이 될 수 있으며 또한 호메로스 풍의 여타의 음유시인들이 있었고 또한 호메로스 이후에도 호메로스의 계승자들이 있었음을 우리가 무시할 수 없다는 사실 때문에 그 두 서사시가 같은 작가의 것이라고 결론지을 수는 없을 것이다.

요컨대 호메로스에게서 신들은 인간의 운명을 결정한다. 호메로스의 서사시에서 신은 자주 인간 세계에 개입하여, 어떤 생각이나 욕망이나 갑작스러운 반응에 대한 영감을 인간에게 부여함으로써 때로는 용기를 때로는 비겁함을 부추긴다. 말하자면 한편으로는 신이 개입함으로써 어떤 인간이 고귀한 존재가 되도록 만들어 준 셈이다. 특히 제우스 신은 『일리아드』에서 공정한 정의를 추구하고 있는 신이다. 제우스는 어떤 인간들에 대해서는 애정과 위안을 표시하는 반면에, 시가 XVI에서처럼 신을 섬기지 않고 정의를 경멸하는 인간들에 대해서는 분노로 대처한다. 제우스는 정의를 존중함으로써 인간들이 맹서에 충실하기를 요구한다. 『일리아드』의 시가 I에서 바로 제우스의 이름하에서 왕들이 법을 유지하도록 한다. 또한 『일리아드』의 곳곳에 즉 시가 I의 262, 시가 III의 133, 시가 XVII의 484 이후, 시가 XIX의 109 이하 등등에서 신들이 정의를 요구하는 암시적인 대목들이 자주 나타난다. 특히 『일리아드』의 시가 VIII에서 제우스는 공정한 정의를 위해 황금 저울을 달아서 그리스 편의 여신과 트로이 편의 여신의 경중을 판가름한다. 『오디세이아』에서는 『일리아드』에서보다 신들이 더욱 인간에게 호의적으로 나타난다. 비록 오디세우스가 포세이돈 신의 끈질긴 분노에 시달리지만 한편으로는 계속적으로 아테나 신의 보호를 받고 있다는 사실은 역시 신들의 공정함을 추구하는 제우스의 의지와 동일하다.

이 호메로스 시대에는 아마 호메로스의 서사시와 유사한 서사시들이 있었을 것이지만 전해지지 않으며, 또한 호메로스 이후에는 그를 모방하는 시인들도 또한 없지 않았는데, 『호메로스풍의 찬가』*Hymnes homériques*가 그 부류에 들어간다.

2. 헤시오도스

그리스 '고대 시기'의 대표적인 시인 헤시오도스는 베오티아Béotie에서 태어났고, 기원전 8세기에서 7세기경에 살았던 것으로 보이는데, 그의 책은 『신통기』와 『일과 나날』 그리고 『방패』*Bouclier*가 현전하는데, 이 작품들은 원본이 아니라 후에 어느 정도 가필된 것으로 보인다. 헤시오도스의 『신통기』는 우주의 기원에 대한 그리스 신화 중에서 가장 중요한 원천인데 여기에서 신화 시대와 초기 인간 문화에 대한 발생과 발전을 더듬어 볼 수 있다. 그리고 헤시오도스의 『일과 나날』은 『신통기』에서 이야기된 초기 인간 문화에 대한 이야기를 보충해 준다.

『신통기』는 300여 신들에 대한 서사시로서 신들의 계보와 세계의 형성을 이야기한다. 『신통기』의 구성은 서언(vv.1-115), 대지Terre와 하늘Ciel, 티탄족Titans 등의 최초의 신들(vv.116-210), 암흑Nuit의 자손들(vv.211-232), 물결Flot과 그 자손들(vv.233-336), 대양Océan과 테티스Téthys 같은 티탄족의 후예들(vv.337-370), 이페리온Hypérion과 테이아Théia(vv.371-374), 크리오스Crios와 그의 자손 그리고 스틱스Styx(vv.375-404), 코이오스Coios와 포이베Phoibé 그리고 헤카타이오스Hécatée(vv.405-453), 레이아Rhéia와 크로노스Cronos 그리고 제우스의 탄생(vv.454-507), 이아페토스Japet와 그의 자식들 그리고 프로메테우스Prométhée(vv.454-616), 백지百支 거인Cent-Bras(vv.617-885), 올림포스Olympe 신들의 자손(vv.886-1022)을 이야기하는 순서로 되어 있다. 즉 3대에 걸친 신들의 계보가 이야기되며, 최초의 신들은 '공空Vide'(또는 '혼돈Chaos')에서, '대지'에서, 그리고 '사랑Amour'에서 태어나는 것으로 되어 있다.

『신통기』의 서언은 이야기récit 부분(vv.1-34)과 찬가Hymne 부분(vv.35-115)으로 나누어지는데, 처음의 이야기 부분은 어떻게 해서 헤시오도스 자신의 소명이 일깨워졌는가를 말하고, 다음의 찬가 부분은 그 자신을 시인으로 만든 시신들Muses을 노래한다. 서언 이후에는 많은 신과 신화적 인물의 목록이 나열되며, 반은 인간적이고 반은 동물적인 괴물의 모습을 한 존재도 나타난다. 이 『신통기』는 전체적으로 보면 신성의 계승으로 정리되는데 그 계승은 처음엔 폭력에 의하여 이루어지다가 결국엔 제우스의 최종적 승리에 의해 폭력이 평정되고 새로운 올림포스 신들의 정의로운 지배가 시작된다. 그런데 『신통기』에 나오는 창조 신화의 몇몇은 약 2000여 년을 더 거슬러 올라가 히타이트Hittites나 우가리트Ougarit의 텍스트에 이미 존재했던 것임이 1950년 이후에 밝혀진 바 있는데,[7] 이 점은 『신통기』가 신의 기원과 발전에 대한 최고의 자료는 되지 못하며 따라서 더 완전한 신화의 기원적 개념에 접근하려면 『신통기』 훨씬 이전의 동방의 많은 신화를 연구하는 것이 요긴하다는 것을 가르쳐 준다. 그렇다면 『신통기』의 가장 독창적인 몫은 무엇인가? 그것은 이때까지 내려온 신화적 유산에 어떤 질서를 부여했다는 것이다. 『신통기』에는, 헤시오도스가 신들의 계보를 제시하면서 또 제우스의 승리를 찬

7 J. de Romilly, *op. cit.*, pp.39-40.

양하면서, 제우스의 새로운 통치에 의해 절대 질서가 부여되었다. 이 질서는 분명히 정의의 승리에 의한 것이다. 헤시오도스는 『신통기』 초반에 벌써 시신들의 은혜에 의해 왕들이 정의로운 판결을 하게 되는 것을 이야기한다.[8]

정의의 개념은 헤시오도스에게 있어서 일상적 일에 대한 것과 관련을 맺는다. 『일과 나날』에서 헤시오도스는 자신의 일상 생활과 그 삶의 고충을 주저 없이 이야기한다. 『일과 나날』에서 그는 자기 형과의 불화, 자신의 시적 활동, 시를 위해 한 칼키스Chalcis로의 여행 등을 이야기하고 있다. 헤시오도스가 생활에 대해 묘사하고 있는 것은 그의 단순한 인간 생활인데, 이를테면 일과 여가, 겨울 의복, 여름 축제, 수확, 포도 수확 등이다. 그는 『일과 나날』에서 형의 일과 형의 재산 관리에 대해 충고를 하고, 들판의 많은 일을 열거하며, 항해에 대한 몇몇 조언과 많은 종교적 금기에 대해서도 기록하였다. 그 내용은 아주 고대의 것이며 아주 개인적인 것이지만 상당히 구체적으로 표현하였다. 이 『일과 나날』에서도 『신통기』에서처럼 가상적인 장대함이 있지만 그것은 그 시인이 살던 지방과 생활하던 환경의 일상적 실생활의 일들로 쉽게 대치되어 버린다. 어쨌든 『일과 나날』에서 구체적 일상 생활의 일들이 이야기되는 것은 헤시오도스가 가지고 있는 정의라는 정신적 이상에 의해서이다. 즉 정직하고 성실하게 살아가는 방법이 정의와 일의 개념을 관련시켜 주는 것이다. 우리도 말할 수 있듯이 나쁘게 번 돈은 결코 득이 되지 못한다고 헤시오도스는 말하며 또한 일하

8 Hésiode, *Théogonie*, Paris, Les Belles Lettres, 1964, vv.85-86.

지 않는 것은 치욕이라고 강조한다.[9] 즉 헤시오도스가 보기에는 일이란 부정의와 반대되는 개념이었다. 그러한 점은 형에 대한 그의 충고 즉, "항상 내 충고를 기억해, 가! 일해!"[10]라는 말에서도 볼 수 있다.

무엇보다도 헤시오도스는 그리스 시인으로서는 처음으로 '나'라는 표현을 썼으며, 자기 자신과 자신의 삶에 대해 이야기한 것도 처음이었다. 그는 뮤즈 신들로부터 영감을 받았다고 말한다. 자세히 말하자면 『신통기』의 첫 부분에 아홉 시신들이 헬리콘 산에서 자기 앞에 모습을 나타내는 방식으로 그가 다음처럼 이야기한 것은 개인적 경험 같은 것이었다.

> "들판에 사는 목자들이여, (…)
> 우리들은 꼭 실재처럼 거짓말을 할 줄 알지
> 또한 우린 원하기만 하면 진실을 공언할 줄도 알지"[11]

더욱이 헤시오도스는, 이 시신들이 그 자신에게 올리브 나뭇가지 하나까지 주면서 있었던 일과 앞으로 있을 일에 대해 그로 하여금 찬양하도록 신성한 어조로 그에게 영감을 불어넣어 주었다고 말하고 있는 것으로 보아, 이 『신통기』가 진실을 말하는 자신의 개인적 경험임을 강조하고 있다. 물론 헤시오도스의 헬리콘 산의 방문은 영감에 의한 것이다. 그렇지만 이러한 시인과 시신들 사이의 직접적 관계는 시에 관한 그의 수준 높은 사상을 표현하고 있다. 이를테면 헤시오도스

---

9 Hésiode, *les Travaux et les Jours*, Paris, Les Belles Lettres, 1964, v.311.

10 *Ibid.*, v.298.

11 Hésiode, *Théogonie,* Paris, Les Belles Lettres, 1964, vv.23-29.

에게는 시를 노래하는 것이 모든 근심을 없애고 또한 지혜를 전파해 주는 것이기에, 그의 『신통기』는 시의 은혜를 환기시키면서 시신들에 대한 찬가로 끝이 난다.

헤시오도스가 보기에 시인으로서의 모든 재능은 시신들로부터 받은 특별한 은총이며 선물이다. 그래서 헤시오도스는 자신이 선택받은 자이며, 다른 시인들보다 우수하다고 자각하고 있다. 그는 자신이 진실을 구체적이고 현실적인 것의 총화로 이해한다. 시신들은 진실을 닮은 많은 거짓된 것을 알고 있다고 직접 말한다. 이 경우에 헤시오도스가 정확히 알 수 없을 성싶은 모든 것을 시신들의 도움을 받아서 눈앞에 시현하게 한다는 것을 우리는 단언할 수 있다.

헤시오도스는 신들을 그 중요성 순서대로 소개하고 있는데 이로써 신들은 그 계보도와는 완전히 다른 권리를 획득한다. 그가 소개하는 신들 중에 '자연 현상들'인 서광, 태양, 달, 대지, 대양, 밤 등의 신이 오고 최종적으로 '그 외의 신들의 신성한 종족'이 온다. 이처럼 신들의 서열에 관해 탐구한 사람은 헤시오도스가 처음이다. 그런데 헤시오도스에게서 신성이 인간 앞에 나타나고, 인간이 신적인 것을 의식하게 되는 구체적 정황 안에서 신성이 작용하는 일은 극히 드물다. 신성의 현현顯現이 우리들에게 정말로 생생하게 되는 것은, 헤시오도스 자신이 시인으로서의 서품을 받는 것을 묘사하고 시신들과의 만남을 서술할 때뿐이다. 헤시오도스는 이 세계에 존재하는 모든 신적인 것에 대한 조망을 보여주려고 시도하면서, 신들을 마치 그것들이 식물 혹은 동물과 마찬가지로 원래부터 우리에게 대상적으로 주어져 있는 자연에 속하는 것인 양 취급하고 있다. 헤시오도스에게서, 신은 인간의 삶에 직접 개입하는 식으로 이야기하지 않으며, 오히려 신성은 영속적인 힘이다. 이 점에서도 헤시오도스는 맨 처음으로 신성을 순간적 힘으로 보지 않고 영속적으로 작용하는 힘으로 파악하고자 했던 사람이다.[12]

헤시오도스의 『신통기』는 서사 문학에서 철학의 도상으로 이행하는 중요한 일보를 내딛고 있다. 왜냐하면 헤시오도스가 신들을 노래함으로써 이 세계에 존재하는 것, 의미 깊은 것, 생명력 있는 것을 기술하려고 한다는 것은 명백하기 때문이다. 즉 세계에 존재하는 모든 것이 생겨났을 때, 이 질서 또한 생겨났으며 따라서 신족에 대한 신화도 당연히 헤시오도스의 『신통기』 전체를 채우고 있는 존재하는 것의 원인에 관한 사색 안에 속한다고 볼 수 있는 것이다. 제우스가 정의로서 세계에 공정한 질서를 준다는 헤시오도스의 사상도 우리는 이와 같은 맥락에서 이해할 수 있다. 왜냐하면 정의는 세계 질서의 원인이라고 헤시오도스는 생각하기 때문이다. 이를테면 우라노스Ouranos와 크로노스는 그들의 부정의에 대한 벌로 망했으며, 제우스는 맨 처음부터 정의로운 신으로 나타났고 그 때문에 그의 지배는 영속적이다. 제우스가 세계에 공정한 질서를 준다는 이 사상은, 헤시오도스의 『신통기』에서보다 『일과 나날』에서 훨씬 더 현저하다. 아마 그것은 헤시오도스가 그의 형과 불공정한 재판관들로부터 받은 부당한 취급 속에서 성장했기 때문일 것이다. 헤시오도스가 믿고 있는 정의란 절대적

12 그러나 호메로스에게 있어서는 그 반대로 시인이 이야기하고 있는 사건에도 신들이 직접 개입하고, 사건의 의미는 신들의 행위에 따라서 우리에게 명료하게 된다.

으로 공정하고 타당한 것 바로 그것에 의해 결국에는 부정한 사람이 벌을 받고 선인이 보상받게끔 배려하는 부동의 질서이다.

헤시오도스는 원칙적으로 그의 신화의 전후 사정을 조리 있게 맞추려고 하지 않는다. 그는 기존의 이야기를 그에게 특정한 연장선상에서 그냥 받아들인다. 그가 강조하고자 하는 것은 신들의 세계에 있는 질서와 정의이다. 그런데 그가 보기에는 인간의 삶이란 타락하고 비참하기 마련이고 신들 앞에서 인간은 무력하고 연약할 뿐만 아니라 정의롭지 못한 존재일 뿐이라서, 우리들의 일상적 경험 세계와 마땅히 있어야 하는 세계의 본연적 모습 사이의 간격은 한층 깊어지기 마련이다. 그래서 그 후의 시인과 철학자들은 실재와 가상, 현실과 이데아 사이를 보다 분명하게 식별하려는 경향이 나타나게 된다. 이 점에서 그는 철학자의 선구자로 인정된다.[13]

요컨대 헤시오도스의 『신통기』는 가장 발전된 상태로 전해져 있을 뿐만 아니라 다른 자료들이 암시적이거나 단편들에 의해 전해지는데 비해 규범적 가치를 지니고 있어 신화의 영역에서 『신통기』는 유난히 남다른 위치를 차지하고 있다.

그리스 '고대 시기'에는 헤시오도스 이외에 다른 많은 사람들이 그리스 신화에 관해 기록했었지만 완전하게 전해지는 자료는 거의 없고, 있다고 해도 대부분 후대의 다른 사람의 책 속에 간접적으로 인용

13 정의를 옹호하는 생각은 호메로스에게는 없는 헤시오도스의 새로운 사상이다. 헤시오도스가 강조하여 표현하는 이 사상은 그 후부터 하나의 전통이 될 것이다. 즉 솔론Solon이나 아이스킬로스 그리고 그 후의 철학자들에게 정의는 빼놓을 수 없는 주된 관심 항목이 된다.

되어 전해지거나 가끔 일부분이 단편으로 전해지고 있는 정도이다.[14] 이를테면 포사니아스Pausanias가 인용했던 서사시인 에우멜로스Eumélos de Corinthe와 여류 시인 사포Sappho, 또 체체스Tzétzès와 에우리피데스의 주해자가 인용했던 시인 스테시코로스Stésichore, 또 플루타르코스Plutarque가 인용했던 시인 알카이오스Alcée, 또 아테나이오스Athénée와 아폴로니오스Apollonios de Rhodes의 주해자가 인용했던 시인이자 음악가인 이비코스Ibycos, 또 플루타르코스와 아테나이오스와 안토니누스 리베랄리스Antoninus Liberalis와 소포클레스의 주해자와 아폴로니오스의 주해자에 의해 인용된 산문가인 페레키데스Phérécyde, 그리고 베르길리우스Virgile가 인용했던 로마의 왕 세르비우스Servius 등이다. 또 그들 문헌의 단편이 전해지는 사람으로는 예언자이자 마술가이며, 『신통기』와 『정화』*purifications*의 작가라고도 알려진 에피메니드Epiménide de Crète, 『트로이의 함락』*Prise de troie*과 『게리오네우스의 이야기』*Histoire de Géryon*의 단편들의 저자인 스테시코로스, 그리고 『옥시린코스의 파피루스』*Papyri d'Oxyrhynque*의 일부 저자인 여류 시인 사포 등이다.

---

14 앞으로 제시하게 될 여러 그리스 신화 관련 작가나 문헌에 관계되는 신화적 주제가 무엇인가에 대해서는 Robert GRAVES의 『그리스 신화』*les Mythes grecs*의 뒤편 주 부분을 참고하는 것이 유용하다.

3. 핀다로스

그리스 민주주의의 전성기인 '고전 그리스기'époque de la Grèce classique는 서정시인 핀다로스과 비극작가 아이스킬로스, 소포클레스, 에우리피데스 등의 시대이다.

기원전 5세기 중반까지 활약했던 서정시인 핀다로스는 헤시오도스 이후로 그 작품이 가장 잘 보존되어 있는 작가이다. 그렇지만 그의 작품 중 고대의 경기자들을 위한 승리의 찬가인 『올림피아Olympie의 축제 경기 승리가』*Olympiques*, 『델포이Delphes의 아폴론Apollon 축제 경기 승리가』*Pythiques*, 『네메아Némée의 제우스 축제 경기 승리가』*Néméennes*, 그리고 『코린토스Corinthe 지협 경기 승리가』Isthmiques로 각각 이름이 붙여진 4권으로 된 『승리의 찬가』Epinicie만이 온전하게 보전되어 있다. 핀다로스는 신에 대한 찬가, 소녀 합창단을 위한 찬가, 장송가 등에 대해 작품을 썼지만 단편들만 불완전한 상태로 조금씩 전해질 뿐이다. 그가 승리자들의 찬가를 묘사할 때 승리자의 묘기나 승리자의 생활을 묘사하지는 않는다. 그는 단번에 승리자의 수훈에 의한 최정상의 의미로 나아가서 일반적인 인간의 삶에 대한 보편적이고도 상징적인 차원을 이야기한다. 그 상징적인 차원은, 시인이 승리를 환기 시킬 때 한편으로는 신화와 또 다른 한편으로는 정신적 교훈과 결부시킴으로써 이룩된다. 핀다로스는 승리자를 신화의 영역으로 들여올 때 왜 이런저런 신화를 선택하는지는 이야기하지 않는다. 자주 승리자의 고향을 이야기하면서, 승리의 장소를 말하면서, 또는 승리자의 생활 환경을 이야기하면서 신화의 영역으로 뛰어든다.

핀다로스 시의 초반부는 화려하며 자주 영광과 신성과 금을 환기시킨다. 왜냐하면 승리의 영광은 신들로부터 오는 것인 동시에 금과 같이 빛나기 때문이다. 핀다로스는 다른 서사 시인들처럼 이야기하지 않으며, 오직 찬란한 이미지로서 환기시킬 따름이다. 신화와 찬사와 권고가 서로 연계되는 그러한 환기는 항상 보이는 것으로 나타나지는 않으며, 간결하고 함축적으로 표현되는 그의 문체처럼 연계 부분이나 결론 부분이 나타나지 않는다. 또 핀다로스의 시에서는 연대적 순서에 연연하지 않음으로써 묘사하는 주제가 자유롭고 갑작스럽게 옮겨간다. 그 시인이 『아폴론 축제 경기 승리가』에서 표현한 바대로 '마치 꿀벌이 이 주제에서 저 주제로 날아가듯' 주제를 옮겨간다.

핀다로스의 시에는 많은 덕성들, 즉 정의, 우정, 용기, 관대, 절도 등이 잘 구현되어 있으며, 또한 평화와 우호에 의한 시민적 이상이 잘 환기되어 있음을 볼 수 있다. 이런 점에서 『아폴론 축제 경기 승리가』 초반부에서 "호의적인 평온함이여, 오! 정의의 따님이여, 도시들을 번성케 해 주는 그대여…"라고 노래하는 부분은 그러한 덕성과 시민적 이상을 계시적으로 잘 표현한 좋은 예이다. 여기에서 보는 정의는 헤시오도스의 정의의 개념과 유사하다. 그렇지만 핀다로스에게 있어서는 도시의 시민들에게 또는 솔론의 시민들에게 적용되는 정의이다. 하지만 핀다로스의 정의는 약간 보수적인데, 왜냐하면 솔론이 부정의와 싸울 때 핀다로스는 조화와 평화를 요구하기 때문이다. 이를테면 그와 같은 어조는 『올림피아 축제 경기 승리가』의 XIII 절에서 "선한 질서인 에우노미Eunomie가, 그의 누이 즉 도시의 수호자인 확고부동한 정의와 함께, 또 다른 누이인 부의 분배자 평화와 함께 거기에 거처하노라"라고 노래한 곳에 잘 나타나 있다.

'그리스 고전기'에서 우리가 참고해야 할 신화 기록은 다른 시기에 비해 무척 많으며, 또한 그 기록이 남아 있는 문헌도 많다. 주로 문학, 역사 등의 영역에서 신화 이야기를 서술하거나 비판하거나 하였다. 문학 영역에서는 상당히 많은 작품이 현전하는데, 플루타르코스와 스트라본Strabon에 의해 인용되고, 그 단편만 전하는 서정시인 시모니데스Simonide의 승리의 오드에 관한 작품, 그리고 시모니데스의 조카이자 핀다로스의 경쟁자인 서정시인 바퀼리데스Bacchylide의 『승리의 찬가』*Epinicia* 중 15편 정도의 오드와 다른 6편의 시적 단편, 비극 시인 아이스킬로스의 『페르시아인』*Perses*, 『아가멤논』, 『제물봉헌자』*Choéphores*, 『에우메니데스』*Euménides*, 『오레스테스』*Orestie*, 『애원하는 여인들』*Suppliantes*, 『프로메테우스』*Prométhée*, 『테바이에 항거하는 일곱 사람』*Sept contre Thèbes*, 비극 시인 소포클레스의 『안티고네』*Antigone*, 『오이디푸스 왕』*Œdipe-roi*, 『아이아스』*Ajax*, 『필록테테스』*Philoctète*, 『트라키아 여인들』*Trachiniennes*, 『엘렉트라』*Electre*, 비극 시인 에우리피데스의 『메데이아』*Médée*, 『대관의 히폴리토스』*Hippolyte porte-couronne*, 『아울리스의 이피게니아』*Iphigénie à Aulis*, 『바쿠스 신의 여제관』*les Bacchantes*, 『알케스티스』*Alceste*, 『엘렉트라』*Electre*, 『헤라클레스의 아들』*Héraclides*, 『안드로마케』*Andromaque*, 『트로이 여인들』*les Troyennes*, 『헬레네』*Hélène*, 『헤카베』*Hécube*, 『애원하는 여인들』*les Suppliantes*, 『분노한 헤라클레스』*Héraclès furieux*, 『타우리드의 이피게니아』*Iphigénie en Tauride*, 『페니키아 여인들』*les Phéniciennes*, 『오레스티아』*Oreste*, 『키클로프스』*le Cyclope*, 그리고 희극시인 아리스토파네스의 『개구리』*les Grenouilles*, 『여인회』*l'Assemblées des Femmes*, 『그리스의 마술종이』*Papyrus magiques grecs*, 『새』*les Oiseaux*, 『말벌』*les Guêpes*, 『기사』*les Chevaliers*, 『아카르네스』*les Acharniens*, 그리고 아리스토파네스의 주해자들의 여러 작품들도 또한 현전하여 신화 연구가들에게 도움을 주고 있다.

그리고 역사 영역에서 신화 관련 문헌들이나 주의를 기울여야 할 사람으로는, 그 인용문들만이 남아 있는 지리학자이기도 한 헤카타이오스의 『계보』*Généalogie*와 『세계일주 여행』*Voyage autour du monde*, 카론Charon이 쓴 소아시아의 람프사코스Lampsaque에 관한 연대기와 페르시아에 관한 책과 그 단편들이 전해지고 포사니아스와 호메로스의 주석자들이 인용한 헬라니코스Hellanicos, 그리고 헤로도투스의 현전하는 『역사』*Enquête*, 트로이 전쟁 시대까지 거슬러 올라가서 서술한 투키디데스Thucydide의 『고고학』*l'Archéologie*, 크세노폰Xénophon이 쓴 그리스 용병 원정기인 『아나바즈』*Anabase* 등을 들 수 있다. 그 외의 시인 테오그니스Théognis de Mégare의 금언시, 그 단편들만 전해지는 아쿠실라오스Acousilaos d'Argos의 『계보』*Généalogies*, 플루타르코스가 인용한 조각가 파에오니오스Paeonios, 체체스가 인용한 바 있는 웅변가 루시아스Lysias의 작품으로 추정되는 『올림피아 승리가』, 『추도사』*Oraison funèbre*, 소피스트인 고르기아스Gorgias, 연설가인 이소크라테스Isocrate의 『칭송사』*Panégyrique*, 플루타르코스가 인용했던 정치가 니키아스Nicias de Mallos 등을 또한 참조해야 한다.

4. 아폴로도루스

기원전 4세기부터 '알렉산더 대제 시대'와 그 이후의 '헬레니즘 시대'까지는 철학이 특히 발달한 시대였다. 이 철학의 영역에서 자주 신화를 문제의 주제로 삼았다. 이 시대엔 특히 알렉산더 대제의 동방 원정의 신화적이고 영웅적 치적에 더욱 자극을 받아 그리스 신들에 대해 체계적인 성찰을 했다고 말할 수 있다. 우리는 지금 '헬레니즘 시대'의 아폴로도루스가 지었다고 알려졌던 『총서』*Bibliothèque*에 대해 이야기하고자 한다.

그런데 그 『총서』의 저자에 대해 확정적으로 알려진 바가 거의 없었는데, 9세기 때 주교인 포티우스Photius가 그 『총서』 저자를 기원전 2세기에 살았던 문법학자 아폴로도루스로 주장한 이후로 통상 그렇게 인정해 왔다. 아폴로도루스는 다른 많은 박식한 저서를 썼는데, 그 중 특히 정교한 논저인 24권으로 된 『신에 대하여』*sur les Dieux*란 책과 4권의 운문시집인 『연대기』*Chronique*는 유명하지만 다른 많은 그의 책과 마찬가지로 전해지지 않고 있다. 그런데 근대에 들어와서 위에 명기한 책의 저자가 아폴로도루스가 아니라는 상당한 이유가 제시되었고, 현대에는 아폴로도루스가 그 『총서』의 저자가 아니라는 게 일반적인 판단이다. 왜냐하면 잔존하는 단편들과 관련 자료로 미루어 볼 때 『신에 대하여』는 이야기하는 방법과 영역이 그 『총서』와는 아주 다르다는 것이 인정되고 있기 때문이다.[15] 『신에 대하여』에서는 저자가 합리적 원칙으로써, 신성을 자연의 의인화된 힘으로 해석하거나 또는 신성을 남자이든 여자이든 간에 죽은 사람으로 풀이하면서, 신성의 본질을 설명하고자 했다. 이를테면 『신에 대하여』에서 저자가 신성을 해석할 때 어원을 아주 유연한 방식으로 이용하면서 신성을 나름으로 아주 자유롭게 해석한다. 이에 반해 그 『총서』에서 저자는 이야기 자체에 불일치나 모순이 있어도 설명이나 비평은 조금도 하지 않고 윤색되지 않은 전례적 그리스 신화의 개요를 원래대로 우리에게 잘 말해 주고 있어, 그리스 신화에 대한 원전적 자료로서는 아주 중요한 가치를 지니고 있다. 그런데 이 두 책에 전체적인 상이함이 있는 문제와는 별도로, 아폴로도루스의 잔존하는 자료 안에서도 상당히 많은 불일치와 모순이 있다는 점과 위에 언급된 두 책 안에서 저자가 동시대의 사건에 대해서 언급한 부분이 없고 있다 해도 암시하는 수준일 뿐이라는 점을 고려하면 『총서』의 저자 확정은 더 어렵게 된다. 어떤 사람들은 『총서』의 저자가 키케로와 동시대 사람인 연대기 편집자인 카스토르Castor의 책을 인용했고 그래서 키케로의 시대를 고려하면 기원전 1세기 중반 이전에 『총서』가 쓰였을 리는 없다고 주장하기도 한다.[16]

물론 이 주장에도 확실한 근거는 없다. 그리고 로베르C. Robert는 기원후 1세기 초에 하드리안Hadrian과 동시대 사람이 『총서』를 썼을 것이라고 주장하고 싶어 한다. 또 크리스트W. Christ는 기원후 3세기경에

---

15 J. G. Frazer, W. Heinemann, *Apollodorus*, the Library, 1961. p.x.

16 *Ibid.*, pp.x-xi.

그 책을 썼을 것이라고 제안했다.

어쨌든 『총서』의 저자에 대해 확실한 것은 없기 때문에 어쩔 수 없어 우리는 그 저자를 아폴로도루스로 칭한다. 이 『총서』의 전해지는 원고는 여러 종류가 있지만 그 모두가 완전하지 않고 테세우스가 아테네로 처음 여행하는 부분에서 갑자기 끝나고 만다. 그런데 다행히도 1885년 R.Wagner가 로마의 바티칸Vatican 도서관에서 신화적 서적을 조사하다가 이 『총서』의 그리스어 본을 발견하게 되는데 여기에는 이 『총서』의 마지막 많은 부분을 차지하고 있는 개요Epitomé가 포함되어 있다. 그리고 2년 뒤에는 또 예루살렘에서 앞의 것과 유사한 그리스어로 된 『총서』의 개요 잔본殘本이 발견되었다.[17]

이제 이 『총서』 내용의 구성을 간단히 살펴보자. 『총서』는 1, 2, 3권과 개요본으로 전해지는데, 우선 1권에서는 우리가 관심을 기울일 필요가 있는 『신통기』가 I장에서 VI장까지 서술된다. 여기서는 하늘이 신과 대지의 자손들, 제우스의 자식들, 포세이돈Poséidon과 암피트리트Amphitrite의 자식들, 플루톤Pluton과 페르세포네Perséphone, 엘레우시스Eleusis, 신과 거인족Géants의 싸움, 티폰Typhon 등에 대해 이야기된다. 그리고 1권의 VII장에서 IX장까지에는 데우칼리온Deucalion의 계보가 이야기된다.

2권에서는 I장에서 VIII장까지 강의 신 이나코스Inachos의 계보가 이야기된다. 그리고 3권에서는 아게노르Agénor 가계의 에우로페Europe가 주로 III장까지 이야기되고, IV장에서 VII장까지는 아게노르 가계의

17 *Ibid.*, p.xxxv.

카드모스Cadmos가 주로 이야기된다. 또 3권에서, VIII장에서 IX장까지에서는 펠라스고스Pelasgos의 계보가, X장에서 XII장까지는 아틀라스Atlas의 계보가, XII장 6절에서 XIII장까지는 아소포스Asopos의 계보가, XIV장에서 XV장까지는 아테네의 왕들에 대해 이야기된다. 그리고 3권의 XVI장에서 테세우스Thésée가 이야기되다가 중단된다. 그 이후는 개요본에서 내용을 알아볼 수밖에 없다. 개요본에서는 I장에서 테세우스에 대해, II장에서 펠로프스Pélops의 계보가, III장에서 안테호메리카Antehomerica에 대해, IV장에서 『일리아드』에 대해, V장에서 포스트호메리카Posthomerica에 대해, VI장에서 귀환에 대해, VII장에서 오디세우스의 방랑에 대해 이야기된다.

그런데 아폴로도루스의 『총서』는 저자 자신에게 열려져 있던 가장 좋은 문학적 자료를 비평 없이 충실하게 편집한 것으로서, 고대의 그리스 사람들에게 받아들여졌던 그대로의 세계의 이야기를, 달리 말하면 아득히 먼 우화 시대의 초기, 즉 인간의 기억 저 너머까지의 순수히 신화적인 시대부터 역사시대까지의 이야기를 우리에게 알려준다. 그래서 여기에는 신화나 전설적 이야기 외에도 민담적 성격을 띤 이야기까지도 들어있음을 우리는 확인할 수 있다. 먼저 신화로서는, 인간의 모든 호기심과 의문 즉 세계와 인간의 기원, 천체의 명백한 운행, 계절의 규칙적 순환, 식물의 성장과 부패, 강우, 천둥과 번개의 현상, 일식과 월식, 지진, 불의 발명, 인간 생활에 유용한 기술, 사회의 시작, 죽음의 신비 등을 설명하려 한 그리고 전설로서, 구전된 것으로든 기록된 것으로든 간에, 과거의 실제 인간이라고 불리는 인간들에 대한 우연적 운명적인 일들에 대해 이야기하는, 또는 반드시 인간적인 이야기는 아니더라도 실제의 어떤 장소에서 일어났다고 말해지는 사건들에 대해 묘사하는 전례 이야기를 알려 준다. 이 전설은 실제의 인간 또는 실제의 장소라고 말해지지만 우리가 정확히 말하자면 실제의 사실이나 진실에 허위가 함께 섞여 있다. 순전히 사실적事實的 이야기라면 그것은 전설이 아니고 역사의 범주에 들어가기 때문이다. 마지막으로 민담으로서는, 듣는 사람이 사실이라고 믿든지 말든지 간에 듣는 사람의 흥을 주목적으로 하는, 누구에 의해서 처음 이야기되었는지도 잘 알려져 있지 않고, 처음엔 구전에 의해 전해져 내려왔고, 이야기하는 사람은 실제의 이야기라고 하지만 사실은 순수히 가공적인 내용인 그런 이야기들을 말해 준다. 그래서 이 『총서』는 주로 신화나 전설 또는 기원적 이야기에 대해 새로 기억을 더듬어 보려 할 때 학자들이 주로 참고 문헌으로 이용하는 데 중요한 서적이 되어왔다.

이제 4세기 이후부터 '헬레니즘 시대'까지의 여타의 신화 관련 문헌들을 개략적으로 살펴보자. 이 시대에 철학의 영역에서는 존재하는 신화 내용을 기술하는 것보다는 신화를 해석하거나 비판하는 차원에서 다루었다. 신화를 다루는 문헌이나 작가로서는 플라톤의 『고르기아스』*Gorgias*, 『공화국』*la République*, 『티마이오스』*Timée*, 『크리티아스』*Critias*, 『미노스』*Minos*, 『향연』*Banquet*, 『크라틸로스』*Cratyle*, 『파이드로스』*Phèdre*, 『파이돈』*Phédon*, 『프로타고라스』*Protagoras* 등의 여러 대화집, 테오프라스토스Théophraste의 『식물론』*sur les Plantes*, 아리스토텔레스Aristote의 『시학』*Poétique*, 『형이상학』*Métaphysique*, 『플루토스』*Plutos*, 『윤리학』*Ethique*, 『불가사의』*Merveilles*, 그리고 스트라본이 인용했던 아리스토텔레스의 조카이며 역사가이기도 한 칼리스테네스Callisthène, 에피큐로스Epicure, 소포클레스의 주해자가 인용했던 폴레몬Polémon, 제논Zénon의 제자인 클레안테스Cléanthe의 『제우스 찬가』*Hymne à Zeus* 등을 들 수 있다.

문학 영역에서는 소포클레스의 주해자가 인용한 희극 시인 필레몬Philémon, 비극 시인이자 문법학자인 리코프론Lycophron의 『알렉산드라』*Alexandra*, 시인이며 문법학자인 칼리마코스Callimaque의 『델로스의 찬가』*Hymne à Délos*, 『헤칼레』*Hécalé*, 『아이티아이』*Aitiai*, 『팔라스의 목욕』*Le Bain de Pallas*, 『아르테미스의 찬가』*Hymne à Artémis*, 『새』*Oiseaux*, 시인 테오크리토스 Théocrite의 『목가』*Idylles*, 『어린 헤라클레스』*le Petit Héraclès*, 스트라본과 에우리피데스의 주해자가 인용했던 시인 아스클레피아데스Asclépiade de Myrtea, 시인이자 문법가인 아폴로니오스Apollonios de Rhodes의 『아르고선의 모험』*Argonautiques*와 그것을 모방한 시들과 그 주해자들의 것, 라틴의 희극 시인인 플라우투스Plaute의 『암피트리온』*Amphitryon*과 『카르타고인』*le Carthaginois*, 『프세우돌로스』*Pseudolos*, 수사학자인 아르노비우스Arnobe의 『이교도 반박론』*contre les Païens*, 시인이자 문법가이며 의사인 니칸드로스 Nicandre의 『아편성해독제』*Thériaques*, 『해독제』*Alexipharmaka*, 작가인 아리스테이데스Aristide de Milet의 『범아테네제』*Prière panathénienne* 등이 그리스 신화 연구에 참조해야 할 자료들이다.

그리고 에포로스Ephoros de Cumes의 29권으로 된 『세계사』*Histoires*, 40권으로 되어 있었으나 그 3분의 1만 전하는 폴리비우스Polybe의 『역사』*Histoire*, 플루타르코스가 인용한 정치가 니키아스Nicias de Mallos, 웅변가인 아이스키네스Eschine와 데모스테네스Démosthène의 연설문, 천문학자, 수학자, 지리학자인 에라토스테네스Eratosthène de Cyrène의 『천체관』*Notions sur les Astres*, 천문학자 헤라클레이데스Héraclide du Pont의 『호메로스의 우의寓意』*Allégories homériques*, 핀다로스의 주해자가 인용한 마케도니아Macédoine의 장군 리지마코스Lysimaque, 불가사의한 것을 수집하는 사람인 팔라이파토스Palaïphatos 등도 또한 참조해야 한다.

5. 디오도루스

디오도루스는 기원전 1세기 때의 그리스 역사가인데 케사르J. César와 아우구스투스Octavianus Augustus와 동시대인으로서 그리스 식민지인 시칠리아Sicile의 아기리움Agyrium 출신이다. 당시에 시칠리아에는 로마인들이 빈번히 왕래하였기 때문에 디오도루스는 이들 덕분에 라틴어를 배울 수 있었다. 디오도루스는 방대한 역사서를 저술하는 것을 그의 인생 목표로 삼은 것 같은데, 그 목표를 위해서 숱한 고생과 위험을 감당하면서 그는 유럽과 아시아의 곳곳을 돌아다녔고, 로마, 알렉산드리아 등의 여러 공공 도서관에서 모은 역사적 지리적 자료들을 분류하고 또 이전의 역사가들의 저작들을 검토하는 등 탐구를 계속하였다. 그러한 결과로 나온 저작이 『역사 총서』*Bibliothèque historique*인데 그것을 위해 디오도루스는 적어도 30여 년을 바쳤을 것이다. 이 책의 완성은 기원전 21년 이전이거나 기원전 8년에 이루어졌을 것으로 본다.[18] 이 책에서 디오도루스는 이 세계의 완전한 보편적 역사를 완성할 목적으로 인류의 기원을 이야기하는 신화 시대부터 그가 살던 케사르César의 골Gaule 정복 초기(기원전 60~59년)까지[19] 약 1100여 년의 신

---

18 *la Grande Encyclopédie*: Diodore de Sicile. 14e v., Paris, Société anonyme de la grande encyclopédie, 1884-1902.

19 Diodore de Sicile, *Bibliothèque historique*(introduction générale par F. Chamoux et P. Bertrac), Paris, Les Belles Lettres, 1993, p.xvii.

화적이고 역사적 사건들을 총망라하려고 했다.

이 『역사 총서』의 구성을 살펴보자. 전체 40권이 크게 3부로 나누어져 있는데, 처음 여섯 권으로 된 제1부는 트로이 전쟁 이전의 이민족들의 전승이야기(1-3권)와 그리스인의 전승이야기(4-6권)로 나누어져 있고, 제2부는 다음 7권부터 17권까지의 열한 권으로서, 트로이 전쟁부터 알렉산더 대제의 죽음까지의 사건들을 다루었으며, 18권부터 시작되는 마지막 제3부는 알렉산더 대제의 죽음부터 케사르의 골 정복의 초기 이야기까지 다루었다. 각 권은 여러 장으로 이루어지고, 각 장은 다시 숫자로 매겨진 여러 개의 항목으로 나누어져 있다. 이를테면 제1권은 전체가 98개의 장으로 되어 있고 제98장은 10개의 항목으로 구분되어 있다. 제1권은 『역사 총서』 전체에 대한 풍부하고 세심한 소개와 형식적인 간단한 결언이 그 구성 형식을 이루면서 이집트에 대해 주로 다루고 있고, 제2권과 제3권의 전개 방식은 앞 권의 내용을 환기시킨 후에 서술하게 될 내용에 대한 예고를 한 후 내용을 서술하고 마지막으로 간단한 형식적 결언으로 각 권을 끝맺는데, 제2권에서는 바빌로니아Babylonie와 인도Inde와 아라비아Arabie를 주로 다루고 제3권에서는 에티오피아Ethiopie, 리비아Libye, 아마존족Amazones, 아틀란트족Atlantes 등을 다룬다. 제4권은 이민족들에 대해 이야기한 앞의 세 권에 대해 환기를 시키고, 그리스의 영웅 시대에 대한 이야기가 전개될 것이라는 예고를 한 후 그 내용을 서술하고 권 말에는 간단한 형식적 결언이 끝을 맺는다. 제5권은 디오도루스 자신의 『역사 총서』에 대한 구성 순서의 중요성에 대한 설명이 있고, 티마이오스Timée에 대한 비평과, 통일성을 가진 『역사 총서』와 각 권의 구도와 문체의 뛰어난 특질에 대해 에포로스에게 찬사를 보내는 마지막 결언이 있는데 그 내용은 신화와 연관되는 많은 섬과 브르타뉴Bretagne와 골 그리고 에스파니아Espagne와 이베리아Ibérie 등에 관한 것이다. 제6권부터 10권까지는 전해지지 않는다. 이제 여기부터는 연대순으로 전개된다. 제11권은 기원전 480년에서 451년까지의 역사이고 제12권은 기원전 450년에서 416년까지, 제13권은 기원전 415년에서 404년까지, 제14권은 기원전 404년에서 387년까지, 제15권은 기원전 386년에서 361년까지, 제16권은 기원전 360년에서 336년까지, 제17권은 기원전 335년에서 323년까지, 제18권은 기원전 323년에서 317년까지, 제19권은 기원전 317년에서 311년까지, 제20권은 기원전 310년에서 302년까지의 역사이다. 그리고 제21권부터 40권까지도 전해지지 않는다.

이처럼 이 방대한 사서가 온전히 우리에게 전해지지 않고 1-5권과 11-20권만이 전해지지만, 포티우스가 그의 『총서』에서 디오도루스의 『역사 총서』를 인용한 부분을 통해서 우리는 디오도루스의 『역사 총서』 제31권, 제32권, 제33권, 제36권과 제40권에 대해 단편적으로 볼 수 있으며, 또 10세기에 황제 재임 중에 태어난 황태자 콘스탄티누스 7세Constantin VII의 명령에 의해 편집된 디오도루스의 발췌본을 통해서도 소실된 그의 총서에 대해 부분적으로 알 수 있다. 그런데 우리가 간직하고 있는 디오도루스의 몇 권의 책도 도중에 결여된 부분이 꽤 많아 아마도 그것이 디오도루스의 원본이 아닐 수도 있다는 사실을 배제할 수는 없다. 디오도루스가 이야기하는 내용은 상당수가 다른 출처의 도움을 얻은 것이다. 이를테면 아시아를 위해서는 체시아스Ctésias에게, 이집트를 위해서는 헤카타이오스Hécatée에게, 인도를 위해서는 메가스테네스Mégasthène에게, 그리스를 위해서는 에포로스와 그의 후계자들에게, 알렉산더 대제의 이야기를 위해서는 클리타르크Clitarque, 칼리스테네스와 뒤리스Duris에게, 그리고 시칠리아를 위해서는 티마이오스에게 의지했으며 또 로마 공화정에 대해서는 파비우스 픽토르Fabius Pictor에게, 1차 포에니 전쟁guerre punique에 대해서는 필리스투스Philistus에게, 그 후의 사건에 대해서는 폴리비우스와 포시도니우스Posidonius에게 의지했다. 디오도루스는 『역사 총서』를 쓸 때, 자료가 부족하기는커녕 오히려 많은 자료 중에서 선택하는 고충을 겪었다. 그래서 그는 여러 번 "기본적이고 중요한 것만 선택하고 요약한다"고 말하고, 헤로도투스에게서 차용한 형식이긴 하지만 하나의 주제를 끝맺을 때는 "이 주제에 대해선 이것으로 충분하니 이제 끝을 맺는다"는 식으로 말하곤 했다.

디오도루스의 『역사 총서』에서 통일성이 주어진 주제 가운데 가장 중요한 자리를 차지하고 있는 것은 영웅이나 위인에 대한 관심, 즉 인간 사회의 역사나 이야기에서 그들 영웅과 위인들이 결정적인 역할을 한다는 확신이다. 이러한 점은 제4권의 서문과 전체의 소개 부분에서 확인할 수 있다. 이를테면 디오도루스는 제4권의 서문에서 왜 영웅과 신인神人의 시대를 소홀히 할 수 없는가를 설명하고, 제4권의 소개 부분에서는 유명한 인물에 대한 기억을 보존시키는 기능을 역사에 맡기게 해야 한다고 강조했다. 특히 소실된 제10권에 있는 것이나 다행히 콘스탄티누스 7세의 발췌본에 간직된 긴 문단을 통해 디오도루스는 과거 영웅과 위인들의 역할을 잘 설명해 주고 있다:

> "과거 인물들의 전기를 쓴다는 것은 그 작가들에게 그리 쉬운 일이 아니다. 그들 작가들은 사회에 굉장한 기여를 하게 된다. 과거 인물들의 선행이든 악행이든 간에 그들 행위들을 꾸밈없이 사람들에게 전함으로써 그 전기는 선한 인물들에 대한 기억을 고양시키고 악한 인물들에 대해 기억을 격하시킬 것이다."[20]

디오도루스가 영웅이나 위인에 대해 보는 관점은 역사와 중요한 연관을 맺는다. 더욱이 신들까지도 사건 현장의 전면에 부각시킨다. 즉 디오도루스는 에우헤메리즘évhémérisme[21]을 믿는 사람이라 볼 수 있다. 디오도루스는 그의『역사 총서』에서 과거의 신들은 역사적 위인들을 신격화한 것일 뿐이라는 관점을 의식적으로 견지하고 있다. 그래서 디오도루스는 신들을 위대한 인간들 바로 곁에 두고 인간과 신을 똑같은 차원에서 서술하고 있다. 이를테면 제1권에서는 신화의 인물인 오시리스Osiris와 이시스Isis가 역사 속의 왕인 세주시스Sésoosis와 여타의 다른 왕들 곁에서 이야기하고 있다. 그리고 제2권, 제3권, 제4권에서는 신화적 주역들이 사건의 전면에 자리를 차지하고 있다. 제2권에는 아시리아Assyrie와 바빌로니아의 전설적 왕들인 니노스Ninos, 세미라미스Sémiramis, 사르다나팔Sardanapale 등이, 제3권에는 아마존 미리나Amazone Myrina, 리비아의 디오니소스Dionysos libyen 등이, 제4권에는 헤라클레스Héraculès, 이아손Jason, 테세우스, 다이달로스Dédale, 아리스타이오스Aristée 등이 사건의 전면에서 인간과 마찬가지의 차원에

20 *Ibid.*, p.XLIX.

21 에베메로스설이라고도 한다. 신화의 주인공들은 인간이며, 사후에 성화되었다는 주장이다.

서 서술된다. 그리고 제5권은 아주 지리적이고 민족지적民族誌的인데, 이 5권의 후반부 전체가 그리스의 섬 특히 로데스Rhodes와 크레타 섬과 관련되는 영웅과 신들의 이야기로 차 있다. 이 다음 권부터는 유명한 역사적 인물들이 자주 제일선에 위치한다. 제11권에는 크세르크세스Xerxès, 테미스토클레스Thémistocle, 젤론Gélon 등이, 제12권에는 페리클레스Périclès, 브라지다스Brasidas 등이, 제13권과 제14권에는 디오누시오스Denys l'Ancien가, 제15권에는 에파미논다스Epaminondas가, 제16권에는 필립 2세Philippe II와 티몰레온Timoléon이, 제17권에는 알렉산더 대제가, 제18권과 제19권에는 위대한 디아도코스Diadoques, 애꾸눈 안티고네Antigone le Borgne, 에우메네스Eumène, 구원자 프톨레마이오스Ptolémée Sôter 등이, 제10권에는 데메트리오스 폴리오르세트Démétrios Poliorcete, 아가토클레스Agathocle 등의 역사적 실제 인물들이 사실감 있게 서술된다.

그런데 디오도루스는 역사적 관점에서 많은 비난을 받았는데, 그것은 그가 비평적 정신이 부족하고, 역사와 우화를 혼돈하고 있으며, 그 출처를 잘못 선택하고, 또 함부로 이야기를 절단하고, 연대 착오와 모순이 많고, 그리스인의 습속이나 신앙을 이민족들의 습속이나 신앙과 구별할 줄 모르고, 연보를 왜곡하고 있기 때문이라는 것이다.[22] 디오도루스에 대한 이러한 가차 없는 비난은 몸센Th. Mommsen, 빌라모비츠Wilamowitz 그리고 슈바르츠Edouard Schwartz 등에 의해 행해졌다. 그 중 슈바르츠는 디오도루스가 『역사 총서』를 만들 때 의지한 많은 자

22 *la Grande Encyclopédie*, 'Diodore de Sicile', 14e v., Paris, Société anonyme de la grande encyclopédie, 1884-1902. p.599.

료를 제시해 보인 1903년의 그의 논문「디오도루스 38」*Diodoros 38*에서 디오도루스를 단순히 책 만드는 노동자처럼 취급했다.

그런데 사람들이 그렇게 가정 하듯이, 디오도루스의 현전하는『역사 총서』가 디오도루스의 원전의 형태 그대로가 아니라면 앞에서 한 모든 비난은 우리가 가지고 있는 디오도루스의『역사 총서』수정판의 저자에게로 돌아가게 된다. 그것보다도 우리는 다른 한편으로 디오도루스의 모든 독창성과 재능을 새로이 평가하고 그의 명예를 회복하기 위한 노력에 대해 주목해야 한다. 디오도루스에 대한 긍정적인 평가는 일찍이 1세기의 플리니우스Pline l'Ancien가 그의 책『자연사』*Histoire naturelle*의 서문과 4세기의 에우세비오스Eusèbe de Césarée의 책『복음의 준비』*Préparation évangélique*에서 어느 정도 나타나 있다.[23] 그리고 우리 시대의 올드파더C.H. Oldfather는 디오도루스를 공정히 평가하는 데에 주력하면서, 그의 책『시칠리아의 디오도루스 I』*Diodorus of Sicily I*의 서문에서 디오도루스의 폭넓은 시야와 명석한 통찰력을 높이 평가해 준다.[24] 디오도루스는 알렉산더 대제와 케사르를 한 시대의 시작과 끝으로 분명하게 간파하였는데 이는 그의 혜안을 잘 입증해 주는 예이다.

디오도루스의 언어는 고대 그리스어와 기원전 1세기경의 그리스의 일상 구어와의 중간에 위치한 언어이다. 디오도루스의 문체는 변덕이 약간 있으나 대신에 명료하고 분명하다. 그의 문체는 우아함이나 화려함이 없는 대신에 속되지 않아 독자를 지루하게 하지 않는다. 그는

23 Cf. M. Casevitz, *Diodore de Sicile*, Paris, Les Belles Lettres, 1991, p.XII.

24 F. Chamoux, P. Bertrac, *Diodore de Sicile* : *Bibliothèque Historique*, Les Belles Lettres, Paris, 1993, p.xxii.

전치법을 자주 쓰고 중언법이나 완곡어법을 가끔 쓰기는 하지만 수사법을 일반적으로 신용하지 않는다. 그것은 그가 역사성을 중요시하기 때문일 것이다. 그래서 디오도루스는 역사적 진실을 중요시하기 때문에 불완전한 것을 문학적 작업을 통해 가식으로 완성하기보다는 오히려 그대로 두기를 더 좋아했다.[25]

디오도루스의 서술은 간단 명료하면서도 항상 생기에 차 있다. 그것은 디오도루스의 『역사 총서』에서는 신이든 인간이든 간에 주역들이 사건을 통해 존재하도록 함으로써 역사적 진실을 우선시했기 때문이다.

요컨대, 이 디오도루스의 『역사 총서』는 현재의 우리들에게 모든 학문을 위한, 특히 물리, 자연사, 고고학, 지리학, 민족지학 등의 영역에서, 고갈되지 않는 지식의 광맥이나 다름없는 것으로 본다.

디오도루스 뿐만 아니라 '로마 시대' 동안에 신화 관련 작가가 상당히 많은데, 그 대표자들이 바로Varron, 키케로Cicéron, 디오누시오스Denys d'Halicarnasse, 주바Juba, 비르길리우스Virgile, 호라티우스Horace, 스트라본, 오비디우스Ovide, 게르마니쿠스Germanicus César 등이다.

시인이나 작가에 관한 영역에서 보면, 시인 비르길리우스의 『시리스』*Ciris*, 『농경시』*Géorgiques*, 『목가』*Eglogues*, 호라티우스의 『오드』*Odes*, 오비디우스의 『축제』*Fêtes*, 『변신』*Métamorphoses* 『영웅시가』*Héroïdes*, 『이비스』*Ibis*, 『사랑하는 법』*L'Art d'aimer*, 『흑해의 서한』*Lettres pontiques*, 세네카Sénèque의 『자연의 문제』*Questions naturelles*, 『트

25 *Ibid.*, pp.xxxvii-xxxviii.

로이 여인들』*les Troyennes* 외의 여러 비극 작품들, 라틴의 작가 폼포니우스Pomponius Mela, 라틴 시인 실리우스Silius Italicus, 유태인 작가 플라비우스Flavius Joseph의 『유태인의 전쟁』*la Guerre juive*, 라틴의 시인 스타티우스Stace의 『아킬레우스전』*Achilléide*, 『테바이드』*Thébaïde*, 라틴 시인 발레리우스Valerius Flaccus의 『아르고선의 모험』*Argonautica*, 그리스의 전기 작가이자 모랄리스트인 플루타르코스의 『로물루스』*Romulus*, 『탁자의 문제』*Questions de Table*, 『노인이 국사國事에 관여해야 하는가』*un homme agé doit-il se mêler des affaires de l'Etat*, 『형제애에 대하여』*de l'Amour fraternel*, 『여인의 미덕에 대하여』*des Vertus féminines*, 『미노스』, 『로물루스와 테세우스』*Romulus et Thésée*, 『대하』*des Fleuves*, 『데메트리우스』*Démétrius*, 『포키온』*Phocion*, 『비교 역사』*Histoires parallèles*, 『피로스』*Pyrrhus*, 『클레오메네스』*Cléomènes*, 『소크라테스의 악마론』*du Démon de Socrate*, 『달 궤도의 모습』*le Visage de l'Orbe de la Lune*, 『헤로도투스의 악의에 대해』*de la Malignité de'Hérodote*, 『그리스의 문제』*Questions grecques*, 『왜 신탁이 멎었는가』*Pourquoi les oracles ont cessé*, 『신기에 대해』*de la Curiosité*, 『좌장』*Symposiarques*, 『알키비아데스』*Alcibiade*, 『가장 교활한 동물』*les Animaux les plus rusés*, 『솔론』*Solon*, 『일곱 현인의 연회』*le Banquet des sept Sages*, 『리산드로스』 *Lysandre*, 『테세우스』*Thésée*, 『연애론』 *l'Amour*, 라틴 전기작가인 수에토니우스Suétone의 『칼리귤라』*Caligula*, 라틴 박학자인 아울루스 젤리우스Aulu-Gelle의 『아티카의 밤』*Nuits attiques*, 라틴 작가 아필레이우스Apulée의 『황금 당나귀』*l'Ane d'Or*, 그리스의 풍자 작가인 루키아노스Lucien de Samasate의 『제물』*des Sacrifices*, 『지하 세계의 여행』*Voyage dans le Monde souterrain*, 『춤에 대해』*de la Danse*, 『카리데모스』*Charidémos*, 『신들의 대화』*Dialogues des Dieux*, 『선원』*marins*, 『알키오네』*Alcyon*, 『충고에 대해』*du Conseil*, 『코카사스 산의 프로메테우스』*Prométhée sur le Caucase*, 『사자들의 대화』*Dialogue des Morts*, 『카론』*Charon*, 그리스 작가 클레멘스Clément d'Alexandrie의 『그리스인에게 하는 권고』*Exhortation aux Grecs*, 『스트로마테스』*Stromates*, 『그리스인에게 하는 변辯』*Discours aux Grecs*, 『교육자』*le Pédagogue*, 트로이Troie 전쟁의 실제 목격자로서 썼다는(거짓임에 틀림없는) 딕티스 Dictys de Crète의 트로이 전쟁의 일지인 『트로이 이야기』*Récits troyens*, 이탈리아 작가 엘리아노스Elien의 『다양한 역사』*Histoires variées*, 『동물의 본성에 대해』*de la Nature des Animaux*, 그리스 작가 디오게네스 Diogène Laërte의 『유명 철학자들의 생애, 사상, 명구』*Vies, doctrines et sentences des philosophes illustres*, 킨투스Quintus de Smyrne가 쓴 호메로스의 두 서사시의 공백을 메우는 14개 시가로 된 서사시 『호메로스 서사시 후편』*Posthomériques*, 오르페우스Orphée의 입으로 이야기되는 또 하나의 '아르고선의 모험' 이야기인 『오르페우스의 아르고선 모험』*Argonautiques orphiques*, 그리스 기독교 작가인 에우세비오스의 『복음서의 준비』, 라틴 작가인 피르미쿠스 Firmicus Maternus의 『세속 종교의 오류에 대해』*de l'Erreur des Religions profanes*, 그리스 시인 노노스Nonnos de Panopolis의 『주신제』*Dionysiaques* 등 이 시대에는 그리스 신화 관련 문헌이 상당히 많이 전해지고 있다.

역사의 영역에서 보면, 로마의 자연학자 大플리니우스의 『자연사』, 라틴 역사가 타키투스Tacite의 『연대기』*Annales*와 『게르마니아』*Germania*, 로마 역사가 티투스 리비우스Tite-Live, 그리스 역사가 디오누시오스가 쓴 일부만 전하는 『로마의 고대』*Antiquités romaines*, 그리스 역사가이자 철학자인 아리아노스Arrien의 『알렉산드르의 아나바즈』*Anabase d'Alexandre*, 마케도니아의 역사가이자 수사학자인 폴리엔Polyen, 신화학자인 안토니우스Antoninus Liberalis가 수집한 『변신』, 라틴 역사가 주스티누스Justin의 『트리폰과의 대화』*Dialogue avec Tryphon*, 라틴 역사가 아우렐리우스Aurelius Victor의 『로마 민족의 기원』*des Origines de la Race romaine*, 라틴 역사가 아미아누스Ammianus Marcellinus가 썼는데 그 중 13권이 전하지 않는 『총서』*Rerum gestarum libri XXXI* 그리고 살루스티우스Flavius Sallustius의 『신들과 세계』*des Dieux et du Monde* 등을 참조해야 한다.

또 자연과학 분야에서 보면 라틴 박학자인 바로가 쓴 단편으로 존재하는 『농사의 문제』*Questions agricoles*, 그리스의 스트라본이 쓴 17권으로 된 『지리학』*Géographie*, 그리스의 천문학자이자 지리학자이자 수학자인 프톨레마이오스Ptolémée Claudius, 그리스 지리학자인 포사니아스Pausanias가 쓴 10권으로 된 『그리스에 대한 기록』*Description* de *la Grèce*, 그리스의 천문학자이자 수학자인 테온Théon d'Alexandrie의 『아라토스』*Aratos* 등을 참조해야 한다. 그리고 정치의 영역에서는 라틴 정치가인 키케로의 『늙은이에 대해』*de la Vieillesse*, 『아티카에 대항해서』*contre Atticus*, 『신의 본성에 대해』*de la Nature des Dieux*, 『투스쿨라나에』*Tusculanes*, 『신성화에 대하여』*de la Divination*, 북아프리카의 누미디아Numidia의 왕인 주바, 로마 장군인 게르마니쿠스의 『아라토스 현상』*les Phénomènes d'Aratos*, 그리고 팔미르Palmyre의 왕비 제노비우스Zénobius의 『격언집』*Proverbes* 등을 또한 참조해야 한다.

철학의 영역에서의 그리스 신화 관련 자료로서는 그리스 철학자이자 수사학자인 디온Dion Chrysostome의 『기도』*Oraisons*, 『담화』*Discours*, 스트라본이 인용한 사도 바울Saint Paul의 동료인 티모테Timothée, 아테네의 철학자이자 순교자인 히기누스Hygin의 『서언』*Préface*, 『우화』*Fables*, 『시의 천문학』*Astronomie poétique*, 소피스트 필로스트라토스Philostrate의 『영웅시가』*Héroïques*, 『아폴로니오스의 생애』*Vie d'Apollonios de Tyane*, 『탁자』*Tableaux*, 시리아Syrie 출신의 신플라톤파 철학자 포르피리오스Porphyre의 『동굴』*Grottes*, 『님프』*des Nymphes*, 『호메로스의 일리아드에 관한 문제』*Questions concernant l'Illiade d'Homère*, 성 아우구스티누스Saint Augustin의 『신의 도시』*Cité de Dieu*, 신플라톤파 그리스 철학자 프로클로스Proclus의 『주석』*Commentaires* 등을 들 수 있다.

그리고 수사학자나 문법학자에 관해서 보면, 그리스 수사학자이며 문법학자인 폴루데우케스Pollux Jullius, 시리아Syrie의 변증론자이며 호교론자인 타티아노스Tatien의 『그리스인에게 하는 변辯』, 그리스 수사학자이자 문법학자인 아테나이오스Athénée 의 30권으로 된 백과전서적인 『소피스트의 연회』*Banquet des sophistes*, 라틴 수사학자인 락탄티우스Lactance의 『박해자의 죽음에 대해』*sur la Mort des Persécuteurs*, 『신의 분노에 대해』*sur la Colère de Dieu*, 라틴 문법학자 마크로비우스Macrobe의 『사투르누스제』*Saturnales* 등에 대해 그리스 신화 연구자들이 참조를 해야 할 것이다.

서로마가 멸망한 5세기 후반부터 중세가 시작되는데, 중세 이후의 기간에서 참고할 수 있는 자료들은 아주 한정되어 있다. 5-6세기의 라틴의 기독교적 작가 풀젠티우스Fulgence의 『신화학』*Mythologie*, 6세기의 비잔틴 역사가 프로코피오스Procope의 『반달족 전쟁』*de la Guerre des Vandales*, 바티칸 도서관에서 발견된 원고 속에 포함되어 있던 6세기 말경의 익명의 몇몇 신화학자들Mythographes du Vatican, 6-7세기의 스페인 주교인 이시도르Isidore de Séville의 『기원』*Origines*, 9세기의 콘스탄티노플의 대주교인 포티우스의 『총서』*Bibliothèque*, 10세기 말이나 또는 11세기 초에 구성된 비잔틴 어휘집 『수다』*Souda ou Suidas*, 12세기의 앵글로 노르만anglo-norman 지방의 음유시인인 브누아Benoît de Sainte More의 『트로이 이야기』*Roman de Troie*, 그리고 12세기 후반의 문법학자이자 시인인 체체스 형제, 즉 장 체체스Jean Tzétzès의 삼부작 『안티호메리카』*Anti-Homerica*, 『호메리카』*Homerica*, 『포스트호메리카』*post-Homerica*, 그리스의 시인 헤시오도스에 대한 주석, 서사시 『일리아드』에 대한 주석, 그리고 이삭 체체스Isaac Tzétzès의 리코프론Lycophron에 대한 주석 등에 대해서도 그리스 신화 연구가들은 참조를 해야 할 것이다.

6. 맺음말

우리가 지금까지 본 여러 문헌들은 결코 그리스 신화와 관련된 모든 목록을 망라한 것이 못 된다. 그것은 그리스 신화가 여타의 신화와 무관하게 독립적으로 존재하는 것이 아니고 이집트나 동양, 북아프리카, 그리고 로마의 신화 등과 연결되어 있을 뿐만 아니라, 어떠한 문헌은 그 작자의 진위, 문헌의 존재 여부 또는 문헌의 이름 등이 확실하지 않은 것들이 있어서, 그리스 신화와 관련된 모든 문헌을 언급하기에는 여러 가지 한계가 있기 때문이다. 그리고 우리가 언급한 문헌 중 상당수는 신화를 기술하는 측면보다 오히려 해석이나 비판하는 각도에 더 치중해서 기록된 것도 있지만, 신화를 해석하거나 비판하는 관점으로 완전히 기울어진 문헌은 별로 없다. 우리가 지금까지 살펴본 그리스 신화 관련 작가나 문헌 중에서 소홀히 할 수 없는 내용을 중심으로 시대별로 요약해 보고자 한다.

소위 '기하학적 시대'époque géométrique라 불리는 호메로스 시대까지는, 신과 영웅의 삶에 대한 최초의 기록된 서사시인 호메로스의 『일리아드』와 『오디세이아』 외에, 이와 유사한 시들이 있었을 것이나 불행히도 전해지는 것이 없다. 『호메로스풍의 찬가』가 있으나 이것은 호메로스 이후에 쓰인 것이다.

'고대 시기'époque archaïque에 속한 헤시오도스의 『신통기』는, 다른 자료들이 암시적이거나 단편들에 의해 전해지는데 비해, 사실상 최초의 것인데도 가장 발전된 상태의 신화로 체계화되어 있을 뿐만 아니라, 규범적 가치를 지니고 있어 신화의 영역에서 『신통기』는 유독 특별한 위치를 차지하고 있다. 이 '고대 시기'에는 헤시오도스 이외에 다른 많은 사람들이 그리스 신화에 관한 기록을 했었지만 완전히 전해지는 자료는 거의 없고 대부분 후대의 다른 사람의 책 속에 간접적으로 인용되어 전하거나 가끔 일부분이 단편으로 전해지고 있는 정도이다. 시인 스테시코로스, 시인 알카이오스, 산문가인 페레키데스 등은 이 시대에 주목할 만한 신화 기록자들이다.

그리스 민주주의의 전성기인 기원전 5세기경의 '고전 그리스기' époque de la Grèce classique에는 서정시인들인 핀다로스과 시모니데스와 바퀼리데스, 그리스의 3대 비극시인들인 아이스킬로스, 소포클레스, 에우리피데스, 그리고 희극시인 아리스토파네스 등 특히 문학의 영역에서 대단히 활발하게 신화를 기술하거나 재창조했다. 그리고 헤카타이오스, 헬라니코스, 헤로도투스, 투키디데스, 크세노폰 등의 역사가들의 문헌들도 주목해야 된다.

4세기 이후부터 '헬레니즘 시대'까지 보면, 철학의 영역에서는 존재하는 신화 내용을 기술하는 것보다는 신화를 해석하거나 비판하는 차원에서 더 다루었다. 이를테면 플라톤, 테오프라스토스, 아리스토텔레스, 그리고 역사가이기도 한 칼리스테네스 등의 문헌에 관심을 기울여야 할 것이다. 문학 영역에서는 필레몬, 리코프론, 칼리마코스, 테오크리토스, 아폴로니오스, 플라우투스, 아르노비우스, 니칸드로스, 아리스테이데스 등이 신화 연구에 주목해야 할 대상이다. 역사 부문에서는 에포로스, 폴리비우스, 그리고 정치가 니키아스, 천문학자 에라토스테네스, 천문학자 헤라클레이데스 등의 문헌도 중요하다.

디오도루스가 속한 '로마의 시대'에는 그리스 신화 관련 목록이 상당히 많다. 시인이나 작가의 영역에서 보면, 비르길리우스, 호라티우스, 오비디우스, 실리우스, 플라비우스, 스타티우스, 플루타르코스, 루키아노스, 클레멘스, 딕티스, 엘리아노스, 디오게네스, 킨투스, 에우세비오스, 노노스 등을 들 수 있다. 역사의 영역에서는, 大플리니우스, 타키투스, 티투스 리비우스, 디오누시오스, 아리아노스, 폴리엔, 아우렐리우스, 아미아누스, 그리고 살루스티우스 등을 또한 참조해야 한다. 또 자연과학 분야의 스트라본, 포사니아스, 정치가인 키케로, 게르마니쿠스, 제노비우스, 철학자들인 디온, 티모테, 히기누스, 필로스트라토스, 포르피리오스, 성 아우구스티누스, 프로클로스와 수사학자 또는 문법학자로서 타티아노스, 아테나이오스, 락탄티우스 등의 문헌들도 그리스 신화 연구자에게 빼놓을 수 없는 대상일 것이다.

그리고 5세기 후반부터 중세가 시작되는데, 이 중세 이후의 자료의 수는 아주 한정되어 있다. 5-6세기경의 작가 풀젠티우스, 6세기의 역사가 프로코피오스, 6세기 말경의 몇몇 바티칸의 익명의 신화학자들, 6-7세기의 주교 이시도르와 9세기의 대주교인 포티우스, 10세기 말이나 또는 11세기 초에 구성된 비잔틴 어휘집, 12세기의 음유시인 브누아, 체체스 형제가 남긴 그리스 시인에 대한 주석 등의 문헌들이 그리스 신화에 관한 중요한 문헌 자료들이다.

이상에서 열거한 그리스 신화에 관한 시대별 목록에 대해 이제 학문적 영역을 중심으로 그 특징적인 면을 간략히 밝혀 보자. 그리스 신화는 특히 다른 신화들보다 기술된 텍스트로서 많이 전승되어 있고,

또한 대단히 다양한 면모를 보여주고 있다. 대체로 기원전 8세기경부터 기원후 6세기경까지의 시인, 극작가, 산문가, 역사가, 연대기 편집자, 철학자, 고고학자, 문법학자 등의 그리스 신화에 관한 기록이 거의 전부를 이루고 있다. 그들은 그리스 신화에 대해 이야기하거나 암시하거나 이해해야 할 대상으로 제시하거나 나름으로 해석 내지 비판하는 등의 차원에서 기술했다.

특히 서사시는, 호메로스나 헤시오도스의 경우처럼, 그리스 신화의 기술이나 창조에 중심적 역할을 했다. 호메로스나 헤시오도스의 서사시는 신들을 인간의 모습으로 인간들에게 보이도록 해 주었다. 그리고 기원후 3세기부터 5세기까지의 기간에 다시 때늦은 서사시의 시대가 도래하는데, 그 주역들은 『일리아드』와 『오디세이아』의 줄거리의 공백을 메우는 킨투스의 『호메로스 서사시 후편』과 오르페우스의 입으로 이야기되는 『오르페우스의 아르고선』, 노노스의 『주신제』 등이다.

서정시에서도 신화는 중요한 부분을 차지한다. 특히 서사시의 주제를 서정시의 형태로 옮긴 '고대 시대'의 스테시코로스나, 암시적이고 상징적인 차원에서의 서정시로 신화를 묘사하는 '그리스 고전기'의 핀다로스 등이 그 대표적인 보기이다. 그런데 헬레니즘 시대의 시는, 아폴로니오스나 칼리마코스나 테오크리토스의 경우에서처럼, 서사시든 서정시든 간에 주로 지역의 전설이나 희귀한 신화에 대한 취미가 강했다.

비극은 서사시와 비교해 볼 때, 서사시가 신화적 줄거리를 이야기하는데 비해 비극은 단 하루 동안의 일로 신화 속의 사건을 재현해 준다.

그러기 위해 평범한 인간과 구별되는 영웅이나 신들을 가면과 의상과 언어 등에 의해 사람들에게 직접 나타나게 한다. 그럼으로써 신화적 시대의 과거와 일상적 현실과의 시간적 간격을 자연스럽게 줄여준다. 즉 비극에서는 신화적 사건의 진실을 현재의 사람들에게 교육시키기 위해 의도적인 기교를 쓰지 않는다. 다만 신화적 과거와 현재 사이의 시간적 간격을 해소하는 방식의 하나로 에우리피데스의 경우처럼 다루는 주제를 자주 기원 신화로 선택할 뿐이다. 그럼으로써 신의 존재의 모든 원인들이 규명되기 때문에 신화의 의진성擬眞性을 의심할 필요가 없게 되었던 것이다.

기원전 5세기에서 기원전 4세기의 산문가들, 이를테면 웅변가인 아이스키네스와 데모스테네스, 이소크라테스, 그리고 소피스트인 고르기아스 등은 그들 산문가들의 방식에 따라 신화를 이야기하였고, 그들은 신화를 역사의 차원에서와 마찬가지로 논쟁이나 논증 또는 전형적인 본보기로 이야기하였다. 그래서 그들이 이야기하는 신화는 사실 그들의 논지에 더 잘 맞추기 위해 기존의 신화에 때로는 정정을 가하기도 하였던 것이 사실이다.

역사가들의 경우를 보면, 기원전 6~5세기의 헤카타이오스는 신화적 전승물을 가지고 산문으로서 신화를 선택하고 체계화하려 시도한 최초의 사람이었다. 이에 대해 기원전 5세기의 헤로도투스와 투키디데스는 신화와 역사를 엄격히 구별하려 했다. 이것은 헤카타이오스의 신의 계보와 각 지역의 신화적 연대기를 인정하지 않는 것이다. 그리고 '로마의 시대' 때 역사가 디오도루스는 고대 시대부터 자기의 시대까지 세계의 모든 사건을 서술하는 세계사를 썼고 디오누시오스는 『로마의 고대』*Antiquités romaines*를 고대 시대의 그리스 신화로 시작하여 이야기를 썼으며, 플루타르코스는 신화에 관한 많은 글을 쓰면서 서로 간에 모순된 것을 자주 그대로 두었으나 한편으로는 그 신화에 역사적 어조를 부여하기 위해 합리적으로 신화를 정제하여 기술하려 했다. 그리고 지리학자 스트라본은 호메로스의 서사시에서 고대 지리를 연구하려 했기에 신화를 존중하였으며, 지리학자 포사니아스는 『그리스에 대한 기록』의 각 권에서 지리적 순서에 의해 각 지역민의 신화적 계보를 먼저 기술하였다.

그리고 중요한 신화들을 수집하는 일이 '헬레니즘 시대'와 '로마의 시대'에 이루어졌는데 그 대부분이 전해지지 않는다. 다만 노노스의, 아마 저자가 잘못 알려졌을 가능성이 많은데, 1892년 이래부터 『미토그라푸스 호메리쿠스』*Mythographus Homericus*라고 불린 한 권의 책에 모아진, 『일리아드』와 『오디세이아』의 신화적 주석은 우리에게 전해지고 있다. 그리고 또한 딕티스의 『트로이 이야기』*Éphéméride de la guerre de Troie*, 히기누스의 『우화』, 『시의 천문학』, 풀젠티우스의 『신화학』, 그리고 바티칸 도서관에서 발견된 원고 속의 익명의 신화학자들 등과, 빼놓을 수 없는 대표적인 수집록으로서 소위 아폴로도루스의 『총서』 등이 우리가 참조해야 할 문헌들이다.

철학자들도 신화에 대한 성찰을 하지 않을 수 없었다. 대체로 철학자들은 존재하는 신화 내용을 기술하는 것보다는 신화를 해석하거나 비판하는 차원에서 더 자주 신화를 다루었다. 그렇지만 철학자들은 기존의 신화의 내용을 말하지 않고는 그들의 철학이 완전할 수 없었기에, 철학자들의 많은 문헌도 역시나 신화에 대한 기록에서 제외될 수 없었다. 특히 플라톤은 철학자들의 '이성'logos과 시인들의 거짓인 '신화'muthoi를 대립시켰는데, 그럼에도 불구하고 그는 세계와 세계의 창조에 대해 철학적으로 이야기할 때조차도 신화에 의지하지 않을 수 없었고 더욱이 철학자 자신의 논지를 증명하는 순간에는 때때로 기존의 신화 내용이 그 논증의 보이지 않는 발판이 되지 않을 수 없었다.

요컨대 그리스 신화에 대한 더욱 깊은 이해를 위해 그리스 민족 이외의 여러 민족들의 신화들, 특히 그리스 신화의 기원에 관계되는 동방이나 이집트 또는 북아프리카의 신화에 관한 문헌을 그리스 신화와의 연장선상에서 탐구하고 비교해 보는 것도 필요할 것이다.

II.

신화 해석의
제 방법

1. 역사 합리적 해석

1) 시작말

그리스어의 Muthos로 표현되어 어원상 이야기, 웅변, 전설 등의 의미로 쓰였던 신화는 그리스 사람들에게는 성서가 고대 헤브류 사람에게서 차지하는 중요도와 같은 위치에 있는 것이었다. 즉 "헤브류 사람이 성서의 민족이라 불렸듯이 그리스 사람들은 신화의 민족이다"[1] 라는 말에 이의를 제기할 사람은 없을 것이다. 사실 신화는 보다 먼저 존재해 있었다. 문학의 경우, 특히 서사 문학이나 비극의 경우처럼, 신화가 존재했던 시대 이후에 신화를 문학으로 고정시킴으로써 문학의 중요한 역할을 수행하기 시작했다.

그런데 이 문학 속의 신화를 올바로 이해하기 위해서는 문학 텍스트 자체의 해석과 이해만으로는 부족하다. 문학 텍스트의 소재나 배경이 신화와 관련된다면 무엇보다 먼저 신화부터 이해하는 것이 문학의 이해를 위한 올바른 순서이다. 그래서 신화란 무엇인가, 또 신화는 무엇을 알려 주려 하는가 등을 숙고해 보아야 한다. 특정 신화의 진정한 의미를 이해하기 위해서는 여러 가지 방법으로 그 신화에 접근해 보아야 한다. 우리는 그리스 신화의 해석 방법 중에서 고대의 대표적 신화 해

1 B. Knos, *Civilization of the Ancient Mediterranean*(Greece and Rome) II, Charles Scribner's Sons, 1988, p.861.

석 방법의 하나인 역사 합리적 신화 해석에 대해 먼저 살펴볼 것이다.[2]

우선 신화의 정의를 알려줄 신화의 일반적 개념에 대해 언급해 보자. 신화는 성서와 마찬가지로 인간이 세상에 존재한 이후로 인간의 생존 환경과 생존 조건에 있어서 인간의 미천함과 부족함을 극복하는 데 필요한 것이 되어 왔기에 결코 소멸하여 완전히 없어지지는 않을 것이다.

설사 어떤 신화가 어느 시대에 인간에게서 망각된다 하여도 신화적 사고는 소멸되지 않는다. 단지 그 신화는 변화하여 새로운 생성, 새로운 신화 창조에 관여하게 된다. 시대와 역사의 변화에도 불구하고 신화가 살아남을 수 있는 것은 신화가 인간의 본성에 관여하기 때문이다. 인간은 오랫동안 신화를 통하여, 인류와 문화 그리고 세계에 대해 그들의 기본적인 생각을 표현해 왔다. 여러 민족이 자기들의 세계를 질서 있는 하나의 통일체로 파악할 수 있었던 것은 아마도 신화의 덕분이라 할 수 있다. 신화 속에는 인류의 기원과 인류의 발전에 관한 이야기가 담겨 있고 신화는 오직 우리 인간을 위한 것이고 결코 완전히 없어지지 않는 것이기에 인간에게 신성한 것이다.

신화 속의 인물은, 신적 존재이든, 인간적 존재이든, 인간과 유사한 존재이든 또는 동물이나 식물이나 인간의 상상에 의한 생물이든 여타의 자연의 일부분으로 변신한 초자연적 존재이든 간에, 비합리적 방식

---

2 신화 해석의 방법에 관해서는 크게 고대적 해석 방법과 근대적 해석 방법으로 나눌 수 있다. 고대적 해석 방법으로는 종교적 해석, 신학적 해석, 우의적 해석, 자연과학적 해석, 천문학적 해석, 철학적 해석, 상징적 해석, 역사적 해석, 역사합리적 해석 그리고 에우헤메로스Evhémère적 해석 등이 있다.

에 의해 사건 속에 관여하거나 기능적이든 구조적이든 간에 전승된 집단 생활과 사회 속에서의 현실적 체험을 보여주기도 한다. 그래서 신화는 주술적 종교적 신앙의 배후이기도 하며 생활 양식이나 풍속, 관습의 모태이기도 하다. 그리고 신화는 인간 정신의 잠재적 영역, 인간 정신의 원형, 인간이 가지는 세계관, 가치관 그리고 인간 정신이 파악하는 사물에 대한 인식 체계를 표현하는 수단으로 이해되기도 하다.

신화는 원초의 시간, 태초의 시대에 일어난 신성한 사건, 신성한 역사를 이야기한다. 신화가 이야기하는 태초의 사건과 역사는 초자연적 조건과 행위를 통하여 자주 총체적이고 무시간적으로 표현된다. 특히 신화는 적대적인 것이든 우호적인 것이든 간에 인간과 대면하고 있는 여타의 인간, 자연, 우주 등 그 모든 것이 어떻게 존재하게 되었는가를 신성한 어투로 이야기한다. 그러나 한편으로 신화는 언제나 인간과 마주하는 실재에 관여하기 때문에 진실한 이야기, 진실한 역사로 생각되기도 한다. 즉 우주의 기원 신화는 세계의 실재가 그 신화를 입증하고 있기 때문에, 또 죽음의 기원 신화는 인간의 죽어야 할 운명이 죽음의 기원 신화를 옹호하고 있기 때문에, 신화는 이를 창조하고 이어나간 인간들에게 진실한 것이다.

이렇게 신화를 더 잘 이해하기 위해 설명을 하여도 신화가 어떤 것인가를 분명히 파악하기는 쉽지 않음을 느끼게 된다. "신화의 개념을 이해하기 위해 신화의 정의를 먼저 요구한다면 이해는 더욱 곤란해지는 것이다."[3] 정의나 명확한 핵심 개념의 제시보다는 신화에서 무엇이

---

3 Cf. S. Saïd, *Approches de la mythologie grecque*, Paris-Nathan, 1993, p.8.

문제되는가를 잘 제시하는 것이 신화를 이해하는 데 더욱 도움이 될 것이다. 그래서 우리는 신화에 대한 세 가지 중요한 문제를 제기하게 된다. 즉 첫째는 신화가 어떻게 탄생하였는가 하는 문제이고 둘째는 그 신화가 어떻게 발전하였는가 하는 문제이고 셋째는 그 신화가 무엇을 의미하는가 하는 문제이다. 이 세 가지 문제의 해결을 위한 노력이 신화학이라는 학문 영역을 정립시키게 되는 셈이다. 여기서 신화의 해석 문제가 제기된다. "신화가 명백히 말하는 것이 바로 이것이다라고 할 때, 신화가 말하지 않고 숨기는 것이 바로 이것이다라고 할 때, 또 신화가 의미하는 것이 바로 이것이며 신화가 전해 주는 뜻은 바로 이것이다고 할 때에 우리는 신화의 해석의 노정 속에 있게 된다."[4] 그런데 신화가 가지는 무한한 의미의 다양성과 풍부함, 그로 인한 해석의 다양성과 모호성은 우리로 하여금 신화의 문제에 더욱 집착하게 하는 경향이 있다.

사실 "자연과 인간 생활의 모든 현상 중에서 신화적인 해석이 불가능한 현상은 하나도 없으며, 또 실제적으로는 모든 현상이 그와 같은 해석을 요구한다"[5]라고 보아야 할 것이다. 신화가 가지고 있는 초자연적인 요소, 비합리적인 요소, 모순적인 요소들은 설명이나 해석을 필요로 한다. 각각의 신화는 마치 과일의 한 가운데 있는 씨처럼 그 고유의 의미를 감추고 있는 것이다. 그래서 그 의미를 애써 찾아내는 것이 중요하다. 다양한 신화학자들이 그 일에 노력을 경주해 왔다. 여러 신화

---

4 J.-P. Hammel, *Homme et les Mythes*, Hatier, 1994, p.240.

5 정태진 역(E. Cassirer), 『인간과 문화』, 서울: 탐구당, 1981, p.23.

학자들이 모든 신화에 공통되는 하나의 근원을 찾으려고 노력했던 것과 마찬가지로 여러 신화에 대해 하나의 해석을 이루어 내려고도 했다. 이론이라는 것은 단순하고 간단하면 할수록 더 완전무결하게 보이는 법이기 때문이다. 신화의 해석에는 신화적 사고의 대상과 신화적 사고의 동기가 있다. 우리가 신화를 해석할 때 단 하나의 대상과 단 하나의 동기를 찾게 되면 소기의 목적을 달성하게 된다고 볼 수 있다.

"신화는 애초에는 숭배의 대상이 되었으나 곧 호기심의 대상으로 바뀌었고 다시 연구의 대상으로 여겨졌다"[6]라는 말은 그리스인에게도 마찬가지로 적용된다. 고대 그리스인의 문화는 신화 속에 잠겨 있었다. 즉 신화는 초기 그리스인들에게 완벽하게 봉사했던 것이다.

"그리스인들은 어려서는 그 신화 이야기들을 유모의 품에서 들었으며, 청년기에는 선생과 함께 암송했으며, 성년이 되어서는 축제 때 노래로 불렀다. 고대 그리스 문화에서 신화는 하나의 지식이었으며, 하나의 참고 기준이었으며 또는 시민들 사이에서 사람을 인정하는 한 방식이었다. 기원전 8~7세기부터는 이 문화적 세습 재산을 기록으로 남기기 시작한 것이다."[7] 초기에는 모든 기록의 표현은 개인적 사고의 표현에서보다는 훨씬 더 종교적인 것에서 나왔다. 기원전 8세기의 호메로스Homère, 기원전 7세기의 헤시오도스Hésiode, 기원전 7~6세기의 자연학자들과 최초의 철학자들 등이 그 예다. 사실 대부분의 인류, 특히 그리스인들은 신화를 통하여 과거를 배워 왔다. 더욱이 신화는 과

6 J.-P. Hammel, *op. cit.*, p.236.

7 *Ibid.*, p.236.

거뿐만 아니라 자연과 신들에 의하여 인류에게 필수불가결한 삶의 영속성을 제공하였다. "메이어호프Hans Meyerhoff의 말처럼 과거의 세대들은 과거에 대해서 우리보다 별로 더 많이 알지 못했지만, 현재가 과거의 연장선상에 있다는 느낌은 우리보다 훨씬 더 생생하게 가지고 있었다."[8] 그리스인들은 신화를 창조하는 데에만 그치지 않았다. 그들은 신화적 이야기를 모으고 체계적으로 조직하게 되었다. 그들은 '신화의 학문'이란 의미로서 신화학을 구축하기 시작했던 것이다. 그러나 신화는 이제 그리스의 이오니아 철학자들에 의해 그 진실성과 합리성에 관한 문제가 제기되어 이 세계와 인간에 대한 신화적 관점에 비판이 가해지거나 또는 신화가 철학으로 합리화되기도 했다. 즉 신화의 해석이 기원전 6세기경부터 그리스의 철학자, 역사가, 산문가 등에 의해 시작되었다. 그들은 때로는 우의적 해석으로, 때로는 정치나 종교를 위해, 때로는 도덕이나 합리를 위해 그 신화들이 내포하고 있는 깊은 진실을 추출하려고 노력했다.

그리스인들은 신화에서 실제적 역사를 찾아내려고 힘썼다. 전승을 잇는 국민으로서 현재에 의미를 부여하기 위해 과거라는 개념을 사용했던 그리스 사람들에게는 신화가 역사로 여겨졌던 것이다. 신화가 때로 역사적 실제를 이야기하고 있다는 것은 쉽게 부인하지 못하는 일이다. 이를테면 레이크Reik와 베르낭Vernant과 하멜Hammel의 말을 인용해 보자. 레이크는 "자주 신화는 우리에게 환상적인 형태로 완전히 잊혀진 사건들을 알려준다. 성서의 노아Noé 이야기는 빙하 시대의 추

8 M. I. Finley, *Mythe, Mémoire, Histoire*, Paris : Flammarion, 1981, p.40에서 재인용.

억과 빙하의 용해에 의한 홍수에 대한 기억을 간직하고 있다. 또 사람들은 아프리카나 오스트레일리아의 몇몇 신화 속에서 여러 민족 이동에 대한 추억을 찾을 수 있다. 그래서 많은 신화들은 신화적 옷에 감싸이고, 애니미즘적 믿음과 원시적 미신에 섞인 채로 역사적 사실에 대한 추억을 간직하고 있다"[9]라고 말했다.

또 레이크는 "우리들이 구석기 시대의 인간을 연구하기 위해 신화에 대해 이야기할 때 두 전문가, 즉 한 사람의 인류학자와 다른 한 사람의 역사가에 의지할 수 있다. 즉 말리노브스키Bronislaw Malinowski와 토인비Arnold J. Toynbee이다. 말리노브스키는 원시문화에서 필수적 기능을 다해주는 것이 신화라고 말했다. "신화는 전통의 속성을 지녀서, 과거에 대한 태도로 기성세대와 신세대의 관계를 긴밀히 연결시킴으로써 문화의 연속성을 유지시켜 주는 독자적 기능을 충실히 다한다. (…) 그래서 신화는 모든 문화에 필수적 요소이다"[10]라고 강조하였다. 토인비는 역사란 신화에서 출발하여 발전되는 것이며 그 신화 속에는 가상과 현실의 경계선이 희미하게 존재해 있다고 주장했다. 그래서 사람들은 『일리아드』*Iliade*에 대해서 그 책을 역사책으로 간주하고 읽는 사람은 누구나 거기서 허구가 가득한 것을 볼 것이고, 그 책을 허구의 관점에서 보는 사람은 누구나 역사에 흠뻑 빠지게 될 것이다"[11]라고 주장하였다. 그리고 베르낭은 "문제의 해결은 되지 못했지만 신화는 이야기로서, 의식이나 예식이 그것을 모방했던 것처럼, 영웅이나 신들이

9 T. Reik, *Mythe et culpabilité*, Paris : P.U.F., 1979, p.53.

10 B. Malinowski, *Myth in primitive psychology*, New York, 1926, pp.91-92.

11 *Ibid.*, p.55.

한 일련의 지휘적 또는 지배적 행위를 알려 주었다"[12]라고 말했다. 한편 하멜은 "신화들은 그들 나름으로 고대 시대의 모계 사회와 부계 사회의 혼합을 설명해 주기도 한다"[13]고 주장했다. 이들의 주장은 신화의 역사적 해석에서의 진실성에 대한 적극적 표현이다. 그리스 신화에 관한 한, "기원전 700년대 이전에는 그 어떤 역사적 자료도 심지어 파피루스나 밀납 같은 일시적인 형태의 것까지도 존재하지 않았다. 기원전 약 700년대 이후에 비로소 기록된 자료들이 나오기 시작했다. 그렇지만 잃어버린 자료들로 인해서 기원전 700년경에서 기원전 500년경까지의 그리스의 역사를 체계화할 수도 없다. 그런데 이 시기에, 어떤 복잡한 이유가 있겠지만, 갑작스럽게 서사시를 쓰는 것을 그만두게 되었다."[14] 시인들은 과거에 등을 돌리게 된 것이다. 그때의 시인들은 이제 자신과 친구들, 그들의 사랑, 증오, 감정, 즐거움 등을 기록하기 시작했다. 이제는 말하자면 이 두 세기 동안에 모든 시는 개인적이 되었다. 사실 고대 그리스에서는 예술가나 철학자는 있었다고 보지만 진정한 역사가는 거의 없었다고 말할 수 있다. 자기의 인생을 역사의 연구에 바친 사람은 아직 아무도 없었다. 역사가는 오직 자기 세대의 자서전 작가일 따름이다. 사람들은 정말 자기 시대의 것밖에 몰랐다. 과거는 단지 현재에서 끌어낸 결론을 확인하는 예로서 보이는 것뿐이었다. 달리 말하면 과거는 신화에서처럼 비시간적인 방식으로 다루어질 수 있었던 것이다. "콜링우드Collingwood의 말대로 그리스 역사가는 그

12 J.-P. Vernant, *op. cit.*, p.379.

13 J-P. Hammel, *op. cit.*, p.250.

14 M. I. Finley, *op. cit.*, p.23.

가 쓰려고 하는 주제에 대해 역사를 쓸 수 없었다. 왜냐하면 역사가가 그의 주제를 선택하는 것이 아니고 주제가 역사가를 선택하기 때문이다."[15] 말하자면 그들이 과거의 역사를 쓴다 해도 그것은 신화를 해석하는 차원에 머물러 있는 것이 될 것이다.

우리는 물론 여기에서 신화의 역사 합리적 이해를 위해 궁극적으로는 에우헤메리즘Evhémérisme에 도달할 것이다. 이 에우헤메리즘은 기원전 4~3세기의 에우헤메로스Evhémère de Messène가 신화의 참의미가 무엇인지를 말해 준 신화 해석의 한 방법인데, 그의 그러한 해석의 근원은 2세기 전의 헤카타이오스까지 거슬러 올라간다. 이제 헤카타이오스Hécatée에서 헤로도투스Hérodote와 투키디데스Thucydide를 거쳐 마지막으로 에우헤메로스 순으로 고대에서의 역사 합리적 신화 이해에 대해 살펴보자.

2) 헤카타이오스

헤카타이오스는 비극으로 신화를 문제 삼기 시작했던 아이스킬로스Eschyle와 비극으로 신화를 재창조하기 시작했던 소포클레스Sophocle와 에우리피데스Euripide의 시대에 걸쳐 양자의 다리를 놓아주며, 어떻게 해서 역사가 전설적 이야기로부터 분리되었는가를 환기시켜 주는 데 기여한 사람이다. 헤카타이오스의 유명한 선언인 "내가 쓰는 것은 진실이라 간주하는 것이다. 왜냐하면 고대 그리스인Hellènes의 전승 이

15 *Ibid.*, p.37.

야기들은 다양하고 우스꽝스럽기 때문이다"[16]라는 말은 헤카타이오스의 의도를 잘 파악할 수 있게 해 준다. 헤카타이오스는 가능한 한 최대로 완전한 경험으로 인간의 습관과 역사에 대한 체계적인 지식을 얻기 위하여 계획적으로 여행했다.

그는 페르시아Perse의 다리우스Darius 군대의 한 장교로서 에게해mer d'Egée의 여러 지방과 페르시아 제국의 여러 곳 그리고 이집트Egypte와 이베리아Ibérie 지방까지 돌아보았다. 그가 보고 기억한 그 모든 것을 『세계일주 여행』*Voyage autour du monde*에 기록했다. 그는 계속 여행 메모록에 그가 본 나라의 과거와 현재에 대한 성찰을 덧붙였다. 그는 『계보』*Généalogies*에서 서사적 시대 이후부터의 고대 그리스의 역사를 요약하면서 이집트와 접근시키려 했다. 헤카타이오스는 이집트의 신들을 설명함으로써 그리스 신들의 정체를 밝혀내고자 시도했다. 헤카타이오스의 설명에 의하면 이집트 신들은 단지 인류에게 은혜를 베풀었던 실제 인간들을 사람들이 신성시한 데서 왔다는 이론에 의해 일반적으로 신성한 존재를 믿게 되었다는 것이다. 그러므로 이집트 문명이 그 기원인 그리스 문명, 즉 그리스의 신화들도 위와 마찬가지로 설명할 수 있다고 생각했다. 그래서 "우리가 신으로 알고 있는 헬리오스Hélios, 크로노스Cronos, 레아Rhéa, 제우스Zeus, 헤라Héra, 이시스Isis, 오시리스Osiris 등은 — 사실 그들은 피지배자들로 하여금 그들 자신을 더 신성한 존재로 추앙하도록 명분을 제공하려고 무던히 노력하여 왕들에게 신의 명예가 주어졌던 시기의 군주들인데 — 실제 인

16 G. Glotz, *Histoire grecque I*, Paris, P.U.F., 1986, p.553.

간의 위상으로 격하되는 것이 마땅하다는 것이다. 그리고 신화 속의 다른 존재들도 실제의 존재가 신화화되었다는 것이다. 이를테면 헤카타이오스가 주장하기를 게리오네우스Géryon d'Erythée는 실제로 가축을 많이 가진 에페이로스Epire의 한 왕이며, 하데스Hadès의 개 케르베로스Cerbère는 테나로Ténare에 있는 한 동굴의 뱀이었다는 것이다."[17]

헤카타이오스는 더 이상 신적 지식이 인간에게 흘러 들어왔다는 것을 믿지 않는다.[18] 인간은 독립된 존재이며, 진실된 것을 스스로의 힘으로 발견할 줄 안다는 것이다. 그는 불가사의한 일을 배제하지만, 그의 지식이 미치지 않는 곳에서는 그럴듯한 해석을 가한다. 예를 들면 신화의 합리적 설명이나 혹은 대지의 아름다운 대칭적 구조에 대한 관념이 그것이다. "즉 대지는 원반 상태로서 대양에 떠 있으며, 유럽과 아시아로 반분되어 있다"[19]는 것이다.

요컨대 헤카타이오스의 "나는 진실이라고 판단한 것을 기록한다"라는 그 말은 헤카타이오스가 처음으로 표명한 원칙일 뿐이지 실제로 그것을 적용한 것은 아니다. 즉 그의 말은 신화적 전설에서 역사를 끌어내야 하는 방법적 의심의 표명에 불과하다고 볼 수 있다. 그의 진정

---

17 P. Larousse, *Grand Dictionnaire Universel du XIX* siècle*, VII, Slatkine, Genève, 1982, p.1157.

18 헤카타이오스와 동시대인인 헤라클레이토스Héraclite는 헤카타이오스에게 결코 뒤떨어지지 않는 그의 탁월한 지식을 자랑하고 있다. 그러나 그의 척도는 인간적 경험에 있지 않다. 오히려 그는 크세노파네스Xénophane와 마찬가지로 자신이 신적 지식에 관여하고 있으며, 이 세계의 신적인 것을 대중보다도 더 잘 파악한다는 확신을 가지고 있다. 헤라클레이토스에게는 인간이 동물과 신의 중간에 위치해 있다.

19 김재홍 역(B. Snell), 『정신의 발견』, 까치, 1994, p.236.

한 계승자는 헤로도투스인데 이 헤로도투스가 최초로 역사의 기틀을 닦아 놓았다. 헤카타이오스가 그리스인들의 이야기들을 조소하고 있는 것과 마찬가지로 그 자신은 또한 그의 후계자, 즉 특히 헤로도투스의 조소를 받지 않을 수 없었다.

3) 헤로도투스

우리가 보통 신화에 대해 말할 때 우리는 역사에 반대되는 그 무엇인가를 말한다. 또 우리가 신화적mythique이라 말할 때도 가상적이거나 허구적인 또는 실제에 반대되는 것을 이해하게 된다. 그러나 신화 속에 있는 모든 것이 비실제적인 것뿐인 것은 아니다. 신화가 역사와 분리되지 않고 하나의 공통의 형태를 이루면서 세대에서 세대로 구두 전승이 되던 시대가 있었다. 그래서 "헤로도투스 같은 최초의 역사가들은 신화와 역사적 사건들을 똑같은 도면 위에 올려 놓았던 것이다."[20]

헤로도투스는 페르시아 전쟁의 역사가이자 동시에 지리학자로 우리에게 알려져 있다. "헤로도투스는 그리스와 그 이민족 모두에 관심을 가지고 있었으며 특히 이민족에 대한 특별한 흥미를 가지고 있었다."[21] 그런데 헤로도투스는, 투키디데스의 경우도 마찬가지이겠지만, 왜 관례적인 태도를 그렇게 근본적으로 허물어버리고 역사라는 새로

---

20 T. Reik, *op. cit.*, p.53.

21 G. Glotz, *Histoire grecque II*, Paris, P.U.F., 1986. p.508.

운 개념을 만들어 냈는가? 전통적인 답은 이오니아 철학과 그 회의주의가 그의 역사 개념의 출발점이라는 것이다. 헤로도투스는 '역사' Histoire란 말을 단지 과거에 대한 '탐사'enquête란 뜻으로 썼다. 그런데 "헤로도투스에게 새로운 것은 그가 제기된 문제에 답을 찾으면서 마침내는 역사적 사실에 귀착하는 체계적 탐사를 해 나갔다는 데에 있다기보다는, 그의 설명이 그 정도로 인간적이고, 종교적인 것에서 벗어나 있고, 특히 정치적이라는 데에 있다."[22] 달리 말하면 헤로도투스는 역사적 사실성을 기본적으로 중시하지만 무엇보다도 인간의 개인적 사회적 실제성을 더욱 중시한다는 뜻이다.

헤로도투스는 기원전 5세기 후반에 그의 책을 쓰면서 호메로스는 자기보다 4세기 앞선 사람이며(기원전 850년경) 트로이 전쟁은 또한 호메로스보다 4세기 앞서(기원전 1250년경) 일어났다고 추정했다. "이 4세기 동안 스파르타Sparte에 헤라클레스의 후손들이 귀환한 일, 테세우스의 위대한 업적들, 리쿠르고스Lycurgue의 입법 등 많은 일들이 일어났다고 보았다."[23] 그러나 헤로도투스는 이 사건들을 완전하게 그의 연대적 체계에 넣을 수는 없었다. 이런 사건들이 종종 그의 책에 나타나지만 그건 고립된 상태로 비연대적인 모습으로 나타난다. 이러한 사건들을 비연대적으로 고려하는 모습은 헤로도투스가 역사가로서의 사실적 정확성을 중시한다는 점을 잘 보여 준다. 그는 자신이 직접 페르시아 전쟁의 발생에 대해 조사하기로 마음먹었다. 그러

22 M. I. Finley, *op. cit.*, p.36.

23 *Ibid.*, p.19.

던 중에 "그는 페르시아 전쟁 훨씬 이전의 그리스 역사에 관한 많은 자료를 모을 수 있었으며, 그것을 신화적 전승과 관련시켜 설명함으로써, 신화적 자료를 나름대로 합리화하고 역사화 하였다."[24] 물론 그의 목적은 진정으로 진실의 탐구이다. 그는 그가 가는 어디에서든지 눈을 크게 뜨고 메모를 했다. 그는 어디서든지 자료를 조사했다. 그는 예술 작품을 소홀히 넘기지 않고 기념물을 조사하고 측정하기도 했다. 그는 그에게 알려주는 모든 증인에게 물었다. "그는 크산토스Xanthos, 카론Charon, 헬라니코스Hellanicos, 특히 그가 싫어하는 헤카타이오스 등의 책을 조사했다. 그는 자신이 보았던 것과 남으로부터 들었던 것을 열심히 구별했다. 그는 서로 반대되는 자료 앞에 놓일 때는 진실의 가능성을 재어 보았다. 그는 항상 공정하기를 노력했다."[25] 헤로도투스의 기록은 현대인들이라면 신화나 전설 혹은 환상적인 것이라고 무시해 버렸을 것을 많이 포함하고 있다. 그러나 그는 결코 쉽게 믿어버리는 사람은 아닌데, 그는 종종 무엇은 그들이 말한 것이다라고 하든가 그 자신은 믿지 않는다는 식으로 평하고 있기 때문이다.

헤로도투스는 사람들이 행했던 일에 대한 기억을 약화시키지 않고, 그리스인들이나 그 이방인들의 위대하고 놀라운 업적을 간직하여 그들의 영광에 대한 합당한 보상을 해 줄 수 있도록 하기 위해 또 그들의 불화의 원인이 무엇이었는가를 기록해 두기 위해 『역사』*Enquête*를

24 M. I. Finley, *The portable greek historians*. New York: Penguin Books, 1982, p.5.

25 G. Glotz, *op. cit.*, p.509.

썼다. 이를테면 "페니키아Phénicie 상인들이 그리스의 아르고스Argos에서 공주 이오Io를 포함한 여러 여인들을 납치하여 이집트로 데려가 버렸다. 그런 이후 크레타인인 듯한 그리스 사람들이 페니키아 해안 티레Tyre에 상륙하여 공주 에우로파Europa를 납치해 갔고 다시 그리스인은 군선을 타고 콜키스Colchis의 한 도시인 에아Aea로 가서 황금 양털을 획득한 후 그 곳의 공주 메데이아Médée를 데려가 버렸다. 그 다음 세대에 트로이의 왕 프리암Priam의 아들인 알렉산드로스Alexandre[26]가 헬렌Hélène을 스파르타에서 납치해 갔다."[27] 이런 이야기 외에도 물론 리디아Lydie 지방, 고대 이집트, 그리스 신들의 기원, 트로이 전쟁의 원인과 진실 등에 대해서도 과거에 일어난 사실이 전승된 것으로 기술하고 있다. 또 헤로도투스에 따르면 이집트에서 출발하여 리비아Libye와 도도네Dodone에 날아가 그 지역에 제우스의 신탁을 만들었다는 두 마리의 검은 비둘기란 이집트의 테바이에서 간 두 여인이었다는 것이다. 헤로도투스가 이야기하기를, 도도네에 간 여인이 비둘기라 불린 이유는 그녀가 낯선 언어를 사용하여 그 목소리가 새소리처럼 들렸기 때문이며, 검은 비둘기라 불린 연유는 이집트 여인의 검은 피부 때문이라는 것이다. "이 역사가가 이러한 해석을 하는 것은 자기 자신의 억측에 의한 것이 아니라 이집트 사제들로부터 얻은 사실에 근거한 것이다."[28]

그렇지만 헤로도투스가 전적으로 신을 제외시킨 것은 아니다. 오히

26 Pâris를 말함.

27 Hérodote, *Enquête I*, Editions Gallimard, 1990, 1-5.

28 P. Larousse, *op. cit.,* p.1157.

려 그는 신학적 개념을 역사에 소개하였다. 즉 "그는 신탁의 진실과 인간의 일에 신들이 질투하며 관여한다는 사실을 확고히 믿었던 사람이다."[29] 그래서 고프 J. Le GOFF는 "헤로도투스는 신화와 상상력으로 가득 찼으며, 또한 헤로도투스를 잘 읽는다는 것은 그의 기록 이면에 있는 가상적인 것의 체계를 찾아내도록 하는 독서이다"[30]라고 지적했다. 요컨대 헤로도투스는 신화와 역사를 같은 도면 위에 올려놓고 신화의 진실성을 역사적 방법으로 탐색해 내려 노력함으로써 신화의 역사 합리적 해석의 선구자 중의 한 사람이 되었다고 할 수 있다.

4) 투키디데스

헤로도투스보다 약간은 후배이나 그와 동시대인인 "투키디데스는 헤로도투스보다 더욱더 엄격한 연대기에 따라 이야기를 연속적으로 구성하였으며 이야기의 분석도 신성시하지 않고 엄격히 세속적인 분석을 하면서 정치적 행위를 강조하였다."[31] 그는 시인과 이야기 작가들의 방식을 비난하고, 그 자신의 이야기를 다소 매력이 없는 것으로 만들기는 하지만 그는 자신의 기록에서 신화적인 것을 제외하려 했다. 이를테면 호메로스는 이야기를 과장했는데 왜냐하면 그는 시인이

29 G. Glotz, *op. cit.*, p.509.

30 M. Cazénave, J. Le Goff, G. Durand et al., *Mythes et Histoire*(*Question de, No. 59*), Paris: Albin Michel, 1984, p.55.

31 M. I. Finley, *op. cit.*, p.36.

고 또 시인에게 주어진 자유권을 이용했기 때문이다.[32] 투키디데스는 그의 『펠로폰네소스 전쟁사』*La Guerre du Péloponnèse* 첫머리에서 당시의 일반적인 견해와는 달리 그러한 과장을 거부했다. 즉 그 자신의 책은 과장이나 장식에 어떠한 양보도 하지 않고, 따라서 아무 것도 창작하지 않고 사실들을 말한다고 독자에게 알렸다. 그는 또 "예술의 필요성을 위해 그 시대의 사건을 과장했던 시인의 경우와, 역사를 쓰면서 진실을 세우는 대신에 그들의 대중을 즐겁게 하는 데 염려를 기울였던 산문 역사가logographes의 경우를 더 이상 따라가지 말자. 그들은 옳은 정당성의 모든 특성을 버리고 우화의 마력으로 치장하는 데 노력했을 뿐이다"[33]라고 말함으로써 자신의 기록에 대한 역사적 진실성에 심혈을 기울였다.

투키디데스가 '신화적인 것'이라고 말할 때는 주로 창작적인 '미화'라는 생각을 했던 것 같다. "투키디데스가 볼 때 시인들은 그들의 청중에게 갈채를 받고 칭찬 받을 목적으로 시인이 이야기하는 주제를 과장하여 찬미하는 경향이 있으며, 시인들은 아가멤논 왕의 원정도 가능한 한 과장하여 표현했을 가능성이 크다는 것이다."[34] 그래서 투키디데스는 과거를 이야기하는 데에 헤로도투스보다 훨씬 더 적은 분량을 할애하고 있으며, 또 "투키디데스와 그의 동시대인들은 서정시

32 Cf. Thucydide, *La Guerre du Péloponnèse*, tome 1, Livre III, 104, Paris, Editions Gallimard, 1964, pp.340-341 : 투키디데스는 호메로스의 '아폴론 찬가' *l'Hymne à Apollon*를 호메로스 자신의 자서전적 문구라고 여겼다.

33 *Ibid.*, p.56.

34 F. M. Cornford, *Thucydides Mythistoricus*, London, Routledge & Kegan Paul LTD., 1965, p.134.

와 애가에 대한 완전한 자료집을 알고 있었지만 역사를 위해서는 이 자료를 잘 이용하지 않았다."[35] 단지 흥미의 차원에서 차이만을 설명하였다. 그 흥미는 과거에 대한 흥미였다. 그리고 과거는 인간의 근본적으로 나쁜 특성을 비춰 주기 위한, 또는 미래의 정치 행위를 안내하기 위한 교육적이고 도덕적인 목적으로 연구되었다.

"투키디데스에게서 과거라는 것은 사회에 단결력과 어떤 목표를 부여해 주고, 도덕성을 확고히 하고 애국심을 고취시켜 주는 사회 심리학적 기능을 담당해 주는 것이었다."[36] 그는 "아마 이 이야기에 소설적인 것이 없어 독자에게 매력이 없을 수 있다. 그러나 사람들이 이 책에서 발견하게 되는 것은 한순간의 독자를 위해 구성된 한 편의 호사스러운 작품이 아니라, 소멸하지 않는 귀중한 자산이다"[37]고 말했다. 그는 그 자신이 거기에 대한 증인이고, 거기에 대한 아주 정확하고 구체적인 정보를 얻은 사실에 대해서만 이야기했다고 말했다. 말하자면 투키디데스는 처음으로 신화적 역사관을 공격한 사람이었다. 전설적인 것, 즉 신화적인 것의 제거가 그의 최초의 주된 관심사 가운데 하나였던 것이다. 그는 과거의 정확한 지식을 원하는 탐구자들에게 그의 기록이 미래를 해석하는 데 도움이 되고 유용하다고 판단된다면 그는 만족할 것이라고 했다. 미래는 인간사의 노정에 있어서 과거를 그대로 되풀이하지는 않는다고 하더라도 분명히 닮은 것이기 때문이라는 것이다.

투키디데스의 작품 속에서 우리는 그의 시대정신이 반영되어 있는

35 M. I. Finley, *op. cit.*, pp.25-26.

36 *Ibid.*, p.26.

37 Thucydide, *op. cit.*, p.57.

것을 알 수 있다. "그는 소피스트의 한 사람인 프로디코스Prodicos의 제자였던 것으로 알려졌으며, 그보다는 프로타고라스Protagoras가 애용하던 모순어법이나 수사학의 영향을 더 받았다."[38] 투키디데스는 소피스트 철학파들의 정신적 태도나 문체적 특징을 가지고 있지만 오히려 자유분방한 사고가 그의 특징을 더 잘 보여 준다. 그러한 정신이 투키디데스의 『펠로폰네소스 전쟁사』에 잘 나타나 있음은 물론이다. 투키디데스는 『펠로폰네소스 전쟁사』의 첫머리에서 트로이 전쟁과 고대 세계의 탄생에 관해 몇 가지를 개괄하고, 헤로도투스와 펠로폰네소스 전쟁 사이의 공백을 채우려고 노력했다. 그가 먼 과거에 대해 이야기하는 내용은 그리스 최초의 시대에 대해 성찰한 것, 즉 그리스의 군사적, 정치적, 경제·사회적인 제 양상들이다. 헬라스인Hellade, 펠라스기인Pélasges, 헬렌Hellen의 시대, 트로이 전쟁 이전의 시대, 미노스Minos 왕의 시대, 트로이 전쟁, 그리고 펠로폰네소스 사람들과 아테네 사람들의 세력 확보, 페르시아 전쟁 그리고 주변의 이민족들과의 관계 등에 관해 요약하였다. 투키디데스는 "이런 것이 고대 시대에 대해 내가 한 조사의 결과들이다. 그러나 사실 그렇게 오래된 시대에 대한 것이라는 것을 감안한다면 우리들에게 제공될 수 있는 그 모든 증거들을 믿는다는 것은 어려운 일이다"[39]라고 말했는데 이 말은 당시의 사람들에게도 자신의 말이 잘 이해되지 않을 것이라는 점을 암시해 주는 것이며, 동시에 그 시대 사람들이 믿도록 하기 위해서는 그의 방법이 논리

38 J. de Romilly, *La construction de la vérité chez Thucydide*, Julliard, 1990, p.134.

39 Thucydide, *op. cit.*, p.55.

적이고 합리적이지 않을 수 없다는 점을 의미하는 것이기도 하다. 그래서 조금 뒤에 "우리가 앞에서 언급한 자료에 만족하고, 과거의 여러 세기에 대해 내가 언급한 개괄이 전체적으로 진실한 것이라고 판단할 수 있기 때문에 나에게 오류의 위험성은 아주 희박하다"[40]라고 투키디데스는 말한다. 대체로 사람들은 기존의 전승 이야기를 아무 비판도 없이 받아들이는데, 그런 잘못된 경우를 히파르쿠스Hipparque에 대한 설명에서 잘 밝히고 있다. 즉 "실제는 히피아스Hippias가 독재자였는데 당시 그리스인들은 히파르쿠스가 독재자라고 잘못 알고 있는 이유를 상세히 설명해 주었다."[41]

헤로도투스와 대조적으로 투키디데스는, '고고학' 관련 부분의 신화적 시대에 대해 이야기할 때도, 종교나 신탁의 영향 또는 신들의 간섭에 대해서는 아무 언급도 없다. 즉 "신들은 완전히 사라졌으며, 그 신들과 함께 있던 운명과 행운과 다른 모든 인간 외적 요인들까지도 사라졌다. 이 신들의 자리에 투키디데스는 인간의 주장과 충동을 가져왔다."[42] 그리고 펠로폰네소스 전쟁이 시작될 무렵에 그 자신은 성숙한 판단을 내릴 수 있을 만큼 나이가 들어 있었다고 말함으로써, 자기 책의 합당성에 대한 논란을 사전에 방어하는 치밀성을 보이고 있다. 즉 그의 접근 태도는 매우 합리적이다. 그는 마치 현대 역사가들이 하고 있는 것처럼 전체의 원인原因과 근인近因을 논하고 기본이 되는 영향들을 찾고 있다. 신화 시대에 관한 그의 '고고학' 부분의 요약

40 *Ibid.*, p.55.

41 *Ibid.*, p.55.

42 M. I. Finley, *op. cit.*, p.3.

은 물론 신화에 대한 투키디데스의 해석이며 역사는 아니다. 그렇지만 여기에는 중요한 역사적인 요소가 있다. “그것은 그리스의 최고最古 시기 즉 신화 시대부터 당대에 이르기까지 그리스의 연속성과 발전이 계속되었다는 투키디데스의 과감한 의식이다. 그는 일종의 일반 사회학적 이론, 힘과 진보의 이론을 과거에 적용한 듯한 사람이다.”[43] 투키디데스의 이 ‘고고학’ 부분의 요약을 통해서도 알 수 있는 사실이지만, 그리스 고전 시대의 사람들은 기원전 650년 이전 또는 기원전 550년 이전의 역사에 대한 하찮은 것만을 잘 알고 있었고, 그들이 알고 있었던 것은 허구와 사실이 혼합된 것이었음이 분명하다.

그러나 투키디데스의 이런 진실을 위한 노력과 역사가로서의 뛰어난 장점에도 불구하고 그의 책에는 단점들이 드러난다. 그것은 당시의 수사적 산문가들은 독자의 흥미를 끄는 데 연연하면서 정확한 증명을 피하는 진부한 이야기나 우화의 영역에 빠져 버린 전승 이야기에 몰두하였을 뿐만 아니라 당시엔 역사적 자료가 너무나 부족하였고, 가능한 한 정직하고 심사숙고하여 글을 쓰는 그 어느 누구도 마찬가지이지만 투키디데스는 자기 자신의 해석을 가하지 않고는 역사를 쓰는 것이 불가능했기 때문이다. 이를테면 “투키디데스는 아가멤논 왕의 미케네와 기원전 5세기의 미케네가 같은 하나의 도시라고 잘못 믿었다. 그는 기원전 1000년대 말에 미케네 문명이 완전히 파멸되었다는 사실을 전혀 모르고 있었다.”[44] 또 “투키디데스가 아메이노클

43 M. I. Finley, *Mythe, Mémoire, Histoire*, Paris : Flammarion, 1981, p.20.

44 *Ibid.*, p.22.

레스Ameinoclès에 대해, 또 코린토스Corinthe와 코르시레아Corcyre 사이의 전쟁에 대해 부여한 연대는 전승의 자료에 의한 것이 아니라 자신의 계산에 의한 것이다."[45] 전승이 회귀하고 아주 분산되어 있는 점을 고려하면, 단 하나의 순전한 우연이 투키디데스나 또는 아주 다른 작가들로 하여금 임의로 정확한 연대적 관계를 설정하도록 했을 가능성이 크다고 할 수 있다.

요컨대 투키디데스는 그리스의 흔한 전승 이야기에서 그가 잘못된 것이라고 판단하는 치장의 요소를 제거하고 당시의 세계에 대하여 그가 알고 있는 지식 즉 당시의 제도나 심리 등을 이용하면서, 심사숙고하여 그 전승 이야기를 아주 잘 짜인 한 폭의 그림으로 재구성하였던 것이다. 달리 말하자면 투키디데스는 그의 시대에 유행했던 연극과 무관하지 않다. 그는 극작가와 같이 이야기 구성을 하고 극작가들이 무대에서 보여주는 행동을 역사에서 기술하였으며, 무대에서 배우들이 직접 사건을 이야기하는 것처럼 투키디데스는 글로 표현하였다고 볼 수 있다. 그래서 헤로도투스에서보다 투키디데스의 이야기에서 훨씬 더 웅변력이 두드러져 있으며, 에우리피데스 극의 논쟁 장면은 투키디데스에서의 논설 부분과 유사한 것이다.

이제 투키디데스 이후 역사가들에게는 역사적 이야기의 개념이란 당대의 일련의 사건들의 기록이라 여겨지게 되었는데 그것은 물론 투키디데스의 공헌이다.[46]

---

45 *Ibid.*, p.34.

46 Cf. *ibid.*, p.35 : 그런데 투키디데스의 이러한 신화의 역사적 해석을 위한 노력 혹은 역사에 관한 진실성을 위한 노력에도 불구하고, 투키디데스 이후에 심지어

5) 에우헤메로스

앞에서 본 바와 같이 그리스 최초의 역사가들, 즉 헤카타이오스나 헤로도투스는 신화들을 벌써 합리적으로 설명하려 했고, 투키디데스 같은 역사가는 신화에서부터 이야기를 풍부하게 하는 미적 가공을 벗겨냄으로써 사실들을 재구축하고자 했다. 이제 헬레니즘 시대의 에우헤메로스Evhémère de Messène[47]가 역사학적 관점에서 최초로 신화를 체계적으로 해석하는 위치까지 다다른다. 그와 그의 추종자들이 신화를 역사적 합리적 방식으로 이해하고 해석하려는 원칙은 에우헤메로스주의évhémérisme라 불리는데, 이 에우헤메로스주의는 기원전 3세기 이후의 종교적 역사적 사상의 한 국면을 이끌어 왔다.

사실 그리스 신화학의 신들에 대한 체계적인 성찰은 엄밀히 말하자면 기원전 4세기 후반의 알렉산더 대제Alexandre le Grand 시대에 처음 나타났다고 할 수 있다. 바로 이 시대에 알렉산더 대제의 로망스가 동방 원정에 놀라울 정도의 대모험 이야기들을 더욱 자극하고 그리스의 신화적 영웅과 그 주변 이야기에 활기를 돋우었다. 그리하여 "알렉산더 대제도 자신을 신격화하기 위해 쥬피터Jupiter의 아들 아몬Ammon으로 불리길 원했다."[48] 알렉산더 대제 시대를 이어받은 시대가 헬레니즘

4세기에도 아테네의 산문가들은 새로운 지식과 새로운 개념과 완전히 무관한 전승 신화와 민간의 역사에 몰두했다.

47 Évhémère(-316~-260)는 이탈리아의 메시나Messène 태생이며 알렉산드리아Alexandrie에서 사망한 그리스의 신화학자이다. 그는 최초의 체계적인 무신론적 신학자의 한 사람으로 여겨진다.

48 Berthelot, H. Derenbourg et al., *La Grande Encyclopédie*: 16e v. Paris: Société

시대이며 그 두 시대에 걸쳐 살았던 사람이 바로 에우헤메로스이다.

헬레니즘 시대에 접어들어서, 도처에 분산되었던 그리스인들은 그들의 옛 생활이 종말을 고함으로써 그들 모국의 지방적 전설과 제식을 열렬히 희구하면서 분류하였다. 신화는 이제 살아있는 것이 아니라 단지 매력 있는 유물에 불과하였다. 신화는 핀다로스Pindare, 아이스킬로스, 소포클레스, 에우리피데스의 시대처럼 더 이상 살아있는 것이 못 되었다.

"신화는 이제 문학적, 예술적 공수병의 형태로 발전하면서 신의 정사나 변신과 같은 불미스러운 얘기가 시인들에 의해 마구 읊어졌을 뿐이다. 예전에 살아있던 그들의 도시를 위해서가 아니라 넓은 신세계에 확산된 교양 있는 계급을 위해 어디서나 창작하였을 뿐이었다."[49] 그들의 시는 처음에는 매력적인 것으로 보였으나 얼마 안 가서 따분한 것이 되어버렸다. 그런 상황에서 "에우헤메로스는 자연스럽게 신화를 합리적 역사적으로 해석함으로써 신화에 믿음의 힘을 주어 예전처럼 생명력 넘치는 살아있는 신화로 만들려 했는지도 모른다."[50] 헬레니즘 시대에 와서는 에우헤메로스의 책이 가장 많이 읽히던 책 중에 하나가 되었다. "역사 합리적 해석이 우의적 해석과 마찬가지로 이미 신화의 힘이 약해지기 시작했던 이 시기에 부각되었다"[51]는 사실

---

anonyme de la Grande Encyclopédie, 1884~1902, p.889.

49 김진경 역(Cf. H. D. F. Kitto), 『그리스 문화사』, 탐구당, 1994, p.311.

50 이규영 역(K. Hübner), 『신화와 진실』, 민음사, 1991, p.50.

51 Cf. J. Pépin, *Mythe et Allégorie*, Paris: Etudes Augustiniennes, 1976, p.88: "헬레니즘 시대에 와서야 사람들은 우의라는 말을 자주 쓰게 되었다."

은 이를 잘 뒷받침해 준다.

우리가 가지고 있는 에우헤메로스에 대한 중요한 정보는, 디오도루스Diodore de Sicile의 『역사 총서』*Bibliothèque historique* 제6권에서 나온 것이나 이 책은 전해지지 않고 기원전 3~2세기의 라틴 시인 에니우스Ennius가 디오도루스의 책을 번역했던 책을 다시 기원후 3-4세기의 락탄티우스Lantance가 참조하여 쓴 책 『신성한 제도』*Institutions divines* 또는 기원후 3-4 세기의 에우세비오스Eusèbe의 『교회사』*Histoire ecclésiastique*의 덕분이다. "클레멘스Clément d'Alexandrie와 락탄티우스와 에우세비오스와 성 아우구스티누스Saint Augustin 등은 진정한 신의 종교인 기독교를 사이비 신을 숭상하는 이교에 대해 옹호하는 수단으로서 에우헤메로스를 적극 지지한 것 같다."[52]

에우헤메로스는 마케도니아Macédoine의 왕 카산드로스Cassandre와 가까운 친구인데, 『성스런 기록』*Inscription sacrée* 또는 『성사』*Histoire sacrée*로 불리는 그의 책은 3권으로 되어 있으며 인도양에 있는 판케아Panchaïa라는 가상의 섬에 대한 기록이다. 에우헤메로스가 그의 책을 쓴 것은 인도양 유람에서 돌아왔을 때라고 여겨진다. 그래서 그는 많은 사원과 무덤, 조각상들의 단, 다른 여러 성소 등에 있던 기념비문의 덕분으로 자신의 책을 편집했던 것으로 여겨지고 있다. "그가 그 정당성을 주장하고 있는 많은 자료들은 그가 한 숱한 여행에서 수집했던 것이라고 말했다."[53] 그는 그의 책에 자신이 직접 봤다고 주장하는 내용을 기록해

52 Cf. P. Poulard, *Dictionnaire des Religions*, P.U.F., 1993, p.659.
Cf. Berthelot. H. Derenbourg et al., *op. cit.*, p.889.

53 P. Larousse, *Grand Dictionnaire Universel du XIXe siècle*, VII, Slatkine, Genève,

놓았다는 것이다. 그의 기록은 신들의 실제 역사, 즉 우라노스Ouranos와 크로노스와 제우스의 업적을 되찾은 것으로 되어 있다. 이 판케아의 최초의 왕들이 우라노스, 크로노스, 제우스였다는 것이다.

에우헤메로스는 마케도니아의 왕 카산드로스로부터 임무를 부여받고 페니키아와 팔레스티나Palestine와 이집트Egypte로 여행을 했다. "그는 홍해에서 인도양으로 가는 도중 게드로시아Gédrosie의 동쪽 인접국인 아라비아Arabie에 다다르고, 다시 연안 가까이에서 행복의 나라 아라비아Arabie heureuse와의 경계 지역에 있는 성스런 섬Ile de Sacrée를 거쳐 마침내 수도가 파나라Panara라는 판케아 섬에 도달하였다."[54] "판케아 섬은 네 민족으로 구성되었으며 각 민족은 세 왕으로 통치되며 그 세 왕들은 사제단의 권위에 복종했다. 판케아 섬에는 거대한 사원이 있는데 그 안에는 이집트의 상형문자로 새겨진 기록이 있다. 또 거기에는 세 도시가 이 지상의 낙원을 미화했다. 그 중 한 도시는 이 세상의 모든 신들의 제단에 쓰일 향을 생산했다. 마침내 판케아는 최고의 신인 제우스의 섬이 되었다. 여기에 제우스의 고대 신전이 60개의 경기장에 뻗칠 정도까지의 크기로 건립되었고 그 신전의 성소는 제우스가 직접 판케아의 문자 또는 상형문자로 황금 열주에 새긴 기록을 보유하고 있었다. 그 기록은 제우스 자신의 행적과 우라노스와 크로노스의 업적이었다."[55] 그 기록에 따르면 지상에서 최고의 통치권

1982, p.1156.

54 Cf. *ibid.*, p.1156 : 그는 아라비아Arabie의 남부에서 일군의 섬을 발견했는데 그 중에서 가장 큰 섬이 판케아Panchaïa였다.

55 Berthelot, H. Dernebourg et al., *op. cit.*, p.889.

을 처음으로 장악했던 자는 유능한 천문학자였던 한 정의롭고 자비로운 사람인 우라노스였다는 것이다. 즉 "우라노스가 인간이 거주하는 세계의 가장 많은 부분을 지배하고 있었다. 그는 천체를 세심하게 관찰했으므로 그는 우주의 현상을 잘 예언했다. 대부분의 사람들은 천체의 영원한 질서를 잘 몰랐기 때문에 우라노스가 예언했던 대로 모든 것이 일어나는 것을 보고 대단히 경이롭게 여겼으며 또한 이러한 지혜를 가르쳐 준 자는 신성을 보유하고 있다고 가정하고 그러한 그가 인간 세상을 떠날 때는 그의 은혜와 천체에 대한 그의 지혜의 가르침 때문에 그에게 신의 명예를 사람들이 부여해 주었다."[56]

또 "우라노스는 통상 판케아 산에 나중에는 우라노스의 자리라고 불렸던 곳에 머물러 있었다. 그는 대양Oceania이라 불리는 곳에서 죽어 아우라키아Aulacia라는 마을에 매장되었다. 우라노스는 그의 아내 헤스티아Hestïa로부터 두 아들 티탄Titan과 크로노스, 두 딸 레아Rhéa와 데메테르Déméter를 낳았고, 또 크로노스와 레아가 결혼하여 제우스와 헤라를 낳았다. 그런데 우라노스의 자식들은 왕위를 다투었다. 그 싸움에서 한 편은 제우스 편이고 다른 편은 티탄과 그의 누이들과 아내들 즉 티타니데스Titanides 편이었다. 그 싸움의 승리자인 제우스는 왕권을 아버지 크로노스에게 주었으나 크로노스는 신탁에 따르면 아들이 그를 폐위할 것이라 하였으므로 제우스를 죽이길 원했으므로 제우스가 적기에 알고 크로노스를 왕국에서 쫓아냄으로써 크로노스는 이탈리아로 피신하였다. 제우스는 누이 헤라, 고모들인 데메테르와 테미스

56 S. Saïd, *op. cit.*, Nathan, 1993, p.71에서 재인용. (Diodore, III, 56, 3-5)

Thémis 등과 결혼하였다. 그는 온 지상을 다섯 번이나 섭렵하고 크레타Crète 섬에 물러나 거기서 죽었다."[57]

말하자면 "아마 당시에 그리스 통치자를 숭배하던 점에 영향을 받아서 에우헤메로스는 신의 칭호로 숭배 받던 모든 자들은 과거에 인간이었고 그들 중에 최고로 위대한 자들은 왕들이었고 또 그들이 진정으로 인간들에게 봉사했던 업적 때문에 그들이 죽은 후에 신의 명예가 그들에게 베풀어졌던 것이라고 주장했던 것이다."[58] 에우헤메로스가 보기에 신들은 처음부터 초자연적 존재는 아니었으며 일찍이 이 세계에 실재한 위대한 인간에 지나지 않는다는 것이었다. 즉 신화적 신앙은 후기적 변용일 뿐이라고 보았다. 신들의 왕 제우스 및 그 혈족은 먼 옛날의 크레타 왕과 그의 가족에 지나지 않는다는 것이다. 다음 설명은 이에 대한 긍정적 측면을 잘 보여줄 것이다. "그리스 문화는 아마 십중팔구 크레타 섬에 의해 시작되었다. 왜냐하면 이 크레타의 법은 오랫동안 그리스 사람들에게 현명하고 완전한 법제의 모델로 여겨져 왔기 때문이다. 그래서 위대한 신들은 거기서 처음 태어난 것이다. 그 신들은 단 하나의 가문에서 나오며 그 우두머리는 우라노스이다. 가정해 보자면 우라노스는 크레타 섬을 찾아오곤 했던 이집트인이나 페니키아인들과 교제하면서 법과 예술에 대한 얼마간의 지식을 소유하고 있었다. 아니면 우라노스는 그가 이 크레타 섬에 오기 전에, 어떤 이유이든 간에 추방되지 않을 수 없어서 이집트나 페니키아에

57 Berthelot, H. Dernebourg et al., *op. cit.*, p.889.

58 Lactance, *de la colère divine II*, 7, 8.

살다가 추방되어 크레타에 왔을 것이다. 즉 그가 추방된 나라에서 더 평안히 살기 위해서 그 나라의 토착민들의 잔악성을 완화시키기 위해 노력해야 했고, 그 토착민들의 마음에 더 큰 명망을 주기 위해서는 그와 그의 아내가 하늘과 땅의 아들 딸이라고 말해야 했던 것이다."[59] 또 2-3세기의 그리스 철학자 섹스토스 오 엠페이리코스Sextus Empiricus에 따르면, 에우헤메로스는 아주 오래되고 정당성 있는 진상들을 소유하고 있었으므로 확실히 그의 주장에는 일부 진실을 담고 있었으며 공동생활 초창기에는 위대한 사람들이 숭배의 대상이 되었음에 틀림없다는 것이다. 섹스토스 오 엠페이리코스의 다음 말은 에우헤메로스주의의 철학을 간략히 잘 말해 준다. "무신론자라고 별명이 붙여진 에우헤메로스는 다음과 같이 말한다. 인간들이 법칙과 규율 없이 살았을 때는 그들 중에 신체적 힘과 지적 능력이 우월한 자들이 다른 사람들로 하여금 그들의 뜻을 숭배하도록 강요했다. 그들과 같은 사람들이 존경과 숭앙을 받기 위해서 그들은 다른 사람들이 그들 자신들을 신처럼 바라보고 존중하도록 하는 최고의 신성한 힘을 자신들에게 부여하였다."[60] 어쨌든 에우헤메로스가 자신의 책에서 신화 속의 신들을 실제 인간의 존재로 기록했다는 것은 분명하다. 그런데 그의 작품이 간접적으로 전해짐에 따라 그의 의도는 확실치 않다. 즉 그가 그렇게 기록한 연유가 우리에게 문제된다. 그 자신은 그의 기록을 사실이라고 썼지만 정말 그가 우둔하게 그의 기록대로 실제로 믿고 쓴 것

---

59 P. Larousse, *op. cit.*, p.1156.

60 *Ibid.*, p.1156.

일까? 물론 그렇지 않을 것이다. 우리는 그 가능성을 세 가지로 말할 수 있다. 첫째 에우헤메로스는 당시 헬레니즘 시대의 특징이었던 군주 숭배를 정당화하려 했을 수도 있다는 점이다. 왜냐하면 과거의 최고 신들을 인간의 차원으로 이해하게 되면 거꾸로 알렉산더 대제 같은 그들의 군주는 자연스럽게 신의 차원으로 격상되기 때문이다.

사람들이 먼저 신화를 만듦으로써 역사를 만든다는 것은 고대 로마의 권력 투쟁을 분석해 본 마키아벨리Niccolo Machiavelli에게도 자명한 것으로 생각되었다. "중세 철학자들이 모든 권세, 즉 국가나 왕의 권력은 하느님으로부터 온다는 바울의 말을 거듭 인용하면서 그 권력의 신적 기원을 인정하고 있었던 것과는 반대로, 마키아벨리는 이른바 왕권의 신적 기원이란 공상적인 것으로 보았다."[61] 즉 신화의 정치화는 민족 기원에 관한 전설에 가장 두드러지게 나타나는데 정치적 야망이 있는 자들은 신화나 전설을 이용하여 자신들이 고대인의 후계자임을 주장하게 됨으로써, 에우헤메로스주의가 그 타당성을 인정받게 되는 것이다. 이와 유사한 이유로 케사르도 기원전 44년에 암살되고 난 후 로마의 수호신으로 선포되었던 것이다.

둘째, "에우헤메로스는 오히려 인도에서 알렉산더 대왕이 한 일을 정치적으로 풍자하기 위해 그의 가공적 이야기를 썼을 수도 있다는 가능성을 배제할 수 없다."[62]

---

61 최명관 역(Cf. E. Cassirer), 『국가의 신화』, 서광사, 1988, pp.174-175.

62 Cf. P. Larousse, *op. cit.*, p.1156 : 모리A. Maury에 따르면 에우헤메로스주의는 그리스에서와 마찬가지로 인도에서도 생겼다. 인도에서는 나이룩타Nairoukta파와 아이티하시카Aitihasika파라는 두 가지 합리주의적 학파가 생겼는데 나이룩타파

셋째, 에우헤메로스는 무신론적 합리주의를 주장하려고 했을 수도 있다. 즉 이교의 의식과 상징들을 순수한 이성의 관점에서 비판적으로 해석했다고 볼 수 있다. 왜냐하면 에우헤메로스는, 당시 사회에 유행했던 철학인 키레네 학파école cyrénaïque와 연관이 있기 때문이다. 즉 "그는 키레네 학파에 입문했다. 이 키레네 학파 철학은 감각론에 기초한 쾌락주의를 믿고 신화나 종교적 사상을 적대시하는 일종의 회의주의였으며, 이 키레네 학파의 신봉자들이 존중하던 원칙들이 에우헤메로스의 정신에 결정적인 영향력을 행사했다"[63]라고 볼 수 있기 때문이다. 그래서 알렉산드리아Alexandrie 학파의 다신교도들은 그들에게 적대시된 한 책을 파기시키는 데 심혈을 기울였던 것 같다.

신화가 단지 실제의 역사가 변형된 것일 뿐이라는 것을 인정하게 되면 이제 그릇된 것에서 참된 것을 가려내는 자는 역사가의 몫이 된다. 역사가는 신화에서 선별을 하게 되는데 이를테면 "아가타르키드Agatharchide de Cnide가 자연의 제 법칙과 반대되는 모든 일들을 배격한다거나, 스트라본Strabon이 알렉산더 대제와 아마존족Amazones의 여왕의 시대착오적 만남을 받아들이지 않는다거나, 포사니아스Pausanias는 『일리아드』에서 아레노스Arainos의 창건자가 헬레네Hélène에게 구혼하러 갔다가 아킬레우스Achille에게 죽음을 당했다는 이야기를 믿지

는 신들의 이름과 신화를 자연 현상으로 설명하고 아이티하시카파는 신화를 역사적 사실로 설명하였다. (…) 그리고 이집트 사제들은 인도 신화의 트리쿠타Tri-Cuta를 현실에 결부시키려고 원하면서 변조했는데, 그 변조된 트리쿠타 이야기에서부터 확실히 에우헤메로스는 자신의 이야기를 차용했다는 것이다.

63 *Ibid.*, p.1156.

않는 것 등이다."[64] 에우헤메로스주의의 역사가들은 전 세계의 연대기의 주축이라고 생각한 히브리 역사 안에 이교도들의 신화 군체에 기록된 주요한 이야기들을 새로 자리매김하기 위해 그 신들이 인간으로 산 연대를 결정할 필요까지 느꼈다. "그들은 신화 속의 이야기들에 정확한 연대를 부여하는 데 몰두하기까지 했다."[65]

이 학설은 당시의 시대정신과 합치되었기 때문에 그리스와 로마 등에서 크게 세력을 얻었다. 이 학설은 우의주의보다 더 많은 진실을 포함하는 만큼 더 많은 지지자를 얻어 왔다. 그리고 근대에도 이 주의에 가담하는 사람이 많다. 이 에우헤메리즘은 헤카타이오스, 디오도루스, 디오누시오스, 플루타르크, 스트라본, 포사니아스, 엘레아노스의 작가들에 의해 신화에 대한 역사적인 맥락 또는 진실임직한 가정이라는 맥락을 위해 옹호 받게 되었다. "근대의 그리스 역사가들도 유사한 해석을 했는데, 이를테면 바람의 신 에올Eole은 바람의 때를 잘 예측한 옛날 선원이었고, 외눈 거인 키클로프스Cyclopes는 시칠리아 섬에 살았던 한 야만족이었으며, 반인반마의 켄타우로스Centaures는 기마인이었고, 하늘을 짊어진 아틀라스Atlas 신은 위대한 천문학자라는 것이

64 S. Saïd, *op. cit.*, p.71.

65 Cf. 이탈리아의 스칼리제J.J.Scaliger의 저서 『시간의 정정』*Opus novum de emendation temporum*(1583)과 뉴턴I. Newton의 저서 『정정한 고대 왕국의 연대기』*Chronology of the Ancient kingdoms Emended*(1728) 등은 문학적 자료로부터 천문학적 연대계산법을 사용하여 신화사의 연대를 편성한 대표적 예들이다. 뉴턴I. Newton의 위 책에 의하면 "페르세우스Persée가 안드로메다Andromède를 구한 것은 기원전 1005년이고 테세우스Thésée가 미노타우로스Minotaure를 죽인 것은 기원전 968년이고, 헬레Hellé가 헬레스폰토스Hellespont 해협에 익사한 것은 기원전 962년이며 프로메테우스Prométhée가 풀려난 것은 기원전 937년이 된다"는 것이다.

다."[66] 16, 17세기의 보시우스G.J. Vossius, 17, 18세기의 보샤르S. Bochart, 바니에A. Banier, 18, 19세기의 라르쉐P.H. Larcher, 후그Hug, 모로M. Moreau de Jonnes, 호프만A. Hoffmann, 스펜서M. Herbert Spencer 등이 이 흐름에 속한다고 할 수 있다.[67]

우리는 신화의 해석에 관한 에우헤메로스의 역사 합리적 생각을 전적으로는 따르지 못할 것이다. 우리가 아는 그리스의 많은 신들 중에는 이 지상의 인물이 아니고, 그리스인의 정신 속에까지 잘 나타나 있는, 형이상학적 존재나 이상적 인물들이 많기 때문이다. 운명의 신Destin, 행운의 신Fortune, 평판의 신Renommée, 불화의 신Discorde, 불의의 신Injustice, 계절의 여신Heures, 운명의 여신Parques, 복수의 여신Euménides, 주방의 여신Vesta, 전쟁의 여신Bellone, 최초의 여인Pandore, 법과 정의의 여신Thémis, 미의 세 여신Grâces, 사랑의 신Amour, 잠의 신Sommeil, 꿈의 신Songes 이외에도 수많은 목록을 추가할 수 있다.

요컨대 에우헤메로스가 신화 속의 신들은 실제의 역사적 인간들을 불멸화시킨 것으로 기록했는데, 그것은 그가 통치자 숭배의 변호자로서인가 또는 통치자의 풍자가로서인가, 아니면 종교적 신인동형론의 비판자로서인가 또는 진정한 합리주의의 개척자로서인가 혹은 위 몇 가지를 동시에 노린 것인가는 확실하지 않다. 그래도 우리가 잘 말해야

---

66 P. Larousse, *op. cit.*, Paris, p.1157.

67 드샤르므M. Decharme는 그의 『고대 그리스의 신화학』*Mythologie de la Grèce antique*에서 "최근 신화학이 정복된 듯한 오늘날에도 아직 에우헤메로스주의는 사장되지 않았다"고 말했다. 또 클라비에Clavier, 생트-크루아Sainte-Croix, 라울 로셰트Raoule Rochette 같은 프랑스 학자들은 우화적 장식 아래에서 그리스의 원시적 역사를 찾아내고자 했다.

한다면 "에우헤메로스는 인간에 불과한 신들을 역사에 적용시킴으로써 비평적, 합리적, 체계적 정신을 상징화했다"라고 요약할 수 있다.

확실히 에우헤메로스주의는 이교에 대해 기독교를 변호하게 했을 뿐 아니라 신화학의 기초를 다져 놓은 업적을 남겨 놓았다고 말할 수 있다. 신화가 역사로 확장되고 역사가 다시 신화 쪽으로 나아가 겹치게 된다는 사실을 인정하면 그것은 신화나 역사가 사건을 독자적으로는 표현할 수 없다는 것을 의미하며 그래서 그 각각은 상보적 존재로서 이야기의 더 완전한 상태에 도달할 수 있다고 볼 수 있다. 실제로 일어난 사건은 그 사건을 기술하는 이야기를 통해서만 알 수 있다는 점을 생각하면, 신화나 역사에서 이야기 기술가는 의식적이든 무의식적이든 간에 일종의 신화 창조자가 되지 않을 수 없게 되며, 따라서 우리는 부분적이지만 에우헤메로스주의적 신화 해석의 합당성을 인정하지 않을 수 없게 된다.

6) 맺음말

오늘날 우리는 다양한 방식으로 고대 신화와 접하게 된다. 문학을 통해서는 물론이고 인문학 여러 분야 속에서 신화와 신화적 소재를 만나지만 자주 단편적 보조적 역할로 마주친다. 그럼에도 불구하고 신화의 근본 의미와 참 가치를 잘 이해한다면 단편적 보조적 역할에서 나아가 인간과 세계의 더 넓고 깊은 의미를 파악하게 해 주어 의외의 성과를 용이하게 얻을 수도 있게 된다.

신화의 주제와 소재를 빌려오고 있는 그리스 신화에 대한 고대적 해석의 한 흐름인 역사 합리적 해석에 대해 살펴보았다. 고대에서 신화의 역사 합리적 해석을 대변하는 것이 에우헤메로스주의인데 우리는 그러한 신화 해석의 근원부터 살펴보기 위해 여행가이며 최초의 역사가들로 알려져 있는 헤카타이오스, 헤로도투스, 투키디데스 순으로 그들이 신화를 보는 관점을 알아보고 마지막으로 에우헤메리즘에 관해 고찰해 보았다.

헤카타이오스는 최초로 신화에서 어떻게 역사가 분리되는가에 대해 노력을 기울인 사람이다. 그는 "진실이라고 판단한 것만을 기록한다"라고 하면서 고대의 왕들에게 신의 명예가 주어졌던 시기가 있었다는 것을 확신하고 신화 속의 신들은 고대의 왕들이라는 믿음을 가지고 이를 확인하려는 노력으로 여행을 하였다. 즉 그는 기존의 신화적 이야기를 가능한 한 인간의 경험과 습관과 역사로서 이해하려고 했던 것이다.

헤로도투스는 헤카타이오스와 마찬가지로 여행가이면서 역사가이다. 헤로도투스는 신화의 세계를 전적으로 부정하지는 않으면서, 역사를 신화와 같은 차원 위에 두고서 신화의 역사적 진실성을 탐색해 내려고 노력함으로써 신화의 역사 합리적 해석의 진정한 선구자로 이해될 수 있는 사람이다. 그는 여행을 통해 자료를 조사했는데 예술 작품을 소홀히 넘기지 않고 기념물을 조사 측정하기도 하고 도처에서 그에게 알려주는 모든 증인에게 물었다. 그는 크산토스, 카론, 헬라니코스, 헤카타이오스 등의 책을 조사했다. 그리하여 그는 페르시아 전쟁 훨씬 이전의 그리스 역사에 관한 많은 자료를 모을 수 있었으며, 그래서 리디아 지방, 고대 이집트, 그리스 신들의 기원, 트로이 전쟁의 원인과 진실 등은 과거에 일어난 사실이 전승된 것이라고 기술함으로써 신화적 자료를 나름대로 합리화하고 역사화 하였다.

투키디데스는, 헤로도투스와 대조적으로, 종교나 신탁의 영향 또는 신들의 간섭에 대해서는 이야기하지 않았다. 투키디데스는, 헤로도투스가 인정한 신들의 자리 대신에 인간의 행위와 주장을 가져왔다. 그래서 투키디데스는, 헤로도투스보다 더 엄격한 연대기에 따라 연속적으로 이야기하였으며, 이야기의 분석도 신성시하지 않고 세속적인 차원에서 다루었다. 과거사에 관해 투키디데스는 트로이 전쟁과 고대 세계의 탄생에 대해 개괄하면서, 헤로도투스와 펠로폰네소스 전쟁 사이의 공백을 채우려고 노력했다. 이를테면 헬라스인, 펠라스기인, 헬렌의 시대, 트로이 전쟁 이전의 시대, 미노스 왕의 시대, 트로이 전쟁, 그리고 펠로폰네소스 사람들과 아테네 사람들의 세력 확보, 페르시아 전쟁, 그리고 주변의 이민족들과의 관계 등에 관해 요약하였다. 그는 그리스 최초의 시대, 즉 신화 시대부터 그리스의 군사적, 정치적, 경제 사회적인 제 양상을 성찰하고 그리스의 연속성과 발전이 계속되었다는 역사적 관점을 강조함으로써 신화에서 미적 허구를 제거하여 신화를 역사화하였다.

헬레니즘 시대의 에우헤메로스는 역사학적 관점에서 최초로 신화를 체계적으로 해석한 사람으로 볼 수 있다. 에우헤메로스는 판케아라는 섬에 대한 이야기인 『성스런 기록』을 썼는데, 그 책은 그가 한 숱한 여행에서 수집했던 자료들의 기록으로서 그 정당성을 그 자신이 주장했다. 즉 그는 많은 사원과 무덤, 조각상들의 단, 다른 여러 성소 등에 있던 기념비문의 덕분으로 자신의 책을 편집했다는 것이다. 그의 책은 신들의 실제 역사 즉 우라노스와 크로노스와 제우스의 업적을 되찾은 것으로 기록되어 있다.

에우헤메로스는 신들이란 처음부터 초자연적 존재는 아니었으며 일찍이 이 세계에 실재했던 위대한 인간에 지나지 않는다는 것이었다. 즉 그런 신화적 신앙은 후기의 변용이라고 보았다. 말하자면 신들의 왕 제우스 및 그 혈족은 먼 옛날의 크레타 왕과 그의 가족일 뿐이라는 것이다. 이 학설은 당시의 시대 정신과 합치되었고 이교에 대해 기독교를 변호하게 했기 때문에 그리스와 로마 등에서 크게 호응을 얻었다. 요컨대 에우헤메로스는 신화 속의 신들은 실제의 역사적 인간들을 불멸화시킨 것으로 기록했는데, 그가 그렇게 이야기를 기록한 것은 그가 통치자 숭배의 변호인으로서인지 또는 통치자의 풍자가로서인지, 아니면 종교적 비판자로서인지 또는 진정한 합리주의의 개척자로서인지는 확실하지 않다.

어쨌든 우리는 에우헤메로스는 인간에 불과했던 신들을 다시 인간으로 끌어내려 신화를 역사에 적용시킴으로써 비평적, 합리적, 체계적 정신을 상징화했다고 평가할 수 있다.

2. 철학적 해석

우리가 신화를 마주 대해야 할 때 우선적으로 세 가지 문제를 고려하게 된다. 즉 신화가 존재하게 되는 바의 이야깃거리, 달리 말하자면 신화 내용이 그 첫째의 것이고, 둘째는 그 신화 내용을 신화화하는 신화 기록자 또는 신화 전달자의 문제이고, 셋째는 전승되거나 기록된 신화 내용을 어떻게 보는가 하는 문제이다. 이 세 번째의 문제가 지금 우리가 다루고자 하는 것이다. 이 문제를 다룰 때에 다시 논의되어야 하는 것은 신화 읽기의 방식 또는 신화 이해의 방식인데 여기에서 신화에 대한 주석이냐 설명이냐 또는 해석이냐 하는 구분의 문제가 제기된다. 그런데 우리가 하는 고찰에서는 엄밀한 의미의 주해나 설명이나 해석이라는 용어의 한계 영역을 구분하지 않고 해석이란 말을 써야 하는 어려움이 있다는 점을 우리가 먼저 밝혀 놓지 않을 수 없다. 신화의 문제에서 해석이란 용어를 올바르게 사용한다면, 그것은 어떠한 신화적 작품을 연구할 경우이든가 또는 신화 연구가 활발해진 18세기 이후에 신화의 이론적 측면을 다룰 경우일 것이다. 그런데도 우리가 어렵게 이 용어를 감히 사용하게 되는 연유는, 우리가 벌이는 논의의 시대적 특성 즉 고대라는 한계 속에서 다루는 신화관이 자주 설명과 해석의 중간적 입장에 위치해 있기 때문이다.

신화 해석에 관한 성찰은 이미 기원전 6세기경부터 그리스의 철학자, 역사가, 산문가, 문학자 등에 의해 시작되었다. 그래서 우리는 신화 해석의 출발점인 기원전 6세기경의 자연철학자들에서부터 시작하여 고전 철학자인 아리스토텔레스Aristote에 이르기까지 우리의 고찰을 진행할 것이다.

고대 그리스인에게는 '테오스'theos란 말이 바로 신을 의미하지는 않았다. 기상 현상 같은 그들 생활 주변에 있는 위압적 자연의 힘을 '테오이'theoi라 불렀는데, 그들은 이 '테오이'와 가능한 사이좋게 지내야 했고, 이 '테오이'를 그들을 위한 것으로 만들어야 했다. 이 '테오이'가 처음에는 혼용되다가 차츰 '테오스', 즉 신이란 개념으로 쓰이게 되었던 것이다. 그런데 그리스인들에게는 이제 또 다른 힘이 필요했다. 그것은 그들의 생존 집단인 가족, 씨족, 부족, 종족을 지키는 신들이다. 사회 집단의 보이지 않는 구성원인 이 신들에게 경건한 존경과 절대적 숭배가 요구되었다. 모든 신에 대해 규정된 형식을 지키려면 희생도 따라야 했다. 종교적 제식의 엄격성으로는 충분하지 않기 때문에 종교가 도덕의 힘을 빌리게 되었다. 즉 신화와 도덕의 결합이라는 단계가 필요하게 되었다. 이때 신화에서 비도덕적 요소는 제거되기 시작했다. 그것은 시인이나 철학자에 의해 이루어졌다. 시인들은 극을 씀으로써 그들 시대의 종교적, 도덕적, 철학적 문제와 씨름하였다. 이제 신화는, 에우리피데스Euripide의 후기의 몇 작품에서처럼, 시의 시대에서 장중한 철학적 사상이 흐르는 시대로 넘어가게 된다. 그 다음은, 알렉산더 대왕Alexandre le Grand의 동방 원정 이후로, 신화와 사상이 거의 분리되는 경향으로 기울어진다. 이러한 흐름에서 우리는 신화의 우의적 해석에 관해 고찰해 볼 필요성을 느끼게 된다.

1) 우의

우의allégorie라는 말은 '다른 것을 말한다'는 뜻의 그리스어 'allêgoria'에서 나온 말로서, 어떤 내용을 다른 것에 빗대어서 교훈적으로든지 풍자적으로든지 간에 비유적으로 이야기하는 방식에 관계될 때 사용되는 말이다. 그래서 신화의 우의적 해석이란 신화를 표현된 글자 그대로의 의미로 받아들이지 않고 신화에 숨어 있는 다른 암시적 의미를 찾아내려는 방식으로 이해하려는 것이다.

어떤 사람들은 신화 이야기를 자연의 위력에 대한 비유나 의인화로 본 데서 연유한 것이라고 믿는데, 이것은 원시적 인간의 자연에 대한 무지와 자연을 주로 인간의 심성에 의해 바라봄으로써 야기되는 결과라 할 수 있다. 또 어떤 사람들은 이 세계를 구성하는 물질적 대상의 비밀을 찾는 방식으로 신화를 해석하기도 한다.

또 다른 사람들은 보이지 않는 미스테리를 해독하는 방식으로 신화를 대하기도 했다. 이를테면 신화에서 왜 간통과 유괴와 아버지를 묶는 사슬에 대해 그리고 다른 많은 이상한 일들에 대해서 이야기했는가? 그것은 그런 분명하고도 이상한 주제를 접함으로써 우리 마음이 본성적으로 그런 이야기를 베일에 가린 다른 의미의 것으로, 또는 진실을 숨길 수 없는 어떤 존중할 만한 의도의 표현으로, 또는 숨겨진 다른 의미 즉 우의로 이해하려 하며, 신성한 것으로부터 속된 것을 정화하도록 원하기 때문이다. 신화에서 문자 그대로의 의미가 받아들여질 수 없을 때, 또 신화가 신성 모독적 이야기로 보일 때, 분명한 모순은 독자로 하여금 숨겨진 의미를 찾아 나가도록 하며,

신화를 부차적 의미로 해석하도록 하는 것이다. 그래서 신화는 종교적 교리를 감추기 위해 고안된 이야기라고 해석하기도 하면서 크로노스Cronos의 아들 제우스Zeus, 포세이돈Poséidon, 하데스Hadès의 이야기는 노아Noé의 세 아들의 이야기라고 보기도 한 것이다.

그리고 신화 속의 고유 명사들은 개인의 이름보다는 인간 그룹을 지칭한다는 가설이 자주 고려된다. 이를테면 영웅 신화에 자주 나타나는 '포세이돈의 아들', '헤파이스토스Hépaïstos의 아들' 등과 같은 몇몇 표현들은 한 선원이나 한 대장장이 또는 일단의 선원이나 일단의 대장장이를 지칭할 때 이미지화한 방식일 수 있다. 우리가 헤로도투스Hérodote를 통해서 알고 있는 사실이지만 청동기 시대에 지중해와 그 연안은 약탈자들로 만연했는데 그들의 무리는 잘 조직되어 있었고 무서운 힘을 소유하고 있었다. 그래서 그리스 도시들은 이 약탈자들의 무리와 싸워야만 했던 것이다. 이들과 싸울 때 똑같은 방식으로 대하지는 않았을 것이다. 즉 몇몇 영웅들에게 주어진 날개의 경우에서 볼 수 있는 '신속한 기습', 몇몇 호의적인 신들이 주는 가면의 경우에서 볼 수 있는 '위장이나 은폐', 같은 편의 신들에 의해 제공되는 군대의 경우에서 볼 수 있는 '대규모 공격', 괴물을 죽이는 경우에서 볼 수 있는 '적의 근절', 승리한 장군이 동향인들을 매료시키기 위해 가져온 정복당한 괴물의 유해의 경우에서 볼 수 있는 '승리의 표시들과 전리품의 획득' 등의 방식이 동원될 수 있을 것이다. 이렇게 볼 때 신화는 비유적이고 상징적인 내용으로 가득 찬 이야기가 된다.

문학자나 철학자의 경우처럼, 신화는 많은 비도덕적 이야기로 점철되어 있지만 이것이 오히려 인간 생활에 필요한 도덕적 가르침을 흥미롭게 전해 주는 방식으로 보이기도 하며, 못마땅한 가상假想으로부터 철학적인 의미를 시사하면서 전승 이야기를 되찾게 해 줄 뿐만 아니라 철학적 정당성을 끌어 내주는 매체로 여겨지기도 한다.

이렇게 볼 때 신화에 대한 자연과학적 해석, 종교적 해석, 상징적 해석, 철학적 해석 등이 우의적 신화 해석에 포함된다.[68] 우리는 여기서 우의적 신화 해석에 관해 철학적 해석에 한정해서 고찰해 보고자한다.

그런데 여기서 철학적 해석이란 철학적 논리 방식에 의한 신화 해석이 아니고, 주로 철학자들이 신화를 이해하는 관점이나 방식을 말한다. 고대 시대에서의 신화 해석이란 측면에서 보면 철학적 해석이 다른 어떤 우의적 해석보다 더욱 꾸준히 문제시되고 논의되어 왔던 것이 사실이므로 우리는 철학적 해석에 대해 알아보아야 한다.

신화의 우의적 해석으로서 철학적 해석이 포함할 수 있는 범주는 사실 넓으면서 그 경계의 한정이 꽤 모호하다. 철학적 해석에는 도덕적 해석, 상징적 해석, 신학적 해석, 종교적 해석, 자연과학적 해석, 합리적 해석, 언어적 해석 등이 모두 어느 정도 관련되어 있다. 우리는 여기서 이런 범주에 별로 구애되지 않고, 고대 그리스의 철학자들의 신화 해석, 즉 신화에 대한 개념이나 신에 대한 관점을 주로 이야기하

68 J. Pépin, *Mythe et Allégorie*, Paris, Etudes Augustiniennes, 1976, pp.147-149 : 페팽Pépin은 에우헤메로스주의Evhémérisme도 우의주의의 하나로 보고 있다. 즉 에우헤메로스Evhémère의 이야기는, 호메로스Homère나 헤시오도스Hésiode 같은 시인의 글을 편견 없이 잘 읽어 주는 정신에서 나온 것이 아니고, 판케아Panchaïe 섬의 외적 현현顯現처럼 우화가 섞여 있는 일종의 지리 소설로서 자신의 우의적 필요에 의한 이야기일 뿐이라고 말했다. 에우헤메로스는 사실적事實的 우의주의자라는 것이다.

고자 한다.

사실 그리스 철학은 오리엔트에서 탄생했는데, 이 오리엔트의 고대 철학이 비유적 언어로 그리스에 퍼졌을 것이라고 본다. 이러한 여건에서 현자들과 철학자들이 이야기 속에 자연의 지혜와 상징을 포함한 철학을 담아 신화를 창조했다고 말하는 것이 가장 합당하다고 여겨진다. 그러나 그 후에 이 이야기가 완전히 잊혀졌다는 것이다. 그래서 크르제 Creuzer 같은 근대의 신화학자들은 이 잊혀진 철학적 사상을 신화 속에서 되찾아 내야 한다고 주장한 바 있는데, 우리는 이러한 맥락에서 고대 그리스 철학자들의 신화에 대한 태도를 고찰해 볼 필요가 있다.

고대 그리스 철학은 자연철학의 시기, 소피스트 철학의 시기, 고전 철학의 시기로 나누어진다.

2) 자연철학자

자연철학의 기원은 소아시아의 밀레토스Milet 시를 중심으로 발달한 밀레토스Milet 학파였다. 밀레토스 학파의 철학은 탈레스Thalès,[69] 아낙시만드로스Anaximandre,[70] 아낙시메네스Anaximène[71] 등과 함께 전통적 신화의 세계에 대해 합리적 해석을 하기 시작했다. 이들 자연철학

69 Thalès(기원전 625년에 출생해 기원전 545년에 사망함)는 밀레토스 학파로 만물의 근원은 물이라고 하였다.

70 Anaximandre(기원전 610년경 출생, 546년경 사망)는 탈레스의 정신을 이어받은 밀레토스 학파의 거장으로 만물의 근원을 아르케arché라고 하였다.

71 Anaximène(기원전 586년경 출생해 기원전 525년경 사망)는 공기가 최초의 근원적 실체라고 주장하였다.

자들의 시대정신과 그들이 속한 사회적 계급의 성향은 무엇보다 물질적이고, 그들의 흥미는 그들이 보는 세계에서 나오는 것이었다. 즉 "그들은 순수한 합리주의자들이었고 그들에게 문제시되는 것은 신앙이 아니라 합리적 논리였다. 그들에게서 신들은 정중히 밀려났고 그들에게는 세계의 기원과 본질에 관한 신적인 설명은 더 이상 용납되지 않았다. 말하자면 그들은 처음으로 종교적 신화에 의지하지 않고 인간의 지성이 여러 가지 제기된 문제를 해결할 수 있다는 점을 주목하였다."[72] 즉 자연에 대한 기존의 신화적 해석에서 벗어나서, 이들은 별, 동물, 식물, 사람 등 모든 존재가 그 기원인 제1차적 물질로 환원된다고 하면서 창조와 소멸을 통한 변화와 양적 증감에 의한 변화를 강조함으로써, 이제 자연에 대한 적극적이고 긍정적인 새로운 성찰이 처음 시작된 것이다. 부연하면 "이오니아Ionie 철학자들이 그리스인의 과학적 사고를 탄생시켰다. 이를테면 밀레토스 학파 철학자들은 처음으로 맹인의 눈에서 비늘딱지를 벗기듯이 신화에서 이성logos을 끌어냈다. 그들의 철학은 진정한 사고였으며 그 사고는 역사 밖의 것이었다."[73] 이렇게 신화적 사고에서 갑자기 멀어지면서 탄생한 이 과학적 사고, 즉 철학은 베르낭J.-P. Vernant 교수의 표현을 빌리면, "배낭 없는 여행자로서 과거도 부모도 가족도 없이 이 세상에 나타났던 것이다."[74]

그러나 그들의 사고 역시 신화적 바탕에서 출발한 것이며 그래서 "그 철학자들의 우주론도 우주 발생론적 신화를 다시 취급하여 그것

---

72 W.K.C. Guthrie, *Les Grecs et leurs Dieux*, Paris, Payot, 1956, p.153.

73 J. -P. Vernant, *Mythe et pensée chez les Grecs*, Paris, Ed. la Découverte, 1985, p.373.

74 *Ibid.*, p.374.

을 연장시켰으며, 그들은 대체로 한 유형의 문제에 답하곤 했다. 즉 어떻게 이 세계가 혼돈Chaos에서 태어나게 되었는가 하는 것이다."[75] 자연철학의 창시자인 탈레스가 생각하는 신이나 신화에 대한 관점부터 알아보자.

(1) 탈레스

탈레스와 그 계승자들은 전에 인간들이 신비로운 우주를 설명하는데 사용했던 겹겹으로 쌓인 신화, 전설 그리고 미신 등을 맹신하지 않고, 존재의 근원이 되는 본체가 무엇이며 그것이 어떻게 변하는가를 숙고하게 되었다.

탈레스는 합리적인 여건에 의지하면서, 최초의 실체는 존재의 유일한 원천으로서 그 자체로 발전의 원리를 포함해야 할 뿐만 아니라 이 세계의 최초의 질료가 되어야 한다는 것이다. 이 최초의 질료는 소위 근원자arché라 불리는 것인데 탈레스는 근원자가 물이라 했다. 그가 근원자로서 물을 선택한 데는 몇 가지 이유가 있다. 탈레스는 그가 태어나서 살았던 밀레토스Milet 사회의 신화적 전제들에 영향을 받았을 것이므로, 탈레스는 그리스 신화군체와 동양의 신화군체 사이에서 영향을 받았다고 볼 수 있다. 그가 살았던 밀레토스는 특히 바빌로니아Babylonie나 이집트Egypte의 사고와 친밀한 관계에 있었던 지방이다. 이 두 지역의 문화 속에는 그들의 신화에 반영되어 있듯이 물이 지배적 역할을 하고 있었다. 이 두 문화는 강의 문화였다.

---

75 *Ibid.*, p.375.

"바빌로니아 문화는 유프라테스Euphrate 강과 티그리스Tigre 강에 그 기반을 두고 있고, 이집트 문화는 매년 있는 나일Nil 강물의 범람에 의존한 문화이다. 탈레스뿐만 아니라 호메로스까지도 물이 만물의 근원이라는 것을 이집트에서 배웠다고 이집트의 승려들이 자랑했다는 것이다.

매년 이집트의 나일 강이 범람함으로써 경작 가능한 강둑 옆의 길게 늘어진 좁은 땅이 강물에 잠겼다. 그러나 나일 강의 비옥한 강바닥이 진흙으로 다시 뒤덮이곤 하기 때문에 그 경작지의 작물은 놀랄 정도로 속성 재배되었다. 그래서 그 경작지 주위로 몰리는 사람들로서는 모든 생명이 태초에 물에 의해 시작되고 성장한다고 쉽게 믿게 된 것이다. 지구 자체도 태초의 물인 '눈'Nun으로 성립되었으며, 여전히 이 땅 아래는, 호메로스가 이 땅이 대양Oceanus으로 둘러싸여 있다고 말한 것과 같이, '눈'으로 둘러싸여 있다고 믿었다."[76] 이렇게 탈레스가 '만물의 근원은 물이다'라고 한 단언은 인류 정신사에 있어서 신화적 세계관과 역사적 세계관을 구분해 주는 혁명적 선언이라고 철학자들은 자주 말하고 있다.

그러나 탈레스와 그의 추종자들이 탐구한 영역은 아직 자연이었지 순수한 사유는 아니었다. 말하자면 그들이 탐구한 자연의 영역 속엔 전적으로 인간의 이성적 사고만 존재하는 것이 아니었다. 탈레스는 신들의 존재를 아직 완전히 부인하지 못했다. 그는 신적인 것을 운동

---

76 W.K.C. Guthrie, *History of greek philosophy*(I), Cambridge University Press, 1977, pp.58-59: 이렇게 지구가 물에 떠 있다는 탈레스의 개념은 아리스토텔레스에게도 영향을 미쳤다.

능력과 동일시하고 그것을 물질 안에 내재된 것으로 보았다는 점에서 유사한 문제들에 몰두했던 헤시오도스나 여타의 시인들과 달랐다. 탈레스는 자연적인 것과 초자연적인 것 사이의 구분을 인정하지 않았던 것이다. 탈레스는 신 혹은 신적인 것은 불변적이고 영원하고 완전한 것, 즉 자연의 아르케이며, 사람들이 말하던 제우스 신도 바로 아르케에 속하는 것이라고 확신하였다. 탈레스를 비롯한 밀레토스 학파의 철학자들은 최초의 질료인 근원자는 생명을 동반해야 하는 것이라고 믿었다. 왜냐하면 이 우주는 우주 속에 있는 여타의 피조물처럼 일시적인 것이 아니고 영원한 것이며, 그 영원함은 생명에 의한 것이기 때문이라는 것이다. "이러한 점을 지적하기 위해, 밀레토스 학파의 철학자들은 생명의 불티를 '테오스'라 칭하였고, 탈레스는 '도처에 신들이 있다'고 말했을 것이라고 아리스토텔레스는 주장했다."[77] 그래서 또한 영혼이 온 우주에 섞여 있다고 자연철학자들은 말하였고, "아리스토텔레스가 탈레스는 영혼이 원동력이라고 생각했던 것 같다고 주장했다."[78] 또한 밀레토스 학파의 말기에 해당되는 디오게네스Diogène d'Apollonie의 주장으로 생각되는 "우리와 함께 있는 공기는 신성의 일부이다"[79]는 말도 같은 맥락이다.

이상과 같이 탈레스가, 기존의 신화들을 맹목적으로 수락하지 않고, 신들이란 자연의 본질인 아르케에 관한 것이라고 이해한 것은 바로 자연철학자들이 최초로 신화를 우의적으로 해석하기 시작했다는

77 W.K.C. Guthrie, *Les Grecs et leurs Dieux*, Paris, Payot, 1956, p.156에서 재인용.

78 *Ibid.*, p.155.

79 *Ibid.*, p.156.

말이 된다.

탈레스를 비롯한 밀레토스 학파에 이어서, 그리스 철학은 우주 생성 과정에서 신의 역할을 믿는 피타고라스Pythagore 학파와 다양한 자연 원리를 설명하고자 하는 새로운 자연철학자들을 배출하였다. 남 이탈리아에 위치한 도시인 엘레아Élée를 중심으로 한 엘레아 학파도 피타고라스 학파와 함께 일정불변의 존재인 신의 개념을 인정하였다. 이 학파는 크세노파네스Xénophane[80]가 창시하였다.

(2) 크세노파네스

신화는 이제 우리를 둘러싸고 있는 세계에서 일어나고 있는 일들의 이야기라고 믿게 된다. 즉 신화는 역사가 아니라 자연의 역사라는 것이다. 크세노파네스는 호메로스와 헤시오도스에 의해 사용된 신성이라는 신화적 표현을 비판하고 그러한 개념을 거절했다. 크세노파네스는 다른 민족들이 그리스인들과 같은 신들을 창안해 냈다는 것을 알았을 때, 호메로스와 헤시오도스의 신들도 틀림없이 시적 창안물이라는 것을 깨닫게 되었다. 그는 말하기를, 에티오피아Ethiopie 사람들은 그들의 신을 검게 만들었고, 트라키아Thrace 사람들은 그들의 신의 머리카락을 빨갛게 만들었다고 했다. 그는 계속해서 이론화해 나가기를 인간과 아주 다른 오직 하나의 신이 있는 것이 틀림이 없는데, 그는 모든 것을 보고 느끼며 영원히 변하지 않을 존재라고 했다. "크세노파네스는 그의 노래 편을 통해 '하나의 신, 모양새에 있어서나 이해력에

80 Xénophane: 기원전 570년경 이오니아의 콜로폰Colophon에서 출생해 기원전 475년경에 죽었다. 시인인 동시에 과학적 철학자였다.

있어서나 가멸적 존재와 다른, 뭇 신과 인간들 중 가장 위대한 신'을 믿고 있었음을 우리는 알 수 있다. 그 신은 만물을 바라보고, 만물을 사고하며, 만물의 소리를 듣고 정신의 사유 능력에 의해 힘들이지 않고 만물을 움직인다는 것이다."[81]

크세노파네스는 뮤즈 시신들을 향한 호소에서 다음과 같이 언급하고 있다. "어떤 사람도 명확한 것을 본 적은 없으며, 신들에 관해서 그리고 내가 여기서 말하는 모든 것에 대해서 무엇인가를 보고 알았던 사람은 아무도 없을 것이다. 왜냐하면 인간이 완전한 것을 말하여 대개의 경우 잘 들어맞는다고 해도, 그가 그것을 목격하고 알았던 것은 아니기 때문이다. 모든 일에는 가상이 부가되어 있기 마련이다."[82] 인간은 누구도 '명확한 것'saphes을 알지 못하며 단지 '가상'dokos만이 인간에게 주어진다는 것이다. 크세노파네스는 원칙적으로 인간적 지식을 믿지 않았다. 지식에 대한 크세노파네스의 새로운 개념이 「단편」 18에서 분명하게 제시된다. "신들은 애초부터 죽어야만 하는 인간들에게 모든 것들을 드러내 주지 않는다. 인간들은 오히려 점차로 추구해 나가면서 더 나은 것을 찾는다."[83] 여기서 비록 인간이 완전한 통찰을 얻을 수 없다 해도 인간은 자발적인 노력에 의해 스스로 지식과 능력을 획득함으로써 신적인 것으로 나아간다는 크세노파네스의 새로운 사상이 제시된다. 크세노파네스가 본질적인 것과 실재하는 것을 질료적인 것에서가 아니라 신적인 것에서 규정하려고 함으로써, 그는

81 조대호 역(G.D. Thomson), 『고대 사회와 최초의 철학자들』, 고려원, 1992, p.339.

82 김재홍 역(B. Snell), 『정신의 발견』, 까치, 1994, p.231에서 재인용.

83 *Ibid.*, p.232에서 재인용.

탈레스적 관점에서 벗어나서 헤시오도스의 체계를 발전시키고 있다.

크세노파네스는 '신은 모습에서도, 표상에서도 인간들과 비슷하지 않다'라고 말함으로써 신인동형설을 수용하지 않고 있다. 이 점에서 특히 호메로스나 헤시오도스 같은 시인들을 공박했다. 그는 신을 비물체적인 것으로 생각하였다. 그는 대지, 대양 그리고 아마 우주까지를 완전한 원형의 모습으로 상상하고 있던 그 이전의 자연에 대한 사변을 좇아서, 신성이란 일체를 포괄하고 움직이지 않고 정지해 있는 구球라고 생각했다. 여기저기 돌아다닌다는 것은 신에게 어울리지 않는 것이라 보았다.

이를테면 그의 신은 『일리아드』의 신처럼 지상에 내려와서 인간의 사건에 개입하지 않는 신이다. 크세노파네스는 신이란 유일한 실재로서 사람과 구별되는 존재라고 믿고 '신은 오직 하나이다'eis theos라는 발견에 도달한다.

요컨대 탈레스, 아낙시만드로스, 아낙시메네스의 견해와는 달리, 크세노파네스가 보기에는 신은 하나이며, 인간의 모습을 띠지 않은 구체의 모습을 하고, 전체로서 보고 듣고 하는 살아있는, 의식적이고도 신성한, 시작도 소멸도 없이 영원히 지속되는 존재이다. 그가 생각하는 신은 세계 즉 우주와 동일시되고 있는 것이다. 그런데 그는 오직 하나의 신을 가정하지만 그가 생각하는 신은 오히려 이상적인 만물신적인 존재와 가까운 것이라 볼 수 있다.

크세노파네스와 동시대인인 테아게네스Théagène de Rhégium는 크세노파네스가 주장한 신화 개념을 보다 명확히 전개시켰다. 그는 호메로스에 관한 어떤 책을 썼지만 그 단편들밖에 남아 있지 않다. 그 단편에 의하면 테아게네스에게는 신화 속에 빈번히 출현하는 비참한 신들의 투쟁은 신의 속성에 비해 커다란 모순으로 비쳤다. 그는 신화를 그 표현대로 받아들이는 것을 거부하고 우의적인 해석법에 의해서만 그 진의를 파악할 수 있다고 보았다. 신들의 투쟁은 자연계에 있어서의 제 원소의 상극을 나타낸다는 것이다. 그의 해석으로는 광명의 신 아폴론Apollon, 태양의 신 헬리오스Hélios, 불의 신 헤파이스토스Héphaïstos 등은 모두 상이한 형상의 불이며, 해신 포세이돈Poséidon은 물이고, 헤라Héra는 대기이고, 아르테미스Artémis는 달이었다. 한편 그는 신들의 명칭을 조사함으로써 부분적으로는 사려, 욕망 같은 윤리적인 원리로서도 해석한 것이다. 말하자면 테아게네스는 신화를 자연철학적 우의로 해석하여 자연과학적이면서 동시에 도덕적 철학적 안목까지 포괄하고 있다.

(3) 파르메니데스

크세노파네스의 제자인 파르메니데스Parménide[84]는 인간적인 지식과 감각적인 경험을 배제하고 신적인 지식으로 향하는 직접적인 길을 찾으려고 했다. 그도 역시 인간을 아무 것도 아는 것이 없는 것으로 간주한다. 이렇게 인간이 단지 가상의 지식만을 가지고 있다는 그의 생각은 크세노파네스에게서 이어받은 것이다. 파르메니데스는 인간이 신적 지식을 획득하고 최고의 존재를 인식하는 것이 인간에게 가능할 수 있다는 깊은 종교적 감동을 가지고 있다. 이 점은 호메로스나 헤시

84 Parménide : 기원전 6세기 말경에 엘레아Élée에서 태어나 5세기 중반에 사망했다. 피타고라스 학파, 엘레아 학파로 활동하였다.

오도스보다도 더 강렬하다. 파르메니데스 자신이 그랬던 것처럼, 인간은 어떤 종류의 은총에 의해서 지식에 도달하며, 빛의 세계의 입구에서 여신이 그를 맞이한다는 것이다.

파르메니데스가 보기에는 무엇이 존재한다는 유일하고도 진정한 표시 방식이 있다. 그 무엇이 현재에 존재하기 때문에 그 무엇은 과거에 태어난 것이 아니며 미래에 사라질 것도 아니며, 전체로서, 하나로서 움직이지 않고, 끝이 없는 것이다. 그러한 방식으로 그 무엇이 현재에 가득히 존재하고 있다는 것이 무엇이 존재한다는 바로 그 유일하고도 진정한 표시 방식이다. "이렇게 존재하는 모든 것은 시간성이 없으나 계속적인 것이며, 분할이 불가능한 것이며, 가득 차서 빈 공간이 없는 것이며, 움직임이 없이 완전한 상태에 있는 것이다"[85]라고 말한 파르메니데스는 신성이란 전체로서 보고, 전체로서 생각하고, 전체로서 듣는 것이라고 생각하였다.

엘레아의 파르메니데스는 이오니아의 헤라클레이토스Héraclite와 존재나 실재와 생성이나 변화에 관한 격한 논쟁을 벌였다. 헤라클레이토스는 변화, 즉 일종의 계속적인 흐름만이 실재라고 말했다. 존재와 같은 것은 실재하지 않는다고 말했다. 그는 변화 속에서의 논리적 통일성을 보았으며, 합리적 질서의 원리를 logos라 했다. 신은 낮 또는 밤이며 여름 또는 겨울이라고 말했고, 우주의 근본은 불이라고 했다. 이 불은 만물에 스스로 변화하는 근본적인 것physis이기에 헤라클레이토스는 특히 유동면에 주목하여 유동이 대립자 간에 옮아가는 곳에

---

85 W.K.C. Guthrie, *History of greek philosophy*(II), Cambridge University Press, 1977, p.43.

서 조화와 이법logos을 발견한다고 생각하였다. 즉 불이 물로, 물은 흙으로, 흙은 물과 불로 변화되어 가는 그 작용은 대립과 항쟁이지만 전체로서는 조화 통일을 이루고 있는 것이다. 이것을 로고스logos 또는 신이라 불렀다. 그에게서는 영혼은 가장 순수한 신적인 불이며, 영혼의 죽음이란 물이 된다는 것이다. 그런데 파르메니데스에게는 반대로 도대체 변화는 있을 수 없으며 존재만 있을 뿐이다. 그는 감성의 증거들을 불신했다. 무엇이든지 한 번 있었던 것은 완전하고 영원하다는 것이다. 모든 드러난 변화는 환상이다. 그에게 우주란 완전체인 구형이며, 지구는 우주의 가운데 위치한 구형이라는 것이다. 결국 이들은 둘 다 신의 존재는 인정하되 그 존재 방식에 차이를 보이고 있는 셈이다. 이 양극의 입장을 조화시킨 자가 시실리Sicile에 있는 아그리겐툼Agrigente 출신의 엠페도클레스Empédocle[86]이다. 그는 네 개의 요소, 즉 불, 물, 땅, 공기가 다양한 조합과 해체에 따라 계속적으로 변하고 있으면서 그 각각은 더 이상 변화하지 않는다는 것이다.

그리스 자연철학의 부단한 탐구 대상이었던 우주의 본질에 관한 문제는 신에 대한 인식 방법과 관련되었던 문제인 동시에 신화적 세계관의 이해에 초석이 되는 틀의 역할을 한 것이기도 한데, 이것은 엠페도클레스의 4원소론에 이어, 원자론의 창시자인 류시포스Leucippos와 그 전승 확립자인 데모크리토스에 의해 그 종말을 알리게 되었다.

---

86 Empédocle : 기원전 490년경 시칠리아 섬의 아그리겐토Agrigente에서 태어나 기원전 430년경에 시칠리아의 에트나Etna에서 사망하였다. 철학자, 시인, 기술자, 의사 등 다재다능한 인물이다.

3) 소피스트 철학자

페르시아 전쟁에 승리하여 자신감에 찬 그리스인들에게 이제 인간 중심적 사고가 지배하게 되었다. 그래서 철학자들에게는 자연의 본질에 대한 문제, 즉 자연학보다는 인간 자신의 문제인 논리학이나 윤리학에 관한 지적 관심이 더 커지게 되었다. 즉 프로타고라스Protagore[87]와 고르기아스Gorgias[88] 등과 함께, 실리를 중심으로 한 상대주의 철학, 회의주의 철학, 개인주의 철학인 소피스트 철학이 만연하게 되었다. 기원전 5세기 초반에 페르시아와의 대전에서 승리했던 그리스의 주인 아테네인들은 그 세기 종반 무렵의 약 30년간에 걸친 펠로폰네소스Péloponnèse 전쟁에서 스파르타Sparte에게 패함으로써 큰 혼란에 빠지게 되었는데, 이러한 정치 사회적 혼란기에 편승하여 출세를 꿈꾸는 일부 아테네인들Athènes의 요구에 응하여 등장한 것이 소피스트sophiste 철학이다. 이제 사람들은 수사, 웅변술, 교제술, 통솔력 등 인간 사회의 현실적 항목들을 중시함으로써, 키케로Cicéron가 말한 바와 같이 철학을 하늘에서 땅으로 끌어내림으로써, 아무 확고한 식견도 뒷받침도 없이 오직 그들이 바라는 바대로 의견을 결정짓고 민중을 선동하는 등의 일을 능사로 삼았다. 프로타고라스는 '인간은 만물의 척도'라

87 Protagore: 기원전 420년경 트라키아Thrace 지방의 압데라Abdère에서 태어나고 420년경에 이오니아 해에서 파선으로 죽었다고 전해진다. 소피스트 철학자이자 교육자이다.

88 Gorgias: 시칠리아의 렌티니Léontinoi에서 기원전 480년 이전에 태어나고 테살리아Thessalie의 라리사Larissa에서 기원전 375년경에 사망하였다. 소피스트 철학자이며 언어의 논리성, 수사학에 뛰어났다.

고 주장하면서, 고르기아스 등과 함께 소피스트들의 상대주의 지식론으로 종교적 사고의 기반까지 뒤흔들어 놓았던 것이다. 그들은 정치적 수사변론술을 주무기로 쓰며 젊은이들이 요구하는 지식을 가르쳐 주고 비싼 보수를 받았던 소위 지혜를 파는 직업적 교사들이다.[89] 이를테면 "프로타고라스는 자신의 강의에 대한 보수의 액수를 규정해 놓고 있는데, 만약 프로타고라스가 직접 청구한 수강비가 수강 제자가 생각한 액수와 맞지 않을 때는 신전을 찾아가서 맹세하고 학문을 배운 보수로 적당하다고 판단한 액수를 지불하도록 했다."[90] 또 프로타고라스는 소크라테스Socrate에게 덕이란 가르칠 수 없는 것이 아니라는 것을 설득시킬 경우에도 신화 속의 많은 신들, 즉 프로메테우스Prométhée나 헤파이스토스, 아테나Athéna, 제우스, 헤르메스Hermes 등의 유명한 신들의 이야기를 차용하여 자기 변론의 합당성을 주장했다. 이때 프로타고라스가 이야기하는 신화는 신화의 본질적 의미를 설명하는 것도 아니고, 신화를 논리적 합리성으로 비판하고 재해석하는 것도 아니다. 왜냐하면 그는 "소크라테스에게 목수의 일은 목수에게 맡겨야 한다"[91]라고 말하면서, 프로타고라스 자신에게 필요한 신화만을 차용하여 변론한 자신의 도덕 교육론에 대해 더 이상 이의를 제기하지 않도록 요구하기 때문이다. 또한 프로타고라스는 그의 『신론』*traité sur les dieux*에서는 "신들, 나는 그들이 존재하는지 존재하지

---

89 Cf. Platon, *Œuvres complètes* (Protagoras:310d), Editions Gallimard, 1950, p.75.

90 *Ibid.*(Protagoras: 328b), pp.98-99.

91 *Ibid.*(Protagoras: 322d), p.91.

않는지 모른다"[92]라고 하면서 신의 존재를 부정함으로써 고대의 무신론자로 취급받기도 하기 때문이다. 그의 제자로 알려진 프로디코스Prodicos가 스승의 이론을 개진한 것으로 여겨지는데 종교의 기원에 대해 전통적 신들은 인간에게 유익한 것을 신성화한 결과물일 것이다라고 말한 점에서도 프로타고라스도 신에 대해 상당히 회의적 사고를 한 것으로 볼 수 있다.[93] 말하자면 프로타고라스는 신화를 필요에 따라서 믿고 신성한 힘을 이용하긴 하지만 자주 방편적으로만 사용함으로써, 오히려 신들에 대한 믿음을 흐리게 하고 무력화시켜 시민들의 신화에 대한 믿음을 오도하게 할 뿐만 아니라 사회의 기초나 보이지 않는 질서까지 흩트려 놓았던 것이다. 그러나 이들 소피스트 철학자들과 거의 동시대에, 소포클레스Sophocle와 에우리피데스 그리고 아리스토파네스Aristophane 등과 같은 그리스의 문학자들은 신화적 문제를 연극으로 다루면서, 당대의 철학자들이 일반적으로 신화에 대해 취한 새로운 비판적 시각의 분위기 속에서, 기존의 신화나 신이 진정으로 잘못된 것이었는지, 또는 그것들이 인간에게 비도덕적인 것인지, 또는 인간에게 무용한 것인지, 신의 세계와 인간의 세계가 어떤 상관관계에 있는 것인지에 대해 문제를 제기하고 그 판단을 시민에게 맡기면서 신화의 가치를 다시 성찰하게 하였다.

---

92 (https ://www.lhistoire.fr/quand-rome-br%C3%BBlait-des-livres), Yann Rivière, L'histoire, 2013: 프로타고라스는 이 말로 아테네에서 추방되고, 그의 『신론』은 대중이 보는 자리에서 불태워졌을 것이라고 여겨진다.

93 (https ://journals.openedition.org/philosant/1016), Michele Corradi, *L'aporie de Protagoras sur les dieux*.

4) 고전 철학자

소피스트 철학은 절대적 진리를 인정하지 않기에 그들의 종교, 도덕, 국가, 사회 등에 대한 생각이 오래 지지 될 수 없다는 비판을 받아오면서 절대적 진리 탐구를 위한 고전 철학이 확립되게 된다. 이 고전 철학은 소크라테스Socrate[94]와 플라톤Platon[95] 그리고 아리스토텔레스Aristote[96]에 의해 발전된다.

이 고전 철학은 마치 정리하고 조직하여 성찰할 수 있기 위해서는 기존의 자료가 필요했던 것처럼 고전 문학이 개화된 후에 그 효력을 발휘한다. 이들 고전 철학자인 소크라테스와 플라톤이 보는 신화에 대한 일반적인 인식은 하멜 씨의 다음 표현과 꽤 잘 어울리는 듯하다.

“이들 철학자들의 방식은 신화적 이야기를 비도덕적이고 폭력적이고 비사회적이고 반교육적이며 굴레가 벗겨진 상상력에서 나온 것이며 그래서 허위와 오류의 장본인이라고 비난하는 것이었다.”[97]

---

94 Socrate: 기원전 470년경 알로페케Alopèce에서 태어나고 기원전 399년에 아테네Athènes에서 사망하였다. 도덕철학의 창시자로 플라톤, 아리스토텔레스, 크세노폰 등에 영향을 끼쳤다.

95 Platon: 기원전 428년경에 아테네에서 태어나고 기원전 347년경에 아테네에서 사망하였다. 고전철학자로서 소크라테스, 이집트 신비주의, 피타고라스 등에 영향을 입었다.

96 Aristote: 기원전 384년에 마케도니아Macédoine의 스타게이로스Stagire에서 태어나고 기원전 322년에 에우보이아Eubée의 칼키스Chalcis에서 사망하였다. 호메로스, 파르메니데스, 엠페도클레스, 소크라테스, 플라톤 등 많은 사상가에 영향 입고 해박하고 전문적 식견으로 서양 최고 사상가 위치에 올랐다. 서구 철학, 이슬람 철학, 유대 철학 등 거의 모든 영역에 영향을 끼쳤다.

(1) 소크라테스

이제 소크라테스의 신화관을 살펴보자. 소크라테스는 신화를 '어설픈 과학'이라고 비난했다. 소크라테스는 우주가 어떻게 생성되었는가, 어떤 필연성에 따라 천계의 현상이 일어나는 것인가 하는 문제 등에 대해서는 별로 관심을 두지 않았다. 소크라테스는 오히려 이와 같은 신적인 일에 몰두하기 보다는, 인간은 최우선적으로 인간적인 일에 심혈을 기울여야 한다고 생각했다. 그래서 그는 신적인 일은 인간이 이해할 수 없는 것이고, 인간은 각기 신적인 일에 대해서 각양각색의 견해를 가지고 있다고 생각했다. 즉 자연학에 몰두한 사람들의 지식은 아무 소용이 없다는 말이다. 그러나 인간 자신에게서 그 가치 판단이 나오는 이를테면 아름다움, 정의 등의 경우에는 그 덕을 획득할 수 있다. 플라톤의 『소크라테스의 변명』*Apologie de Socrate*에서 소크라테스는 이렇게 말하고 있다. "아테네 시민들이여, 사실 사람들이 날 그렇게 욕하는 것은 나에게는 어떤 확실한 지식밖에 없기 때문이지. 어떤 지식이냐고? 정확히 말하자면 바로 인간에 대한 지식이지."[98] 여기서 소크라테스를 욕하는 자들은 바로 자연학에 집착하는 사람들일 것이다. 그들은 자연과학의 문제를 신적인 것에 속하게 하는 한편 윤리의 문제를 인간적인 문제로 한정하며 소크라테스를 비난했다. 이에 소크라테스는 여러 자연 현상들을 다루는 민간 신앙, 신화, 또는 신적인 것 등에 의존하던 초기 철학자들이 오히려 부당하게 인간

97 J.-P. Hammel, *L'homme et les mythes*, Hatier, 1994, p.237.

98 Platon, *Œuvres complètes I* (Apologie de Socrate: 20d), Editions Gallimard, 1950, p.152.

적 지식을 넘어서려고 한다는 점을 비난한다. 말하자면 소크라테스는 전통적인 이야기 그대로의 신화를, 그와 동시대인인 역사가 투키디데스Thucydide가 신화에 대해 행했던 바와 마찬가지로, 엄격히 배제했다. 그래서 소크라테스는 신적인 지혜를 곧잘 빈정거리며 비난했는데 그 비난의 대상은 신화를 멋대로 창조한다는 시인들이었다. 이를테면 "그러므로 내가 이해하기에는 시인들이 꼭 그러한데, 시인들이 창조를 할 때 결코 지혜에 근거하는 것이 아니라, 그들이 신들에 사로잡힐 때처럼 그들의 창조는 어떤 본능에 근거하는 것임에 틀림없다"[99]라고 말하는 데서도 신화에 대한 그의 태도가 잘 드러난다.

그런데 플라톤의 대화집 『소크라테스의 변명』에 의하면, 소크라테스가 불경스럽게도 아테네의 신을 믿지 않고 새로운 신을 말하며 청년들을 타락시킨다고 멜레토스Mélétos[100]로부터 고발당했을 때, 소크라테스가 변론하는 내용은 그가 신을 전적으로 거부하는 것은 절대 아님을 우리에게 잘 보여준다. 즉 고발자 멜레토스에게 소크라테스가 되묻기를 "제우스 신의 이름으로, 나에 대한 당신의 생각이 진실로 그러한가? 내가 그 어떤 신의 존재도 믿지 않는다고?" 멜레토스가 답하길 "제우스의 이름으로 말하건대, 물론 어떤 신도 믿지 않죠. 조금도 믿지 않죠." 소크라테스가 응답하기를 "그것 참, 못 믿을 사람이군, 내가 보기엔, 확실히, 안 믿는 것은 당신의 경우가 아닌가!"[101]라는 대화

99 *Ibid.*(Apologie de Socrate : 22b-c), pp.154-155.

100 Mélétos : 기원전 5세기의 그리스의 비극시인이다. 소크라테스의 주요 고발자 중의 한 사람이다.

101 Platon, *Œuvres complètes I*(Apologie de Socrate : 27e), Editions Gallimard, 1950, p.161.

에서 볼 때 소크라테스가 위선자가 아닌 한, '제우스의 이름으로'라고 말하는 그의 어투가 벌써 신을 믿고 있는 것을 먼저 보여 준다. 그런 어투로 판단한다면 멜레토스의 경우도 신을 믿는다는 것은 마찬가지인데, 중요한 것은 어떤 신을 어떻게 믿느냐라는 문제이다. 소크라테스는 판결 투표 직전에는 더욱 강경한 표현으로 자신이 신을 믿고 있음을 강조하였는데 표결 결과는 소크라테스의 패배로 끝났지만, 그가 신을 확고히 믿고 있었기에 여전히 태연하게 신을 인정하면서 죽음의 고배를 마실 수 있었다는 점은 신화를 자주 혹평한 플라톤에게도 신의 존재에 대한 확신을 심어 주었을 것이다.

(2) 플라톤

소크라테스와 거의 일치된 신화적 문화 배경 속에 있었던 플라톤도 신화에 대해 근본적으로 거부하는 입장에 서 있다. 플라톤의 신화관에 대해 이야기하는 한, 우리는 '무토스'muthos와 '로고스'logos에 대해 먼저 언급하지 않을 수 없다.

'무토스'란 용어는 원래는 단순히 '단어' 또는 '말'이란 의미로 쓰였으며 '로고스'라는 말과 구별되지 않고 이 두 말 모두가 허구적 이야기에 적용되었던 것 같다. 그런데 "플라톤 시대부터 어떤 특별한 이야기를 기술할 때 '무토스'라는 그리스어를 더욱 의식적으로 많이 사용하게 되었다."[102] 기원전 5세기부터는 '무토스'란 말은 '로고스'란 말보다 진실성이 확증되지 않은 의미로 더욱 많이 쓰게 되었던 것이다. 플

102 A. Cunningham, *The Theory of Myth*, London, Sheed and Ward. 1973, p.7.

라톤은 그의 『공화국』*République*에서 '무토이'muthoï란 말을 본질적으로 진실하지 않은 이야기로 간주했다. 그러나 또한 『공화국』에서 플라톤은 '무토이'가 원래 허위이지만 종종 그 속에 어떤 진실이 있다는 것을 제안하기도 한다. 이럴 때 "확실히 플라톤에게 있어서 '무토스'는 '로고스'에 의해 전달될 수 없는 것을 전달하는 개념이다."[103] 또 플라톤은 단수 '무토스'와 복수 '무토이'를 별로 구별하여 사용하지 않았다. 이 점은 영혼의 문제와 관련되어 있다.

플라톤이 생각하는 신 또는 신적인 것은 영혼 또는 정신에 관련되는 것이고, 우주의 영혼이 바로 신 또는 신적인 것이라고 플라톤은 생각했다. 플라톤에게서 영혼이란 물리적 세계에서 발생하는 모든 것의 원인이고, 그 원인에는 선한 것의 원인과 악한 것의 원인이 있고 또 다른 종류의 원인이 있을 수도 있음으로써 영혼도 하나만은 아니라는 것이다. 요컨대 플라톤이 보기엔 신 또는 신들이 존재한다는 것과 그 신이란 것은 인간에 대해 초연하지 않다는 것과 또 기도나 제물이나 마술적 의식에 의해 신 자신의 목적을 바꾸지 않는다는 것을 믿었다. 그런데 특히 이 마지막 관점에 의하여 플라톤은 당연히 호메로스나 헤시오도스 같은 시인들과 그들의 신화를 공격하지 않을 수 없게 된다.

플라톤은 그의 대화편에서 "모든 면에서 지혜로운 저 시인 호메로스" 식으로 운운하거나, 또는 "저 호메로스의 유명한 무슨 이야기는…"하는 식의 대화법을 쓰는데 이런 말은 무슨 일에나 호메로스

103 *Ibid.*, p.14.

에 결부시켜 말하는 당시 사람들을 야유하고 있는 말이다. 그는 그의 『공화국』 2-3권에서 신과 영웅에 대한 전승 이야기에 대해 자주 언급했다. 플라톤은 구두 전승 이야기였던 신화를 시인들의 쓰기 놀이로 취급하고 신화에 대해 적당한 거리로 유지하려 했던 것이다. 즉 그는 신화를 교육적으로 비판하였으며, 다른 한편으로는 신화를 교육적 도구로 삼으려고 했다. 그의 『공화국』에서 예를 보자. "호메로스나 헤시오도스 같은 위대한 작가나 시인들이 만든 이야기들은 가장 중요한 결점을 가지고 있지. 그것은 바로 거짓말을 한 결점이지. (…) 신이나 영웅의 성격에 대해 표현된 것이 다 그렇지. (…) 이를테면 우라노스Ouranos가 한 소행이라든가 크로노스가 복수한 일, 크로노스의 아들이 크로노스에게 준 고통 등에 대해 헤시오도스가 한 이야기를 들 수 있네. 그 이야기가 설령 진실이었다 해도 젊은 사람들이나 생각 없는 사람들에게 마구 들려 줄 성질의 것이 아니지. (…) 장차 우리나라를 방호할 사람들에게 천상의 싸움에 대해, 즉 여러 신들 간의 전쟁이라든가 음모 등에 대해 이야기 해 주지 말아야 하지. 그 이유는 모두가 다 거짓말이기 때문이네."[104] 이와 유사한 플라톤의 훈계는, 『공화국』에서, "포세이돈의 아들 테세우스Thésée나 제우스의 아들 페이리투스Pirithoos가 무서운 강탈 죄를 저지른 이야기와, 다른 영웅들이나 신의 자손들이 행한 믿을 수 없는 무서운 짓거리의 이야기는 믿지도 말하지도 못하게 해야 한다"[105]라고 할 때 더욱 자세히 나타난다.

---

104 Platon, *op. cit.*, (*République* : II, 377d-e), pp.926-927.

105 *Ibid.*(*République* : III, 391c-d), pp.941-942.

이처럼 플라톤은, 신이 서로 싸우고 때로는 슬픔이나 기쁨이나 분노의 감정에 휩싸이는 그릇되고 사악한 하찮은 얘기를 꾸며냈던 호메로스나 헤시오도스 같은 시인들을 비난하였을 뿐만 아니라, 비극 시인들에 대해서도 그들이 신에 대해 무가치한 관념을 퍼뜨렸다고 분노를 표시했다. 말하자면 전승에 대한 비판이 명백히 제기된 것은 플라톤에 의해서다. 그렇지만 플라톤의 이러한 공격은 불합리하다. 왜냐하면 플라톤 같은 철학자는 자신의 길 이외에는 진리로 이르는 길을 인정하지 않으려 하면서, 예술가에 대한 부당한 공격을 했기 때문이며, 그리고 또 한편으로 플라톤은 『공화국』과 『법률』*Lois*에서 신화나 전설은, 비록 철학 상의 최고의 진리를 파악할 수 있을 만큼 충분한 지성을 갖추지 못한 자들을 위해서 사용되는 저급한 대치물이라고 보지만, 우리의 감정과 정서를 지적 탐구의 진지한 활동을 시작하기에 알맞은 상태의 것으로 전환시키는 데에 유용한 예비적 훈련 도구로 인정하고 있기 때문이다. 플라톤은 철학과 시 사이에는 오랜 싸움이 존재한다고 하면서도 플라톤은 진작 그 자신에게 있어서 이러한 싸움이 존재했다는 것을 자신은 모르고 있었던 것이다. 말하자면 "신화는, 플라톤의 철학 교육이라는 몸통에 개재하여, 그의 철학 교육을 강화시키기 위해, 또는 때때로 철학 교육과 대적하기 위해, 또 그의 사상이 도약하고 주의가 지속되게 하기 위해 작용하는 요소였다. 변증법적으로 말하자면 그의 사상은 신화적 사고 없이는 이해할 수 없는 그런 것이다."[106] 요컨대 플라톤에게서 신화는 이성이 그 유효

106 J.-P. Hammel, *op. cit.*, p.237.

성을 상실할까 봐 감히 나아가지 못하는 영역에서 이성을 보조하는 것이다. 그런데 실은 모든 시인들처럼 플라톤도 자신이 직접 신화를 창조하였는데, 그의 신화 역시 영웅과 신들이 관여하는 역사를 이야기한 것과 다름없는 것이다. 즉 신의 존재를 일단 믿으면서 한편으로는 절대의 유일신 또는 완전한 인격체로서의 신이 아닌 신을 전제하기 때문에, 그의 신은 여전히 그 자신에게는 완벽한 존재로 보일지 모르지만 고대 그리스의 제 신들만큼이나 불완전한 존재로서의 신이라 볼 수 있다.

(3) 아리스토텔레스

아리스토텔레스Aristote는 여러 곳에서 신화에 대해 언급을 하지만 획일적인 개념을 보여 주지는 않는다. 그는 신화를 미토스mythos라고 표현하는데 그 개념을 곳에 따라 약간씩 다른 뉘앙스로 쓰기 때문에, 여기서는 우리가 신화라 말하지 않고 주로 미토스라고 표기하기로 한다. 그는 『시학』*Poétique*에서 미토스에 대한 개념을 잘 알려준다. 아리스토텔레스는 거기서 문학 창조 과정을 이해시키려 하면서 미토스를 자주 동원한다.

아리스토텔레스는 무엇보다도 시인이 미토스를 만드는 장인이라 보았다. 그는 이 미토스를 역사편찬과 구별함으로써 시의 철학적 가치를 환기시킨다.

"실제로 역사가와 시인은 한 쪽이 산문으로 쓰고 다른 쪽이 운문으로 써서 그들의 이야기를 만든다는 데에서 구별되는 것은 아니다. 그들은 한 쪽이 일어난 사건을 이야기하고 다른 쪽은 일어날 수 있을 사건을 이야기 한다는 데에 차이가 있다. 그래서 시는 역사보다 훨씬 더 세련된 성격을 가지고 있고 훨씬 더 철학적이다. 왜냐하면 역사가들의 이야기는 특별한 행위를 묘사하나, 극시는 인간 누구에게나 공통적인 것을 표현하기 때문이다."[107]

아리스토텔레스 이전에는 미토스란 말을 많이 사용했다. 통계적으로 조사해 보면 호메로스는 아리스토텔레스 이전 시대의 다른 작가들보다 미토스란 단어를 더 많이 사용했다. 호메로스 시대에 미토스는 '표현된 말'이란 의미를 가지고 있었다. 그 미토스란 말 속에 경멸적 의미는 아직 없었다. 그런데 호메로스 이후 시대에 새로운 뉘앙스가 생겨났는데, 즉 미토스는 로고스logos(말)나 아레테이아alētheia(진실)에 반대적 의미를 가지게 되었다. 로고스가 증인에 의해 확증될 수 있는 것인데 비해, 미토스는 역사적인 것이 아닌 이야기, 신화mythe와 같은 이야기fable,[108] 또는 전설légende의 의미를 띠는 것이었다.

아리스토텔레스는 다른 작품들에서 미토스를 이야기fable나 허구적 이야기récit fictif로 사용한다. 여기서는 『시학』에서의 용례에 대해 말할 것이다. 그의 『시학』에서는 경우에 따라서 한 가지 개념에 대해 여러 가지 정의와 뉘앙스들을 보여 주고 있다. 그래서 한 언어 안에서도 아리스토텔레스의 『시학』 번역가들이 그렇게 많이 존재하는 것이다.

---

107 Aristote, *Poétique*, ebook, IX. 1/4, II-III.

108 fable은 보통 mythos를 대신하는 용어인데, 그 의미와 용법은 고정된 것이 아니다. fable은 말하는 것, 이야기하는 것으로서의 이야기 그 자체의 개념을 뜻하기도 하고 또 한편으론 지어낸 가상의 허구적 이야기란 의미를 가질 때도 있다.
* 이번 장에서는 개념의 혼선을 피하도록 수시로 한글과 프랑스어를 병기하였다.

아리스토텔레스는 "미토스는 기본원리이고 비극의 영혼과 같은 것이다"[109]라고 하면서 미토스의 중요성을 강조하였다. 그는 비극과 희극에서 표현된 행위의 모방 즉 미메시스mimesis에 관심이 깊었고, 운문을 사용하는 미토스의 제작에 흥미가 끌렸다.

아리스토텔레스가 생각하는 미토스의 의미에 대해 알아보자. 몇몇 번역서와 연구서 같은 고전 그리스어 책은 『시학』에서 사용된 미토스의 특수성을 지적한다. 이야기fable라는 전형적 정의와는 별도로, 그 단어는 줄거리intrigue의 의미를 마찬가지로 가지게 될 것이다. 아리스토텔레스가 이야기하는 것이 실제로 줄거리intrigue인지, 신화mythe인지, 이야기récit인지, 우화fable인지 또는 역사histoire인지 의문스럽게 느껴지기도 한다. 번역에 있어서도 미토스를 항상 똑 같은 방식으로 번역해야 하는지 또 번역되는 목표 언어에서도 항상 같은 어휘를 사용해야 하는지가 당연히 문제된다.

『시학』에는 첫머리부터 미토스가 나타난다. "우리들은 시학 그 자체에 대해, 또 장르들에 대해 말할 것이다. 그 장르들 각각의 역할은 무엇인지, 시가 아름답기 위해서 이야기fable[신화mythous]를 어떻게 구성해야하는지에 대해 말하고자 한다"[110]고 하였다. 『시학』의 첫머리 부분은 분명히 아리스토텔레스가 독자들을 향해서 하는 말이다. 그는 훌륭한 이야기belles fables를 만들기 위한 방법을 알기 위해 시학의 기법을 탐구하려는 것이 목표였다. 여기서 분명한 것은 미토스란 이야

---

109 Aristote, *Poétique*, ebook, VI. 3/6, XVIII.

110 *Ibid.*, I. 1/3, I.

기의 구성에 관계된 말이다. 혹자들은 이 말을 줄거리intrigue, 이야기histoire, 또는 신화mythe로 번역했다. 게르네Barbara Gernez[111]는 시학을 번역하면서 그 첫 문장을 '작품이 성공하기 위해 줄거리를 구성해야 하는 방식에 대한 것'으로 보았고, 미토스란 어휘는 우리가 지금 받아들이는 신화 즉 시적인 창작에 쓰이는 재료 역할을 하는 것이 아니라, 뛰어난 시적 창작의 결과물, 이를테면 잘 정열된 서술적 통일체로의 창작물이라고 보았다.[112] 그러한 관점에서 보면 줄거리intrigue란 의미와도 부합된다고 할 수 있다. 아리스토텔레스의 미토스에 대한 개념적 정의가 경우에 따라 상이할 수 있겠으나, 시학에서부터 그래도 잘 번역된 것이라고 할 수 있는 말은, 미토스란 구상력構想力과 구조화의 과정을 거친 최종적 산물로서의 이야기fable[113]가 될 것이다.

아리스토텔레스가 미토스에 대해 내리는 정의는 다른 부분에서 좀 더 완전히 표현된다. 그는 사실 미토스의 전통적 의미를 받아들이는 것 같이 보이지만 배우는 사람들이 그 정의를 내려주기를 바란다. 그래서 아리스토텔레스는 미토스에 여러 가지 뉘앙스를 포함하는 것을 인정하는 듯하다. 그 중에 제일 중요한 정의는 "이야기fable란 행위를 모방하는 것이며 사건들을 구성하고 조합한 것을 나는 이야기fable라

---

111 Aristote, *La Poétique*: Traduction, introduction et notes de Barbara Gernez, Paris, Les Belles Lettres, 2001.

112 HOKHMA, No. 108, https://www.croirepublications.com/hokhma/divers/article/le-mythos-dans-la-poetique-daristote-et-lexegese-biblique-impasse-ou-cle-de-lecture, 2015.

113 미토스는 histoire란 말이 원래 가지고 있는 역사와 이야기라는 두 개념 중 이야기로서의 histoire 개념, 영어의 스토리story라는 개념과 통한다.

고 부르기 때문이다"[114]라는 말에 잘 표현되어 있다. 어쨌거나 아리스토텔레스의 미토스는 행위의 모방이며 그 모방이란 예술적 재현으로 삶을 어떻게 옮겨놓는가, 다양한 행위들이 어떻게 하나의 통일체, 하나의 이야기histoire로 되는가를 보여주는 것이다. 이 개념은 영어의 스토리, 스토리 라인story line의 개념과 또는 프랑스어의 시나리오scénario 즉 전개될 행위들의 도면같은 개념과 유사한 것이다.

아리스토텔레스의 생각에 의하면 미토스가 없으면 극작품이 없다. 그는 비극의 여섯 개의 구성 요소 즉 미토스fable:mythos, 풍속moeurs, 언어langage, 관념pensée, 무대장치appareil scénique 그리고 서창부mélopée 중에서 "가장 중요한 것은 사건들 즉 행위의 구축[미토스]인데 왜냐하면 비극이 모방하는 것은 인간이 아니고 행위와 삶, 행복과 불행이기 때문이다"[115]고 하였다.

요컨대 아리스토텔레스는 미토스라는 말의 전통적 사용을 받아들이지만 그 말의 의미를 새로 정하여 미토스란 훌륭한 이야기fable를 만드는 것이라고 말하면서 더 발전적으로 나아간다. 아리스토텔레스에게는 좋은 미토스란 사건들의 배열과 행위를 모방하는 이야기fable이다. 그것은 우연이나 신의 참견에 의해 만들어진 것도 아닌, 진실임직함vraisemblance과 필연성nécessité에 의해 잘 연계된 사건들로 이루어지는 이야기이다. 아리스토텔레스가 비록 미토스mythos와 역사historia를 구분하였다하더라도 허구냐 사실이냐 하는 대립적 구분이 중요한 문

114 Aristote, *Poétique*, ebook, VI. 2/7, VII.

115 *Ibid.*, VI. 3/7, XI.

제가 되는 것이 아니다. 그 두 가지가 지니는 유사성도 고려의 대상이 되어야 한다는 점이 중요하다는 것이다. 역사를 쓴다는 것도 우선 해당되는 과거 사실에 대한 조사의 과정을 거치고 다음에 저자가 독자에게 읽히기 위해 해석 작업과 구성 작업을 거쳐야 하는 일이기 때문이다. 아무튼 그리스 신화의 전성기가 지나고 과거보다 더 현실적이고 자연과학적 사고가 중시되어가는 시대적 과정 속에서, 아리스토텔레스의 신화에 대한 생각은 훨씬 더 인간적이며 현실적이고 합리적인 방향으로 나아갔다.

5) 맺음말

그리스 신화를 바르게 잘 이해하는 일은 그 시대의 사회 문화적 실제를 더 잘 이해하는 데 좋은 도움이 되기에, 우리는 신화에 대해 합리적 이해를 해야 한다. 그러기 위한 한 방법으로 고대의 중추적 지성인들인 철학자들이 신이나 신화에 대해 어떻게 이해하고 해석했는가에 대해 살펴보았다.

그리스 고전 극작가들의 시대를 중심으로 볼 때, 이들 고전 극작가 시대 이전에는 자연철학자들이 사상을 주도했고 고전 극작가 시대와 그 이후에는 고전 철학자들이 시대의 흐름을 이끌었다고 볼 수 있다. 이들 자연철학자들과 고전 철학자들이 본 신이나 신화에 대한 견해를 요약하면 아래와 같다.

자연철학자들로서는 탈레스와 크세노파네스와 파르메니데스가 주목할 만하다. 탈레스는 기존의 신화나 전설을 맹신하지 않고 존재의 근원이 되는 본체가 무엇인가를 묻고 거기에서 신성을 찾았다. 즉 근원자arché는 물이라 하면서 그 물은 만상의 근원이며 그것은 또한 불변하고 영원하며 동시에 생명을 동반하는 것이면서 영혼을 수반하는 것이기에, 근원자가 바로 신에 관여하는 것이라고 보았다. 그리고 크세노파네스는 기존의 신화들은 세계의 우의적 이야기, 즉 자연의 역사로 보면서 호메로스나 헤시오도스를 비판했다. 그런데 그는 신이란 오직 하나이며, 신인동형적 존재가 아니고, 전체로서 보고 느끼고 살아있는 또 의식적이고 신성하고 시작도 끝도 없는 영원한 존재라고 봄으로써, 근원자에서 신성을 찾는 탈레스와는 달리 본질적 실재를 질료적인 것에서 찾지 않고 신적인 것에서 찾는다는 점에서 헤시오도스적 체계를 발전시켰다고 볼 수 있다. 파르메니데스는 인간이란 아무 것도 아는 것이 없는 자로 전제하고 인간이 감각적이고 인간적인 지식을 배제하고 신적인 지식을 획득하여 최고의 존재를 인식하는 것이 가능하다는 깊은 종교적 감동을 가지고 있었다. 이러한 파르메니데스는 신을 느끼는 감동에 있어서 호메로스나 헤시오도스보다 더 강렬하다고 말할 수 있다. 그는 신성이란 전체로서 보고 생각하고 듣는 것이며 영원히 계속되는 가득 찬 완전한 상태에 있는 것으로 보았다.

고전철학자 소크라테스는 기존의 신화를 조잡한 과학이라 비난했다. 그는 우주가 어떻게 탄생하여 어떤 연유에 의해 움직이는가 하는 등의 신적인 문제에는 관심이 없었다. 그래서 그는 시인들은 지식에 의하지 않고 그들의 본능에 의해 신화를 창조했고, 자연철학자들은 민간 신앙, 전설, 신화 등을 모두 자연현상에 의존하여 해석함으로써 부당하게 인간적 지식을 침범하고 있다고 비난했다. 그렇지만 우리는 소크라테스가 전적으로 신을 부인하지 않았으며 오히려 사람들에게 해가 되지 않는 신을 다른 사람들보다 더 확고히 믿고 있었다는 점을 임종 직전에 직접 공언하였음을 플라톤의 대화편을 통해 확인하였다. 그리고 플라톤은, 그의 여러 대화편 곳곳에서 신화를 시인들의 쓰기 놀이로 비하하면서, 호메로스나 헤시오도스 같은 시인들이 그릇되고 사악하고 서로 싸우고 분노하는 신들의 이야기를 꾸며냈다고 비난했다.

이 신화들을 플라톤은 지성을 갖지 못한 자들을 위한 예비적 훈련용으로 사용할 수 있는 도구라고 하면서 도덕 교육을 위한 방편으로 이용하였다. 또 그는 앞 세대의 비극 시인들에 대해서도 그들이 신에 대해 무가치한 관념을 퍼뜨렸다고 비방했다. 이렇게 기존의 신화를 비난한 플라톤이 생각하는 신 또는 신적인 것은 영혼 또는 정신에 관련되는 것이고, 우주의 영혼과 같은 그런 것이었다. 요컨대 신화는, 플라톤에게 철학과 철학 교육을 강화시키기 위해 요구되는 필요악으로 작용하는 요소였다. 말하자면 이성적 지혜를 위해 부족한 것은 마지못해 신화의 보조를 받아 자신의 철학을 만들어 갔다고 할 수 있다.

아리스토텔레스는 신화를 미토스mythos의 개념으로 표현한다. 그는 미토스의 전통적 사용을 전적으로 부정하지는 않으면서, 미토스와 역사histoire를 구분하지만 그 둘의 유사성도 부분적으로 인정한다. 그는 미토스 개념을, 『시학』에서 잘 표현하고 있는데, 행위의 모방이라는 이야기fable로 설명하면서 시인의 창조적 영역으로 끌어내리고 애초의 신성을 인간적 차원에서 희석시켰다.

이상에서 요약한 내용으로 보면 신화적 세계가 철학적 세계로 넘어가게 한 철학자들의 공헌에도 불구하고 그 철학자들은 기존의 신화를 부인하려고 애쓰면서 그 신화적 세계에서 완전히 벗어나지 못하고 있음을 알 수 있다. 바로 고대 그리스 신화의 힘이 미약하게 될 즈음에 그렇게 박식한 학자들이 애써 신화를 부인하려는 노력을 계속했다는 점은 거꾸로 그들 이전 시대에 혹은 그들 시대에서조차도 신화의 영향력이 어느 정도로 강하게 행사되고 있었는가를 짐작하게 해 주는 일이다. 밀레토스 학파의 아낙사고라스Anaxagore가 태양은 불타고 있는 하나의 거대한 덩어리이지 신이 아니라고 가르친 그의 무신론으로 인해 아테네에서 추방당하였고 그의 저서들은 불태워졌다는 사실로도 당대에 신화의 영향력의 정도를 충분히 판단할 수 있다.

이러한 신화의 철학적 해석의 흐름은 아리스토텔레스를 거쳐 스토아 학파stoïcisme로 넘어가는데, 이 스토아 학파의 정교한 우의적 신화 해석 방법은 차후 수 세기 동안 신화 세계의 참의미에 깊숙이 접근할 수 있는 가장 합당한 방법으로 간주되었다.

3. 심리학적 해석

1) 시작말

신화의 해석을 위한 접근법은 여러 가지가 있을 수 있다. 그 중에서도 근대 이후부터 현대에 이르기까지 심리학이 특히 프로이트Sigmund Freud에서 시작된 소위 정신분석학적 심리학이 신화해석에 기여한 바는 결코 간과할 수 없다. 이제 우리는 프로이트와 그로부터 출발하여 더 넓은 길로 나아간 융Carl Gustav Jung의 관점에 한정하여 심리학이 신화를 어떻게 이해하고 해석하는가에 대해 알아보고자 한다.

사실 많은 심리학적 주요 관념들은 오랜 과거와 관련되어 있다. 심리학의 기원에 대해서 말하자면, 심리학을 정신론적 영역에 관한 학문으로 볼 때도 고대 신화가 그 출발점이며, 자연과학적 관점에서 볼 때도 그 기원은 고대의 자연주의 세계관에 의한 자연철학이 그 시작이라고 볼 수 있다. 심리학이 진정한 과학적 학문의 영역으로서 시작된 것은 19세기부터이다. 즉 행동주의 심리학, 형태 심리학, 정신분석적 심리학, 인지 심리학 등이 그 대표적 유형이다.

그런데 "현대 유럽의 정신상을 이해하기를 원하는 사람은 누구나 정신분석학을 간과해서는 안 될 것이다. 왜냐하면 정신분석학은 너무도 현대와 불가분의 관계에 있고 이 시대의 증후적 특징을 너무도 잘 보여주기 때문이다."[116] 일반적으로 정신분석학[117]은 프로이트[118]를 시조로 하여 융,[119] 아들러Alfred Adler[120] 등을 거쳐 라깡Jacques Lacan[121]에 이르는 도정에서 그 발전이 이루어져 왔다. 독일에 등장한 후 프랑스에 나타나기까지 정신분석학은 문학과 미학, 신화와 민속, 종교사와 선사先史, 교육 등 수없이 많은 분야에 적용되기에 이르렀다. 프랑스에서는 정신분석학에 대한 주된 관심이 문학가들 사이에서 일어났다.

그리고 일반적으로 정신분석학을 다룰 때는 성격 이론으로서의 정신분석학과 심리 치료로서의 정신분석학을 구분하여 다룬다. 우리가 신화 해석을 위해 접근할 때도 이 두 영역을 모두 넘나들어야 할 것이다.

이제 정신분석적 심리학의 관점에서 프로이트와 융이 각각 신화를 어떻게 이해하고 해석하는가를 고찰해 보기 위해 먼저 프로이트와 융

---

116 M. Bakhtine, *le freudisme*, Editions l'Age d'Homme, 1980, p.86.

117 프로이트와 융이 정신분석학자로 인정되는 것은 사실이었지만 융은 프로이트와 결별 후 정신분석학회에서 탈퇴하게 된다. 이 점은 이들 두 사람이 물론 정신분석학의 핵심인 무의식이란 말을 같이 사용하지만 아주 다른 의미로 서로 사용하게 됨으로써, 융을 프로이트와 똑같이 정신분석학자로 호칭하는 것은 적절치 않다는 생각이 들게 한다. 왜냐하면 여기서는 프로이트와 융 심리학에서 그들 신화 해석의 차이를 주로 다루기 때문이다. 그래서 앞으로 프로이트에 대해서는 정신분석학적 심리학 또는 정신분석학이라 표현하고 융에 대해서는 융 심리학 또는 분석 심리학이라고 주로 표현한다.

118 Sigmund Freud(1856-1939): 오스트리아 제국의 프라이베르크Freiberg에서 태어나 런던London에서 사망했다. 정신병리학자, 정신분석학자였다.

119 Carl Gustav Jung(1875-1961) : 스위스의 케스윌Kesswil에서 태어났고 취리히Zürich에서 사망하였다. 정신의학자이자 분석심리학자였다.

120 Alfred Adler(1870-1937): 오스트리아 빈Vienne에서 출생하고 스코틀랜드의 애버딘Aberdeen에서 사망했다. 의사이자 심리치료사였다.

121 Jacques Lacan(1915-2002): 프랑스의 문학비평가인데, 파리Paris에서 출생·사망하였다. 18세기 프랑스와 독일 문학의 비교문학 전문가였다.

심리학의 상이성을 주로 무의식과 콤플렉스론을 통해 알아본 후, 프로이트와 융 각각의 문예론과 꿈, 무의식, 콤플렉스론과 오이디푸스 콤플렉스의 관점에서 신화를 어떻게 받아들이는지 살펴 본다.

2) 프로이트와 융 심리학의 상이성

(1) 프로이트의 정신분석학

1860년 이래로 심리학자들은 의식을 연구해 왔고 1890년대부터 프로이트에 의해 무의식의 연구가 시작되었다. 그런데 의식도 무의식도 경험으로부터 생기는 것으로 생각되었으며 프로이트의 정신분석학은 무엇보다도 이 무의식에 관한 연구이다.

* * *

무의식이란 말을 인간의 심리 문제로 사용한 최초의 사람은 프랑스의 자네Pierre Janet[122]이다. 그러나 현재의 무의식이란 개념으로 사용한 사람은 물론 프로이트이다.

프로이트 심리학의 근본을 이루는 개념들 중 무의식은 의당 가장 중요한 내용이다. 프로이트는 무의식에 의도적으로 깊은 관심을 가졌다. 그는 무의식을 정확하게 관찰할 수 있는 방법을 개발하는 일, 정신 질환이 무의식에 근거한다는 점을 밝혀내는 일 그리고 성격 발달

---

122 Pierre Janet: 프랑스의 철학자, 심리학자, 의사인데 1859년 Paris에서 출생하여 1947년 사망했다.

을 체계화하는 일에 몰두했다.

프로이트의 무의식론은 3기로 나누어 설명될 수 있다. 제1기(1890-1897)에는 『히스테리 연구』(1895)를 통해 무의식의 영역을 탐구했다. 즉 히스테리나 다른 신경증의 근저에는 의식할 수 없는 심리적 콤플렉스가 존재한다. 그것은 환자에 의해 체험된 것이기는 하지만 의식이 그것을 기억해 낼 수 없는 어떤 잊혀진 정신적 쇼크, 감정, 욕망 등이다. 이 잊혀진 체험들은 정상 상태에서는 발산되거나 제거될 수도 없는 것인데, 이 잊혀진 체험들이 히스테리 증후군을 일으키는 장본인이며 이것이 바로 무의식이라고 보았다. 이 무의식이란 심리 기제는 전적으로 안정적인 것으로 인식되었고 심리적 여러 힘들의 갈등이란 것은 예외적인 것으로 간주되었는데, 아직 무의식에 있는 체험들에 대해 어떤 일반적 유형도 정립하지 못했고 또한 이 무의식의 내용은 우연적인 것이며 아직 밝혀지지 않은 상태의 것이었다.

제2기(1897-1914)에는 『성욕에 관한 세 편의 에세이』(1905)를 통하여 무의식에 관한 주요 개념들이 형성되었다. 이제 무의식은 역동성을 지니면서 인간 심리 기제의 본질적인 요소가 된다. 무의식은 의식과의 갈등도 항상적인 것이 되면서 문화 창조의 모든 영역에서 심리적인 에너지의 원천이 된다. 이때부터 무의식은 인간의 출생부터 일생 동안 '억압'이란 것에 의해 형성되며, 무의식의 내용도 모든 인간에게 공통되는 전형적 체험, 즉 성적 체험과 콤플렉스로 유형화된다. 이 콤플렉스라는 것은 일생 동안 반복되고 특히 유아기 같은 일정 시기에 무의식 속에 억압된다고 보았다. 물론 의식은 억압된 것을 기억하지 못하며, 억압을 담당하는 것은 검열이라는 심리적 힘이다. 이 제2기 동안에 쾌락 원칙과 현실 원칙, 억압, 검열, 본능pulsions이론, 무의식의 내용 등 프로이트 무의식의 기본 개념들이 형성되었다.

1914년 이후의 제3기에는 『쾌락 원칙을 넘어서』, 『집단 심리와 자아 분석』, 『자아와 이드』, 그리고 랑크Otto Rank[123]의 『출생 외상』 등을 통하여 무의식의 영역은 근본적으로 확대되었다. 이제 초자아에 관한 학설이 등장하면서 일반적 문제가 개별적이고 특수한 문제보다 우위를 차지하기 시작한 것이다. 의무 또는 양심 등의 무의식적 요구의 총체인 초자아는 억압의 과정을 명령하는 검열관 역할을 하는 것이다. 제2기에 주로 성적 본능으로 구성되어 있던 억압된 것은 의식적인 자아에 적대적이었다. 그런데 제3기의 『자아와 이드』에서는 자아와 일치하지 않는 심리의 영역 전체를 이드id라 부르고 있다. 이드는 우리 내부의 욕망과 충동이며 어두운 내적인 힘인데 이것은 선의와 이성을 거역하는 것이다. 즉 이드는 정욕passion이고 자아는 이성과 분별이다. 이드는 쾌락 원칙의 지배를 받으며 자아는 현실 원칙에 따른다. 그런데 이드는 무의식적이지만 무의식적인 것이 반드시 이드에만 있지 않고 자아에게도 무의식의 영역이 존재한다. 즉 자아에서 나오는 억압의 과정도 무의식적이고 자아의 이익을 위해 행해지는 검열도 무의식적이다. 그런데 자아에 있어서 가장 높은 무의식적 영역이 초자아인데, 이 초자아의 발생은 동일화에 의해 설명된다. 초자아 형성에 가장

---

123 Otto Rank(1884-1939): 오스트리아의 심리학자, 정신분석학자인데 빈Vienne에서 출생하고 뉴욕New York에서 사망하였다.

큰 의미를 갖는 것은 오이디푸스 콤플렉스 시기 동안의 유아와 아버지와의 동일시이다. 그리고 제2기 본능 이론의 구별인 종족 보존의 성적 본능libido과 개체 보존의 자아 본능pulsions du Moi을 제3기에 이르러 성적 충동, 즉 에로스Eros에 병합시킴으로써 인간의 심리는 이제 에로스와 죽음의 본능이 서로 타협하고 갈등하며 작용하는 것으로 보았다.

* * *

콤플렉스complexe론은 무의식의 연구에서 얻은 성과물인데, 이것은 정신분석의 핵심 개념이며 정신분석의 대들보라고 흔히 일컬어진다. 콤플렉스란 용어를 처음으로 사용했던 프로이트는 자신의 강렬한 경험을 환자들의 이야기나 자신의 꿈과 연결시키면서 무척이나 당황했다. 프로이트는, 1897년 10월 15일에 친구인 이비인후과 의사 Fliess에게 보낸 편지에서, "나는 다른 모든 사람의 마음과 마찬가지로 내 마음 속에 어머니에 대한 사랑과 아버지에 대한 질투의 감정이 있음을 발견했다. 이러한 감정은, 히스테리 환자가 된 어린아이에게 만큼 일찍 나타나지 않는 경우도 있기는 하지만, 모든 어린이에게 공통된 것이라고 생각한다"[124]라고 말하면서 이미 콤플렉스 특히 오이디푸스콤플렉스를 예감했다. 그런데 프로이트가 오이디푸스 콤플렉스란 말을 그의 책에 처음 사용한 것은 1910년이나 되어서이며, 그는 제자들과는 달리 콤플렉스란 말을 그렇게 잘 사용하지 않는다. 단지 오이디푸스 콤플렉스나 오이디푸스 상황과 연관되는 오이디푸스 콤플렉스의 변이 상황, 이를테면 거세 콤플렉스, 또는 아버지 콤플렉스, 어머니 콤

124 Freud, *la naissance de la psychanalyse*, P.U.F., 1973, p.198.

플렉스 등에 콤플렉스라는 용어를 더 자주 사용하고 있을 뿐이다. 프로이트가 1905년에 오이디푸스 상황의 형성은 4살에서 사춘기까지인 잠재기에 두고 가장 첨예한 오이디푸스 상황은 사춘기에 두었다. 그런데 프로이트가 제자들의 영향으로 1920년경에 오이디푸스 단계를 이전에 정한 시기보다 훨씬 이른 3살에서 5살 사이의 시기로 정하게 되었다. 오이디푸스 콤플렉스와 그것의 정상적인 해결은 아이가 부모 중의 한 사람을 사랑하고 성의 섹스 상대를 선택하는 것인데, 이것은 성인의 최종적 성생활에 매우 중요한 의미를 가진다. 이 오이디푸스 콤플렉스의 진전 과정은 온갖 종류의 중단이 일어날 수 있는 불안정성을 가지고 있으며, 그런 불안정한 상황을 동일시나 억압으로 극복하기 어렵다. 따라서 아버지, 어머니의 형상에 대한 잘못 형성된 여러 가지 고착 현상은 불감증, 불능, 또는 동성애 같은 복잡한 여러 가지 성도착증을 초래할 수 있는 소지가 된다. 그래서 프로이트가 보기에는 정신 생활의 성패는 콤플렉스를 제거하는 데에 있는 것이 아니라 콤플렉스를 잘 정리하거나 또는 콤플렉스와 잘 화합하는 데에 있었다. 요컨대 프로이트에게 콤플렉스란 인간의 심리를 설명하는 데에 매우 유용하고 불가결하기까지 한 개념이 되었다.

결국 프로이트 정신분석적 심리학의 성공 요인은 무의식에 관한 이데올로기적 모티브라 볼 수 있다. 즉 인간의 심리와 운명, 그의 생활과 창조적 행위의 내용 등은 자신이 속한 계급, 민족, 역사적 시대에 의하는 것이 아니라, 무의식 속의 성적 본능들의 처사에 의해 결정된다고 본 것이다.

(2) 융의 심리학

융 심리학의 중심은 무의식의 연구에서 비롯되었다. 가장 중요한 융 사상은 집단 무의식이다. 융은 1905년 이후 대학의 강의와 더불어 무의식 속의 이미지에 깊은 관심을 가져왔다. 그러면서 융은 프로이트와 생각을 주고받으면서 1912년에 『리비도의 변형과 상징』을 완성하고 다음 해에 프로이트와 헤어진 후 대학의 일을 그만두고 개업을 하면서 연구에 몰두했다. 그리고 그는 1930년대에 와서 무의식, 집단 무의식, 원형archétype[125] 등에 대한 많은 연구 결과를 발표하였다.

* * *

융의 심리학은 무의식적 우주를 연구한다고 말해진다. 융 자신도 "무의식은 70년 이상 모든 진지한 심리학 연구에 불가결하고 기초적인 과학적 개념이었다"[126]라고 단언할 정도로 무의식이 차지하는 위상의 중요성을 강조한 바 있다.

융은 완전히 성적 충동으로 뭉쳐져 있는 프로이트의 libido 개념을 대폭 확장하였다. 융은 신교도로 자랐기 때문인지 프로이트의 성욕 지상주의를 쉽게 납득하지 못했다. 융은 프로이트와 교분을 맺은 바로 다음 해부터 프로이트에게 '성적'이라는 말을 어떤 문맥에서는 사람들의 감정을 상하게 하는 것이니 바꾸자고 요구해 왔다.[127] 『리비도

125 archétype : C.G. Jung이 주창한 개념으로서 인간의 무의식에 존재하는 태고적 원시적 정신에서부터 이어져 온 선험적 심상의 체계를 말한다. 신화, 예술, 인간의 꿈과 환상 등에 반복적으로 등장하는 이미지나 패턴 같은 것이 원형이다.

126 정영목 역(C.G. Jung), 『사람과 상징』, 까치, 1995, p.114.

127 E. Jones, *La vie et l'oeuvre de Sigmund Freud*, t. II, P.U.F., 1958-1969, p.148 : 융

의 변형과 상징』에서 융은 리비도란 프로이트와 달리 정신 에너지 전체라는 것을 입증하려고 노력하였다. 즉 리비도는 성생활에는 물론이며 무언가에 대한 성향, 자연적 경향, 어떤 목적을 향한 인간의 전진 등에 어김없이 개입하는 것이다. 융은 더욱이 근친상간 같은 몇몇 성적 현실조차도 성욕의 발현이 아니라 더 고상한 태도의 상징으로 보아야 한다고 생각한 듯하다. 리비도는 분화되지 않은 에너지, 곧 인간 정신의 현상뿐만 아니라 전 우주를 움직이는 일종의 보편적인 원동력 같은 것이 되어갔다. 그래서 성욕은 리비도의 많은 형태 중에 하나이기 때문에 정신 분열증 환자의 리비도가 전적으로 성적이지는 않다고 융은 보았다. 융은 어린아이의 리비도를 전적으로 부인했고, 프로이트에게 성적 에너지를 보다 넓은 전체적인 에너지 속의 한 에너지로 간주할 것을 제안했다. 이것은 프로이트의 이론에 대한 융의 대변혁에 해당한다. 그리고 리비도의 에너지는 내향성과 외향성의 양극에서 나온다고 하였다. 이 두 갈등적 힘들은 건강한 심리적 기능에 합리적인 균형을 유지하게 한다는 것이다. 그래서 리비도의 에너지는 사람이 성장해 감에 따라 목적하는 방향이 달라지게 되는데 유아기에는 주로 영양 보충으로 향하고 어린아이 시기에는 놀이로 향하고 사춘기 이후에는 이성과의 관계로 향한다. 그러고 나서는 정신적 가치를 지향하게 된다고 하였다.

융의 이론에서 개인의 정신은 '의식', '개인 무의식', '집단 무의식'으

은 1909년 2월 동료인 존스에게 쓴 편지도 그 점을 잘 보여 준다; "Il vaudrait mieux ne pas pousser au premier plan la théorie de la sexualité. J'ai beaucoup d'idées là-dessus, particulièrement sur les côtés éthiques de la question."

로 그 수준이 구별된다. 의식은 개인이 인식할 수 있는 마음의 영역이다. 이 의식의 영역에서 생각, 감정, 감각, 직감의 네 가지 심적 기능이 있고 각 기능에는 외향성과 내향성이라는 태도가 있다. 융은 의식적 마음을 구성하는 것을 자아라고 하며, 이 자아는 의식적인 지각, 기억, 생각, 감정으로 이루어져 있다.

그런데 경험된 것은 소멸되지 않기 때문에 자아에 인정받지 못하는 것은 '개인 무의식'이라는 곳에 저장된다. 그런데 개인 무의식의 내용들은 보통 필요할 때는 의식에 접근할 수 있다. 말하자면 개인 무의식과 자아 사이의 소통이 있다는 것이다. 개인 무의식에서는 어떤 특정한 여러 내용들이 그룹을 형성하여 감정, 생각, 기억의 연합군이 존재하는데 그것이 융에게는 '콤플렉스'라 불리는 것이다.

융은 무의식의 심오한 곳엔 아직 한 번도 의식한 적이 없으며 앞으로도 의식할 수 없는 부분이 있으며 이것은 결코 개인적으로 습득된 것도 아니고 전적으로 유전에 의해 존재한다고 하였다. 이것이 바로 집단 무의식이라는 것이다. 융은 무의식에서 개인 무의식 외에 집단 무의식을 가정함으로써 새로운 무의식 학설을 창조한 것이다. 집단적 무의식과 그것을 형성하는 여러 가지 근원적 유형은 인간 정신의 바탕이며 뿌리라 할 수 있다. 이 뿌리를 모든 인류가 공유하고 있다고 보았다. 인간 정신은 개인 문화와 종족과 시대에 따라 다르지만, 인류의 조상이 대대로 되풀이해서 경험한 것들의 총화를 우리에게 물려주고 남겨줌으로써, 인간의 정신은 공통의 점들을 지니고 있다는 것이 집단 무의식 이론이다. 즉 집단 무의식은 인간의 의식 활동에 활력을 넣어 준다는 것이다. 그래서 집단적 무의식은 인류나 민족이 인정할 수 있는 원시적 심성인데 그 내용들은 태고 유형 또는 원형이라고 불린다. 융은 그의 인생 마지막 40년을 이 원형 연구에 바쳤다. 왜냐하면 원형은 인간을 인간 자신에게 드러내고 인간을 인간 이상으로 고양시킬 가능성을 내포하기 때문이다. 융이 말하는 원형에는 출산, 재생, 죽음, 권력, 마법, 영웅, 어린이, 사기꾼, 신, 악마, 늙은 현인, 어머니인 대지, 거인, 나무, 태양, 달, 바람, 강, 불, 동물과 같은 많은 자연물, 고리나 무기와 같은 인공물, 또 페르소나parsona,[128] 아니마anima,[129] 아니무스animus,[130] 자아moi[131] 등이 있다. 결국 집단 무의식은 바로 이 원형들의 저장소이다.

요컨대 융의 무의식에는 밝고 어둡고, 아름답고 추하고, 선하고 악하고, 심오하고 하찮은 것들, 개별적 상징과 집단적 상징 등 인간 본성의 그 모든 측면들이 포함되어 있다. 개인적 무의식은 콤플렉스로 성립된 것인데 비해 집단적 무의식은 본질적으로 원형에 의해 구성되어 있다. 한정된 세계를 보여주는 개인적 무의식에 비해 집단적 무의식은 미지의 광대한 세계를 암시해 준다. 이미지 세계의 일들은 인식하기 어려운 것이지만 어떤 민족에게도 집단적 무의식의 원형으로 유전되어 존재하고 있는 것이다. 그의 집단적 무의식론은 그가 인간에 관해서 관찰한 경험의 결과를 서구 문화와 원시 종족의 심성에 뿐만

---

128 persona: 원래는 연극배우가 쓰는 탈을 의미한다. 철학 영역에서는 이성적 본성을 가진 개별 존재를 지칭한다. C. G. Jung에 있어서 페르소나는 개인이 자아나 사회적 지위나 가치관에 관련되어 외부에 보여주는 자아의 가면적 이미지이다.

129 anima: 무의식에 자리잡은 상대성 중 남성의 여성적 측면을 일컫는다.

130 animus: 무의식에 자리잡은 상대성 중 여성의 남성적 측면을 일컫는다.

131 moi: 자아는 의식적인 '나'로서 지각, 기억, 사고, 감정에 대한 영역이며 외부에 대한 인지도 포함하는 영역의 '자신'이다.

아니라 동양의 전통적 종교 사상에도 적용함으로써 더욱 그 가설의 확실성을 확인하게 되었다.

융은 본능 이론에서도, 프로이트가 죽음의 본능과 생의 본능으로 나눈 것과는 다르게, 인간 심성에 파괴적 충동이 있을 수 있으나 그것은 자아가 본능의 창조적 측면이 발휘되는 것을 단지 외면하는 것으로 보았다. 즉 음은 양이 될 수 있고 양은 다시 음으로 환원될 수 있다는 것이다.

결국 융의 학설이 가지는 특징은 심리 내용이 역동적이며 서로 유기적으로 연결되어 있어서 무의식의 열등 기능은 자아에 의해 의식됨으로써 열등 기능 자체로서 머물지 않고 창조적인 기능으로 전환될 수 있다는 것이다.

* * *

Hall의 말처럼 콤플렉스란 말이 우리의 일상용어로 된 것은 융에서 비롯되었다.[132] 융이 심리학계와 정신 의학계에서 이름이 알려진 것은 이 콤플렉스 분석이 돋보였기 때문이기도 하다. 융의 콤플렉스론은 집단 무의식 이론 이전에 성립된 것이다. 융은 언어의 연상 실험을 할 때 콤플렉스의 존재에 대한 암시를 받았다. 즉 피실험자가 마음에 떠오르는 단어를 말하는 데에 유난히 시간이 많이 걸리는 경우가 있는데 이 경우가 콤플렉스의 존재 가능성을 암시해 주었다는 것이다. 융의 콤플렉스론은 초기엔 프로이트의 영향을 받았고, 그 기원은 아동기 초기의 외적 체험에 있는 것으로 여겨졌다. 그러나 융은 이 관점에 만족하지 않았다. 콤플렉스는 아동기 초기의 체험에서 생기는 그

132 설영환 편역(C.G. Jung, C.S. Hall, J. Jacobi), 『융심리학 해설』, 선영사, 1986, p.88.

무엇보다 훨씬 더 근원적인 것이 관여하리라 생각하였다. 그러한 고심으로부터 집단 무의식이 도출되게 되었다. 어쨌든 콤플렉스의 개념에서 융과 프로이트의 이론 체계는 상이하게 전개되었다. 융의 생각으로는 프로이트의 성적 콤플렉스란 사람에 따라 있을 수도 있고 없을 수도 있는 것이다. 융에 있어서 "콤플렉스는 의식에 의해 통제된다 해도 그것은 일시적일 뿐이며 의식 속에서 자생력을 지닌 '이물corpus alienum'처럼 작용한다. 의지의 힘으로 콤플렉스를 움직이지 못하게 하거나 억제할 수는 있어도 완전히 제거할 수는 없다. 그래서 콤플렉스는 기회만 주어주기만 하면 다시 나타나 본래의 힘을 발휘한다"[133]는 것이다. 융은 콤플렉스를 자율적인 의식 내용, 말하자면 의식 내에서 나타나고 사라지는 것인데, 정상적인 사람이라면 몰아내야 할 일종의 가변적 존재물로 보려 하였다. 그래서 융이 보기에는, 정신생활의 불균형을 가져오는 다양한 실제적 충격 상황에는 거기에 따른 다양한 각각의 콤플렉스가 있을 수 있고 그래서 아버지, 어머니, 형제, 누이 등의 콤플렉스가 존재할 수 있다는 것이다.

요컨대 인간의 심성에서 일차적으로 무의식의 존재를 인정하고 그것을 과학적으로 이끌어 나가는 방법적 측면에서는 프로이트의 정신분석학과 융의 분석 심리학은 동일 선상에 있다고 할 수 있다. 그러나 프로이트에게 무의식은 억압된 충동, 죽음의 파괴적 본능, 성적 쾌락, 근친상간적 욕망, 종족 보존의 본능이 소용돌이치는 곳이라면, 융에게 있어 무의식은 창조적 기능, 분열을 오히려 지양하고 하나의 인격

133 E. Jones, *L'homme à la découverte de son âme*, P.U.F., 1953, p.137.

을 실현시킬 수 있는 능력, 종교적 본능, 시간과 공간을 상대화할 수 있는 인간의 근원적 양심이 자리잡은 곳이다.

프로이트의 무의식과 콤플렉스론이 기계론적이며 생물학적인 결정론인데 비해, 융의 학설은 정신을 생리적 충동에 예속시키지 않고 독자적인 실체로 다루려는 심리학이며 현상의 인과적 측면도 중요하게 보지만 정신현상이 지닌 미래 지향적이고 목적 지향적 파악이 더욱 중요하다는 입장을 취하고 있다.

3) 프로이트의 신화 해석

정신분석에서 프로이트와 융이 갈라서는 연유는 이 두 사람이 예술 작품[134]에 정신분석, 특히 무의식 이론을 적용하는 데에 불일치가 깊었다는 점이며 무의식 이론 중에서도 성적 본능에 부여한 중요성과 콤플렉스론의 차이 때문에 두 사람의 심리학은 서로 완전히 등을 돌리게 되어 버렸다. 프로이트는 무의식에서 억압의 원인을 성적 외상이라 생각하였지만 융은 자신의 경험을 통해 볼 때 생활상의 괴로움, 체면 등의 문제가 관련되며 성욕의 문제는 2차적인 역할을 행하게 되는 경우가 많다는 점을 강조했던 것이다. 또 융의 콤플렉스론에서는 정신생활의 다양한 욕구와 관련된 다양한 콤플렉스의 존재가 인정되는 데 비해 프로이트는 오직 성적 욕구와 본능에 관련된 콤플렉스만을 문제의 대상으로 삼았다. 이제 무의식과 콤플렉스론의 관점을 중심으로

134 신화도 언어와 이야기로 표현되고 전승되는 것인 만큼 예술 작품 속에 포함될 수 있다.

프로이트와 융의 신화 해석의 차이를 고찰해 볼 단계에 접어들었다.

(1) 문예론, 꿈

신화를 해석하는 데에 정신분석학에서는 문예의 해석이나 꿈의 해석 방법이 적용될 수 있다.

* * *

문예에서 정신분석을 통해 특히 보고자 하는 것은 무의식과 관련된 것이다. 즉 무의식이 문예 작품 안에서 어떻게 작용하는가 하는 문제이다. 프로이트는 연극을 자주 보았다. 그가 관람한 연극 중에서 소포클레스의 『오이디푸스 왕』은 프로이트에게 정신분석의 한 인식 모델로 작용하였다. 이 『오이디푸스 왕』 같은 연극의 이해와 분석은 바로 신화의 해석과 직결되는 것이었다. 프로이트가 우리에게 말하듯이, 예술 작품의 경우 욕망 표출에 있어서 중요한 것은 욕망 자체와 욕망의 근원이며, 그러한 욕망을 식별할 수 있기 위해서는 흔히 어린이로서의 체험이라는 영역으로 거슬러 올라가야 한다. 프로이트에게 중요한 의미로 나타나는 것은 유년기의 사건 그 자체보다 그 사건이 우리에게 드러내 보여주는 욕망이라는 것이다. 프로이트는 예술 작품 속에서 무엇보다도 무의식의 작용 방식에 관심을 기울인다. 그는 예술작품을 분석할 때 작품 속에 들어있는 원형이 무엇인가를 밝히는 것이 아니라 작품의 언어를 은밀히 변질시키는 충동의 작용을 고찰함으로써 예술가가 경험한 갈등이 작품에서 어떻게 표현되는가를 발견하려 하였다.

프로이트는 『창조적 작가와 백일몽』에서 작품은 무의식적 욕망의 실현이라고 생각하였다. 즉 예술 활동의 근저를 이루는 것은 언제나 욕망의 실현이다.[135] 그러나 이 욕망에 대해 단지 작품이 드러내는 것만 알 수 있지 다르게 그 욕망을 인지할 방도가 없다. 그러면 욕망이 작품에서 어떻게 나타나는가. 그것은 꿈과 관련이 지어진다. 즉 꿈의 심상에 가하는 치환, 압축, 상징화 작업이 예술가의 언어를 통해 실행됨으로써 드러난다는 것이다.

신화가 연극이라는 예술의 형식으로 재현된 고대 비극의 해석도 프로이트는 정신분석에 의해 가능하다고 보았다. 즉 작품의 심미적 공감을 느끼는 데에 동일시의 방법이 적용된다. 작품을 보거나 읽는 사람과 작품의 주인공과 동일시가 있고 또한 작가는 작품 속의 주인공과 동일시 될 수 있는 것이다. 그런데 주인공의 고통에도 독자나 관객은 어떻게 해서 심미적 즐거움을 느끼는가? 그것은 인간의 무의식 속에 숨어있는 억압된 죄책감 때문에 자신을 고통으로 죄에 대해 보상하려는 마조키즘적 성향을 무의식 속에 가지고 있기 때문이라고 해석한다. 즉 이 고통의 즐거움에는 우리가 원하지만 감히 행할 수 없는 것을 과감하게 실행에 옮긴 주인공에 대한 찬탄과 동시에 우리에게 죄책감을 가지게 하는 일 때문에 그 주인공과 함께 우리가 고통 받는 기쁨이 관여한다.

또한 유아적 욕망의 실현에 관한 문예 작품에 대해 우리는 쾌감과 불쾌감을 느끼는데, 그 반응의 정도는 억압의 크기에 달려있다는 것이

---

135 Cf. 정장진 역, 『창조적 작가와 백일몽』(프로이트 전집 18), 열린책들, 1998. p.92: "환기된 어린 시절의 기억에서 풀려 나온 욕망은 마침내 문학 창조 속에서 그 충족을 얻게 되는 것이다."

다. 왜냐하면 억압은 작품에 있는 우리 자신의 감추어진 부분을 알아보지 못하도록 강요하기 때문이라고 프로이트는 이해했다. 그가 『꿈의 해석』에서 오이디푸스 왕에 대해 이야기할 때 이러한 맥락 속에서 논의했다.

말하자면 프로이트는 우리가 삶에서 한꺼번에 실현할 수 없는 여러 가능성을 현실화함으로써 우리의 삶을 다양하게 변화시키도록 해 준다는 점이 예술에 들어있다고 보았다. 그래서 우리는 예술 작품을 통해서 우리의 죽음을 증가시키고, 죽음을 반복해서 연습함으로써 죽음을 넘어서며 죽음을 길들이기도 한다는 것이다. 신화에 대한 해석도 이같이 적용되는 것이다. 그러나 이렇게 프로이트의 정신분석을 신화나 문학 작품의 해석에 적용하는 일은 아직 가부간의 논란이 있음을 간과하지 말아야 할 것이다.

* * *

"민족 같은 일단의 사람들의 집단적 꿈이 신화이며, 신화적 이미지의 창조는 '꿈의 작업'과 너무나 유사하다."[136] 그래서 문학 작품 해석의 모델로 이용되는 꿈의 해석은 "무의식 속에 억압된 내용을 해독해 줄 가능성을 열어주는 유일한 길"[137]이라고 프로이트는 보았다. 즉 꿈은 무의식으로 통하는 지름길이다. 그래서 꿈을 해석함으로써 무의식의 작업 방식을 파악할 수 있다는 것이다. 프로이트에 의하면 꿈은 형

136 Cf. M. Bakhtine, *op. cit.*, p.148: "La création d'images mythologiques est tout à fait analogue au travail du rêve. Le mythe est le rêve collectif d'un peuple, (…).

137 허창운 외 3인, 『프로이트의 문학예술이론』, 민음사, 1997, p.22.

상화, 압축, 검열, 왜곡, 치환, 극화, 2차 가공, 상징화의 과정을 거쳐 무의식적 소망의 상상적 충족을 표현한다고 하였다. 꿈이 이러한 특정 기제에 따라 억압된 무의식적 공상들이나 일상 체험에서 남은 잔존물들이 꿈 속에서 발현된다면, 꿈의 본질은 궁극적으로 억압된 소원의 성취에 있는 것이 되고, 꿈을 해석하는 정신분석자의 과제는 꿈꾸는 사람에게 알려지지 않은 꿈의 언어를 해독하여 발현몽의 내용 배후에 가려있는 꿈 본래의 진정한 의미를 알아내는 일이 될 것이다. 프로이트에게서 꿈의 상징은 무의식적 배경에 대한 어떤 단서를 제공해 주는 의식의 내용이 된다.

이와 같은 방식으로 프로이트는 꿈의 해석[138]에서 신화해석의 한 예인 『오이디푸스 왕』에 대한 해석을 좀 더 발전시키면서 재론한다. 프로이트는 『오이디푸스 왕』의 해석을 통해 신화에서 무의식의 드라마가 표면화하는 방식을 설명하려고 시도했다. 즉 "『오이디푸스 왕』은 어린이의 마음속 깊은 곳에 깔려 있는 환상-욕망이 명확히 드러나 있는데 그것은 꿈속에서와 같은 방법으로 실현되어 있다"[139]라고 말하는 것이 프로이트적 해석 방식이 될 것이다.

---

138 『꿈의 해석』 3판이 랑크 등의 몇몇 제자의 영향 아래 심화된 성찰로 나왔는데 그 서문에는 "만일 이 책이 앞으로 판을 거듭하게 되면 거기에는 시, 신화, 언어적 심상, 민속 등의 풍부한 소재를 더욱 폭넓게 다루어야 할 것이다"라고 되어 있다.

139 M. Milner, *Freud et l'interprétation de la littérature*, C.D.U. et S.E.D.E.S., 1980, p.39 : Dans Œdipe, les fantasmes-désirs sous-jacents de l'enfant sont mis à jour et réalisés comme dans le rêve.

(2) (오이디푸스) 콤플렉스론

프로이트가 보기에 무의식은 심상들의 저장소가 아니라 작업장이다. 프로이트의 무의식은 특히 무의식에 적합한 언어적 표상과 결합함으로써 전의식으로 변하고 그것은 다시 언제라도 의식의 영역에 진출할 수 있는 것인데, "신화의 이미지들이란 바로 그 무의식 속에 억압된 본능의 대리적 상징이라 하였다."[140]

프로이트에 의하면 모든 심리적 사건은 무의식과 관련하여 자아와 이드 또는 초자아가 갈등을 일으킬 때 이 갈등을 해결하는 방향에서 설명될 수 있다는 것이다. 그래서 신화에서 콤플렉스와 같은 다양한 문제들도 이러한 관점에서 해석하고자 했다.

신화에서 중요한 의미를 가지고 있는 것은 오이디푸스 콤플렉스의 체험과 그 억압에 관한 주제들이다.[141] 프로이트가 최초로 오이디푸스를 언급한 것은 1887년 10월 15일자 편지에서지만 오이디푸스 콤플렉스라는 개념을 생각해 낸 것은 몇 년간의 분석 이후이다. 1900년의 『꿈의 해석』에서도 아직 완결되지 않은 상태에 있는 오이디푸스의 구상은 1910년 이래에 '오이디푸스 콤플렉스'라 명명된다. 그는 오이디푸스 콤플렉스의 영향력과 중요성을 인식하고 강조했다. 즉 그는 점차로 "오이디푸스 콤플렉스는 도처에서 볼 수 있는 사

140 M. Bakhtine, *op. cit.*, p.148 : "ses images[celles du mythe] (sont) les symboles substitutifs de pulsions refoulées dans l'inconscient, (…)."

141 *Ibid.*, p.148 : "les thèmes majeurs de la mythologie (sont) ceux qui traduisent l'expérience et le refoulement du complexe d'Œdipe, (…)."

실이라는 것을 깨닫게 되었고"[142] 또한 "경험이 쌓일수록 오이디푸스 콤플렉스는 분명히 신경증의 핵심처럼 보였으며, 그것은 유아의 성생활의 절정이니만큼 그 후의 모든 발달이 퍼져나가는 출발의 요점이기도 했다."[143]

유아기의 억압된 성적인 내용 중에 가장 중요한 것은 어머니에 대한 성적인 본능과 이로 인한 아버지에 대한 증오나 아버지 살해로 대표되는 소위 오이디푸스 콤플렉스이다. 프로이트는 신화, 의례, 종교와 같은 상상적인 집단 재현물에서 어떤 역사적 흔적을 탐색해 본 결과, 사회집단은 역사의 흐름에 따라 개인이 통과하는 단계와 유사한 단계를 거친다는 것을 알았다. 그때 프로이트는 민족학[144]의 분야를 다루는 『토템과 타부』라는 책을 1912년 발간했다. 프로이트에 의하면 "여러 증거가 모든 종족은 가장 고도로 발달한 종족의 경우라도 과거에 토템 제도의 단계를 거쳐 갔다는 결론을 보여 주었다."[145] 그리고

---

142 S. Freud, *Sigmund Freud présenté par lui-même*, Editions Gallimard, 1984, p.107: "Je reçus quant à moi toute une série d'incitations du complexe d'Œdipe, dont je découvrais peu à peu l'ubiquité."

143 *Ibid.*, p.94: "Je dois ajouter encore que plus l'expérience se développa, plus le complexe d'Œdipe apparut nettement comme le noyau de la névrose. Il était tant le point culminant de la vie sexuelle infantile que le noeud à partir duquel rayonnaient toutes les évolutions ultérieures."

144 랑크는 신화, 꿈, 병리학적 증후, 예술 그리고 철학 속에서 출생 외상에 대한 무의식적 추억들을 발견해 내려고 했다. 랑크에게는 정신분석의 응용 분야 중 특히 신화 연구가 그의 전문 분야가 되었다.

145 *Ibid.*, p.113: "On peut déduire de divers indices que tous les peuples, même ceux qui se trouvent au plus haut rang, sont un jour passés par ce stade du totémisme."

"나의 출발점은 두 가지 타부 명령(토템을 죽이지 말며 같은 토템족의 여자와 성관계를 갖지 말라)과 오이디푸스 콤플렉스의 두 가지 요소(아버지 살해와 어머니와 관계하는 것)간의 놀라운 일치였다."[146] 그래서 그는 토템 동물을 아버지와 동일시하였던 것이다.

그리고 오이디푸스 콤플렉스는 두 가지 반대적 요구에서 비롯된 갈등의 문제이다. 그 한 가지 요구는 일반적으로 아들은 어머니와 가까워지고 딸은 아버지와 가까워진다는 성적 본능이며, 다른 하나는 사회는 사회 속의 집단들이 친화적 관계를 유지하기 위해 힘이 가족 안에서 소모되어버리지 않도록 요구함으로써 최초의 사회가 존재하기 시작한 후부터 근친상간을 금기로 해 왔다는 것이다. 프로이트는 그러한 가정의 연원을 『토템과 타부』에서 다음과 같이 해석하였다. 즉 원시 사회에서 근친상간의 금지와 원시 민족의 동물 토템에 관련된 금지 또는 금기가 아버지 살해라는 하나의 역사상의 사건과 결부되어 있다. 원초적 집단 속의 부친은 전적인 전제자였기 때문에 모든 여자를 점유했고 그의 아들들은 경쟁 대상자가 될 수 있는 위험한 존재였기에 죽여 버리거나 쫓아냈다. 그러나 아들들이 단결해서 여자들을 소유하기 위해 그들의 적이었던 아버지를 살해하였다. 이 일을 저지른 뒤 그들은 서로가 다투어 아버지의 유산을 계승하지 못했고, 실패감과 후회감에 힘입어 그들은 서로 간에 합의를 이룩하고 토템 제도

146 *Ibid.*, p.107: "Mon point de départ fut la coïncidence frappante des deux tabous réglementant le totémisme, à savoir de ne pas tuer le totem et de ne faire aucun usage sexuel des femmes du même clan totémique, avec les deux contenus du complexe d'Œdipe, à savoir: écarter le père et prendre sa mère pour femme."

의 법도에 따라 형제들의 씨족으로 결속했다. 즉 그들은 같은 사건이 반복되지 않도록 그들의 아버지를 죽이게 한 이유인 여자들, 즉 동일한 토템에 속하는 누이나 어머니 같은 여인들의 소유를 포기했다. 그래서 근친상간이 금지되고 외혼이란 것이 처음 필요하게 되었다. 프로이트가 보기에 토템 의식은 일종의 아버지 살해에 대한 인류의 죄책감을 상징적으로 표현한 것이었다.

그런데 우리는 오이디푸스 콤플렉스와 관련하여 초자아를 되짚어 보아야 한다. 초자아는 프로이트의 두 번째 심리 기제론, 즉 자아, 이드, 초자아 속의 한 심급審級으로서, 자아에서 가장 높은 무의식적 영역이다. 정신분석의 초자아는 바로 오이디푸스 시기에 내면화된 부모의 권위이다. 그래서 프로이트에 의하면 "초자아는 오이디푸스 콤플렉스의 후계자이며 인류의 윤리적 기준을 대표한다."[147] 즉 초자아는 오이디푸스 장면의 가장 심각한 갈등의 해소가 남긴 심리적 흔적이라 할 수 있다. 그 갈등은 근친상간적 욕망의 향유와 근친상간을 금지하는 법 사이의 대립으로 성립된다. 즉 초자아는 양심과 무의식의 폭군이라는 두 가지의 상반적 측면을 가지고 있다. 양심의 초자아는 정신적이고 이상적이며 자기 비판적인 성격의 초자아로서 고전적 초자아에 해당하는데, 근친상간을 금지하는 도덕적인 법의 보증인과 같은 것이지만 초자아에는 또한 폭군적 초자아가 있음을 간과할 수 없다. 즉 격려, 금지, 보호라는 원시 초자아의 세 가지 기능은 폭군적 초자아에 의해 난폭하고 불건전한 방식으로 수행된다. 폭군적 초자아는

147 *Ibid.*, p.99: "Le surmoi est l'héritier du complexe d'Œdipe et le représentant des exigences éthiques de l'homme."

지나치게 금지를 하고, 과도한 명령으로 격려하며 지나치게 보호하게 하는 것이다.

결국 이러한 초자아는 "아버지의 성격을 계속 보존하고, 오이디푸스 콤플렉스가 강하면 강할수록, 이 오이디푸스 콤플렉스의 억압이 빠르면 빠를수록 나중에 양심의 형태로서 혹은 어쩌면 무의식적 죄악감으로서 자아에 대한 초자아의 지배는 더욱 엄격해질 것이다."[148] 우리는 오이디푸스 왕이 자신의 죄를 모두 알게 된 후 자신의 두 눈을 찌르고 방랑의 길을 걷게 되는 데에서 그와 같은 초자아의 폭군적 행위를 감지할 수 있다. 그런데 오이디푸스 왕의 이러한 자기 징계의 행위에는 무의식적 죄의식이 관련되어 있다.[149] 죄의식은 초자아에 의해 부과된 자기 징벌을 이겨내는 상상적 수단을 요하는 자아의 상상적 병이다. 초자아는 왜 죄의식의 개념과 연관되어야 하는가. 죄의식은 정신분석학적 용어의 의미에서 볼 때, 그것은 근본적으로 무의식의 감정이다. 죄의식이란 것은 의식의 영역에서는 어떠한 표상도 없는 것이나 무의식의 영역에선 느끼는 것이다. 자아는 무의식으로 죄가 있다는 압력을 가볍게 하고자 병에 걸리고, 또 재발한다. 즉 새로운 증후들의 형태인 느껴지는 자

---

148 S. Freud, *The Ego and the Id,* standard Edition, vol. 19, 1961, pp.34-35: "The super-ego retains the character of the father, while the more powerful the Oedipus complex was and the more rapidly it succumbed to repression, (···) the stricter will be the domination of the super-ego over the ego later on — in the form of conscience or perhaps of an unconscions sense of guilt."

149 *Ibid*., p.52: "One may go further and venture the hypothesis that a great part of the sense of guilt must normally remain unconscious, because the origin of conscience is intimately connected with the Oedipus complex, which belongs to the unconscious."

기 징계의 고통은 느껴지지 않는 고통, 즉 죄의식을 가볍게 해 준다는 것이다. 초자아는 자아에게 자신을 파괴하게 하여 자아를 벌하는 것이다. 그런데 자아를 죄인으로 만든 알려지지 않은 잘못은 무엇인가? 죄의식은 거세 불안과 관련하여 생각할 수 있다. 즉 오이디푸스 시기에 아이의 외적 권위의 금지 앞에서의 두려움 이후에 내적 권위의 금지인 초자아 앞에서 죄의식으로 변형되어 나타나게 된다. 그러니까 초자아가 없다면 자아는 죄인에서 면제될 수 있을 것이다.

소포클레스의 연극 『오이디푸스 왕』의 신화를 프로이트가 해석할 때, "너는 네 아버지를 죽이고 네 어머니와 결혼할 것이다"라는 신탁은 오이디푸스의 무의식적 욕망을 나타내며, 오이디푸스는 부모라고 의식한 폴리비오스와 메로페가 있는 코린토스로 돌아가지 않음으로써 자신에게 예언된 아버지 살해와 어머니와의 근친상간의 운명 쪽으로 나아가게 됨은 또한 의식이 아닌 무의식의 작용과 관련된 것이며, 오이디푸스가 알 수 없는 신의 의지를 완수하게 됨으로써, 소위 "신의 의지라 일컬어지는 것은 바로 프로이트가 발견한 그 무의식이라는 것이다."[150] 프로이트는 시인이 왜 그런 끔찍한 주제를 다루었으며 또 왜 그것을 주제로 한 연극이 그처럼 엄청난 효과를 발휘하는지 그리고 그와 같은 운명의 비극들이 지니는 일반적 성격이 무엇인지를 이해하

---

150 Max Milner, *op. cit.*, p.41 : "Bien au contraire, cette volonté des dieux, qui est certainement l'un des éléments du sens de la tragédie — cette opposition de la conscience individuelle de l'homme, qui émerge alors dans l'histoire de la mentalité grecque, avec la volonté primitive des dieux — ne contredit absolument pas l'interprétation de Freud. La volonté des dieux, c'est l'inconscient tel que Freud l'a découvert."

게 되었던 것이다. 프로이트는 "이 비극의 신화는 다른 모든 위대한 예술 작품에서와 마찬가지로 우리의 공식적 의식에 호소하는 것이 아니라 우리의 심리 전체, 무엇보다도 먼저 무의식의 심층에 호소하는 것"[151]이라 하면서, 왜 그렇게 다양한 많은 민족들 사이에 근친상간에 관한 것, 아들이 아버지를 살해하는 것, 역으로 아버지가 아들을 살해하는 것 등에 관한 신화나 이와 관련된 비슷한 전설이 그토록 광범위하게 펴져 있는가를 충분히 설명해 줄 수 있는 것은 바로 오이디푸스 콤플렉스이며,[152] 소포클레스의 『오이디푸스 왕』이 그 모든 사람에게 그렇게 강렬한 인상을 주는 것도 마찬가지로 오이디푸스 콤플렉스로밖에 설명될 수 없다고 보았다.[153]

요컨대 프로이트의 오이디푸스 콤플렉스는 주로 아버지와 관련하여 남아가 지향하는 성욕이 어떤 방식이며 또 근친상간의 욕망이 어떻게 포기되는지를 밝히기 위해 그리스 신화에 입각해서 연구해 낸 것이라 할 수 있다.

---

151 M. Bakhtine, *op. cit.*, p.127 : "d'où il[Freud] conclut que cette tragédie, comme toute grande création artistique, s'adresse non pas à notre conscience officielle, mais à l'ensemble de notre psychisme et, en premier lieu, aux profondeurs de notre inconscient."

152 그리스 신화에서 크로노스가 자기 자식들을 잡아먹는 이야기, 제우스가 크로노스를 축출하고 살해하는 이야기, 제우스가 어머니 몸 속에 잠시 숨어 있다가 구출되는 이야기(어머니 자궁으로의 회귀) 등도 오이디푸스 콤플렉스에 그 기원을 둔 것이라고 프로이트는 해석했다.

153 사실 프로이트는 엄격한 가부장적 유대인 가정에서 태어났고 어머니보다 21살 위인 아버지는 프로이트에게 엄격하게 대했으며 어머니는 부드럽고 사랑이 가득한 존재였다. 그래서 그에게 있어서 아버지는 극복해야 할 권위였고, 젊은 어머니는 지켜야 할 대상이었다.

4) 융의 신화 해석

융은 목사의 아들로서 일찍부터 심령의 문제에 몰두했으며, 종교적 재현물, 신화, 신비주의, 연금술에 관심을 갖고 있었다. 그래서 융은 신, 신화가 현대의 우리들에게는 무의식이란 심연 속에 그 존재를 이어갈 뿐이므로 이 무의식에서 신화 해석의 필요성을 제시한다. 그는 1902년에 신비주의에 관한 그의 한 책에서 처음으로 프로이트를 인용하기 시작했다. 융은 이제 정신분석을 문학 비평에 응용하는 데에 직접적으로 기여한 사람이 되었고 오토 랑크처럼 민족학의 분야에서 융이 프로이트의 인정을 받으면서 1909년부터 신화 연구에 힘을 쏟게 된다. 그러나 이러한 사실들은 융과 프로이트의 의견 차이를 벌려놓게 하고 무의식 이론과 콤플렉스 이론을 중심으로 한 두 사람의 신화 해석에서 큰 차이를 보이는 결과를 가져왔다.

(1) 문예론, 꿈

융은 신화의 해석을 무의식 이론 안에서의 해석, 특히 상징의 해석으로 봄으로써 문예와 꿈을 프로이트와 마찬가지로 신화 해석의 방편으로 삼았다고 할 수 있다. 융의 심리학에서는 원형과 상징이 대단히 중요한 두 개념인데, 이 두 가지는 무의식 속의 태고 유형이 상징을 통해서 외적으로 표현된다는 관계를 가지고 있다. 그래서 "집단 무의식에 관해 다소라도 알기 위해서는 상징, 꿈, 공상, 환상, 신화, 예술을 분석하고 해석하는 것 이외에는 다른 방법이 없다"[154]라고 하는 말을 믿는다면 신화 해석은 상징을 통한 문예나 꿈의 해석 방법에 의지하지 않을 수 없게 된다.

* * *

융은 문학을 두 종류로 구분하였는데 그 하나는 인간의 경험 세계와 관련된 심리학적 문학이며 다른 하나는 경험의 영역을 넘은 무의식의 심층에 관련된 환상적인 문학이다. 융이 말하는 환상적인 문학에는 무의식과 작가 사이에 밀접한 관계가 지어져 있고 그 관계에는 '어떤 참된 상징, 즉 미지의 본질에 대한 표현 소위 원형이라는 것'이 묘사되어 있다는 것이다. 융에 따르면 개별 인간은 일종의 원초적 상像으로 간주되는 이 원형이란 것을 통해 인류 전체를 둘러싸고 있는 자연, 초월성, 아이를 양육하는 부모 등에 대한 인간의 '원경험原經驗'에 관여하고 있다. 무의식의 언어에서는 이 원형들의 이미지를 통해 인간은 인류의 '집단 무의식'에 참여한다. 즉 원형은 언제나 개인적 체질과 경험에 의해 보편화된 집단적 경험과 집단적 과정으로 환원되기를 바란다. 더 진보된 인간에게도 마찬가지여서 원형을 거쳐서 이전의 인류의 제 현상들과 관련된 형상 및 상징들을 경험한다. 융은 그러한 경험의 원초적 단계의 잔재가 바로 신화라고 생각하였다. 말하자면 그러한 경험의 형상을 통해서 제 세대에 계승된 심리적 선제 조건들이라 할 수 있는 '집단 무의식'이 환상적인 문학의 형상들 속에 내재되

154 설영환 편역(C.S. Hal외 2인), 같은 책, 1986, p.172.

어 있다는 것이다. 따라서 신화라는 집단 창작물 속에는 집단 무의식이 각인되어 있다고 볼 수 있는 것이다. 원형을 집단 무의식으로 환원시키는 일은 무엇보다도 신화의 해석을 위해 중요한 의미를 지니게 되었다. 그 이유는 융과 이 학파의 대변자들이 신화의 형상들 속에서는 심리의 진행 과정이 '상징적, 비유적 형식'으로 묘사되었다고 보기 때문이다. 즉 원형들은 집단 무의식의 현상으로서는 신화나 동화 속에서 상징의 형태로 나타나고, 개인에게서는 꿈으로 나타난다는 것이다.

* * *

사실 심리학이 그 초기 단계에 있을 때에 벌써 꿈들이 어떤 중요한 의미를 가지고 있다고 깨닫기 시작했다. 융은 프로이트가 무의식을 통해서 꿈을 해석한 점에 공감을 표했다. 즉 융에게서 꿈은 무의식적인 마음의 가장 명확한 표현인 셈이다. 그러나 그 꿈이 프로이트에게서처럼 억압된 욕망의 상징물일 수도 있으나, 꿈이 반드시 콤플렉스에 의한 결과는 아니라는 점을 강조하면서 대개 꿈은 꿈 그 자체를 말한다고 하였다. 융이 생각하기로 꿈은 그 대부분이 그 사람의 그날 심사心事와 관련이 있으며 때로는 가끔 무의식 속의 깊은 꿈, 말하자면 신이나 조상으로부터 오는 어떤 전언이나 예언에 관한 것일 수도 있는 것이다. 그러한 꿈들은 역시 상징으로 표현되는데, 이 상징의 해석이 꿈의 해석이 된다. 융은 상징의 개념도 프로이트와 다르다. 프로이트가 꿈에서의 상징이란 좌절된 본능의 성적 욕구의 만족을 위한 소망 내지 그 위장이라 여긴데 비해 융은 상징이란 인간의 원시적 본능이 변형된 것이며 본능적 리비도의 정신적 문화적 변용이라 생각하였다. 즉 꿈속의 용어는 논리 이전의 언어의 상징, 즉 정신적 이미지의 상징이라고 융은 생각한 것이다. 융에게서 상징은 프로이트의 경우와 같이 자명한 것이 아니고, 합리적으로 설명될 수 없는 그 무엇을 의미하는 것이며, 집단 무의식 속의 다양한 원형의 표현인 셈이어서 결국 과거 지향적이거나 미래 지향적인 본능에 의한 개인 또는 집단의 인간 정신의 표현이 된다. 그래서 융은 꿈을 해독해야 할 전언이라 생각하였다.

따라서 이와 같은 개념의 상징을 통해 표현된 것이 꿈인 만큼 신화의 해석도 마찬가지 방식의 상징으로 이해해야 할 것이다.[155]

(2) (오이디푸스) 콤플렉스론

융은 인간 정신에서 무의식의 역할을 중요시함으로써 프로이트의 연장선상에 위치해 있다. 융은 무의식의 세계를 이해하려면 임상 정신 의학의 방법만으로는 부족하고, 일반적 인간 심성에 대한 이해가 필요하며,[156] 특히 종교적 현상과 신화를 알아야 한다고 생각하고 이에 대한 연구에 몰입했다. 프로이트는 인간의 무의식이 경험에 의한 것이라 생각한 반면에 융은 인간의 무의식은 그 일부분은 개인의 경험과 무관한 것도 있다고 생각하였다.

융은 그 자신의 경험에 입각하여 프로이트에게 정신분석학설의 중

155 핸드슨Joseph L. Henderson은 융의 관점과 마찬가지 방식으로 고대의 몇몇 중요한 신화들, 이를테면 영웅 신화 같은 것이 우리가 꿈에서 만나는 상징적 자료와 어떻게 유사한가를 보여주었다.

156 이러한 융의 사상은 정신 의학이 한 이론에 그치지 않고 종교학, 신화, 신학, 인류학, 문학, 예술, 심지어 이론 물리학이나 수학과 같은 순수 자연과학의 영역에까지 걸치는 방대한 분야에 영향을 끼쳤다.

심이 되는 '리비도'설을 수정할 것을 제안했고, 또 자신의 『리비도의 변환과 상징』[157]이라는 저서에서 정신 분열증 환자의 망상 내용이나 환상에 나타나는 심리적 상징은 성적 충동을 넘어서는 것이라는 사실을 종교와 신화의 문헌을 통해 증명하고자 했다. 이러한 점들은 모두 융이 프로이트와 멀어지게 하는 융의 무의식에 관한 견해들이다.

사실 융의 일생은 무의식과의 대결, 무의식의 해명, 그리고 무의식의 자기표현을 위한 삶이라 할 수 있는데, 무의식의 체험은 내적 체험이기 때문에 그것은 필연적으로 종교적 체험과 서로 겹친다. 그런데 융에 있어서 종교라는 것은 어느 교단에 속한다든가 어느 유일신을 믿는다는 개념이 아니고 단지 내적 체험에 관계한다는 것을 의미했다. 즉 인간은 내적 체험을 명확하게 하여 확인하고 또 재현하려고 하면서 상징으로써 표현한다. 그 상징은 이런저런 신으로 표현되기도 하고 또는 세계상의 모습으로 표현되기도 한다. 말하자면 그 상징은 신화로서 표현되는 것이다. 그래서 융에게서는 종교라는 것이 신화와 거의 같은 개념이 되었다고 할 수 있다.[158]

융은 무의식 개념 중 리비도란 말을 쓸 때는 성적인 의미보다 인간

157 *Métamorphoses et symboles de la libido*(1911-1912) : 이 제목이 나중 1996년엔 '*Métamorphoses de l'âme et ses symboles. Analyse des prodromes d'une schizophrénie*' 제목으로 출판되었다.

158 정영목 역, 같은 책, pp.112-113 : 융은 종교와 신화가 현대의 우리에게 무의식과 어떻게 관련되어 있는가를 다음과 같이 표현하였다 : "이제 우리를 도와달라고 불러낼 신도 없다. 세계의 큰 종교들은 빈혈증이 심해져 고통을 겪고 있다. 도움을 주는 신령들이 숲, 강, 산, 동물로부터 달아나버리고, 신-사람은 무의식이란 지하 속으로 사라져버렸기 때문이다."

의 보편적 정신 에너지를 더 의미한다. 이 점은 융의 심리학에 대단히 큰 변화를 가져오게 하고 이것이 신화 해석에서도 프로이트와 크게 달라지게 되는 요인이 된다. 융은 프로이트처럼 리비도를 성적인 에너지에 국한하지 않고, 굶주림, 목마름, 성적 욕망 및 정서 등을 포함하는 자연 상태에서의 리비도와 노력하고 소망하는 등의 의식에서의 리비도로 구분하면서 프로이트의 개념을 크게 확장시켰다. 즉 인류를 하나의 개인으로 가정한다면, 우리는 인류가 무의식적인 힘에 휘둘리는 사람과 같다고 생각함으로써 무의식은 이제 개인 무의식inconscient personnel과 집단 무의식inconscient collectif으로 나누어지게 된다. 그런데 우리가 집단적 무의식 근저로 파고들면 들수록 많은 원형적 유형들의 망이 존재함을 알게 된다.

융에 의하면 원형은 스스로의 주도권을 가지고 종종 우리의 의식적 의도를 바꾸어 버리기도 하는데, 이러한 원형의 성향은 콤플렉스의 특징이기도 하다. 브로이어Joseph Breuer[159]와 융이 도입한 용어인[160] 콤플렉스란 융에게는 주체의 의식과는 무관하게 주체의 인격을 조직하고 그의 정서와 행동을 결정하는 무의식적인 기억 요소들의 집합체를 의미하는 것이었다. 융은 사람의 인생이란 자기가 가지고 있는 콤플렉스를 극복해 나가는 과정이라고 생각하였다. 그런데 그 콤플렉스는 개인적 콤플렉스와 사회적 콤플렉스로 나누어 질 수 있는데 전자는

---

159 Joseph Breuer(1840-1925) : 오스트리아의 의사, 생리학자였던 그는 특히 히스테리에 깊은 관심을 가졌다.

160 이 콤플렉스란 용어를 프로이트는 거세 콤플렉스, 오이디푸스 콤플렉스, 아버지 콤플렉스 등 몇 가지 제한된 예를 제외하고는 거의 사용하지 않았다.

개인적인 편견을 만들어 그 개별적인 역사를 가지고 있는 것이지만, 후자는 원형적 성격을 가지고서 기아, 전쟁, 병, 늙음, 죽음 같은 인류 전체의 고통과 불안에 대한 정신적 심리적 치유를 가능하게 해 주는 것이며, 그러한 치유는 신화나 종교와 같은 방도로 가능했다고 융은 생각한다.[161]

융은 신화란 누군가 의식적으로 발명한 것이 아니라 그냥 생겨나고 이미 존재하고 있는 상징에 대한 원시 이야기꾼들이 한 이야기 내지 그들의 꿈들에 관한 상징이라고 보았다. 따라서 그러한 상징들로 이루어진 신화는 해석되어야 할 대상인 것이다.

그런데 여기서 융의 경우 개인적 콤플렉스도 신화 해석에 관련됨을 엿볼 수 있다. 즉 융은 부모의 불화로 어린 시절 오랫동안 어머니가 부재했기 때문에 어머니라는 존재를 불신하게 되었다.[162] 어린 시절의 불운한 생활 환경은 융으로 하여금 어린이의 모티브가 중요한 원형이 되게 하였다. 즉 한 사람의 현재의 상태는 어릴 때의 상태와의 갈등 관계에서 빚어지는 것일 수 있고 또 그가 자신의 야망에 더 잘 맞는 어떤 페르소나를 위해 자신을 과거의 원래 성격에서 강제로 이탈시킬 수 있는 존재로 봄으로써[163] 현재의 성인은 어린이 시절에서 결코

161 Cf: 정영목 역, 같은 책, p.87.

162 설영환 편역, 같은 책, p.13.

163 C. G. Jung, C. Kerenyi, *Essays on a Science of Mythology*, Princeton University Press, 1969, p.81 : "a man's present state may have come into conflict with his childhood state, or he may have violently sundered himself from his original character in the interests of some arbitrary persona more in keeping with his ambitions."

무관할 수 없다고 파악하였다. 실제의 관점에서 보면 어린 융에게 어머니는 사랑을 베푸는 온화한 어머니가 아니라 위험이 숨어 있는 제2의 어머니였다. 그래서 융은 프로이트처럼 근친상간이나 남성의 거세불안을 동일한 주제로 삼으면서도 그 배경으로 본 것은 부성적 위협이 아니라 모성적인 것이었다.

그리하여 융은 여러 가지 신화에서 어머니의 제2의 인격을 찾아내었다. 이를테면 풍요의 여신인 데메테르Déméter와 그녀의 딸 페르세포네Perséphone를 약탈한 하데스Hadès의 신화를 들 수 있다. 페르세포네를 명계의 왕 하데스가 납치하자 그녀의 어머니 데메테르는 자기 딸이 지상에 돌아올 때까지 세계가 가뭄이 들게 하겠다고 위협하니 제우스가 하데스에게 페르세포네의 지상 귀환을 명하나, 이미 명계의 석류를 먹은 페르세포네는 지상에 영주할 수 없게 되어버려 제우스가 조정하여 페르세포네는 1년 중 3개월(또는 삼분의 일 또는 6개월)을 명계에서 지내고 나머지는 지상에 살게 하였다는 신화에서 융은 태모라는 원형을 찾을 수 있다고 해석하였다. 태모상은 모든 것을 낳는 어머니라는 상징으로 세계 도처에서도 볼 수 있다. 태모상 위에는 모든 어머니의 원형상이 존재하고 융은 자신의 어머니에게서 이 태모상을 보았던 것이다. 어머니의 원형은 지성을 초월한 모성적 지혜, 감미롭고 유순함, 생명력 등 밝은 영역만이 있는 것이 아니라, 죽음에 관여하며 본능적이고 충동적인 면 등의 어두운 영역도 있다는 것이다. 융은 사람들에게 영향력을 미치는 어머니라는 일반적인 이미지는 친어머니에 의한 것이라기보다 오히려 친어머니에 투영된 태모의 원형 때문이라고 해석하였다.

또한 근친상간의 문제에 관해서, 프로이트가 근친상간을 무의식적 본능의 소치로 다루고 있는데 비해 융에게서 근친상간은 개인적인 문젯거리의 원인을 의미하는 빈번하지 않는 경우의 것에 불과했다. 그러나 대개 근친상간은 종교적 측면을 강하게 가지고 있어서 많은 신화 속에서 중요한 역할을 점해 왔던 것이 사실이다. 오이디푸스 왕 신화의 경우에 근친상간은 어머니 콤플렉스와 밀접한 관련을 맺고 있다. 오이디푸스 왕 신화에서 가장 대표적인 집단 무의식의 한 원형은 스핑크스이다. 우리는 스핑크스를 어머니 콤플렉스로 생각해 볼 수 있는데 어머니 콤플렉스는 남자에게 있어서 해결해야 할 중대한 문제이다. 오이디푸스 신화에 나오는 스핑크스는 원시성이나 태고성太古性을 상징하는데, 이것은 인간의 무의식의 보편적인 이미지일 수 있다. 융에게서는 오이디푸스의 원형상이란 개인적인 부모 콤플렉스를 극복하는 이미지이며, 보편적인 인간상에 반응하는 인간의 이미지처럼 여겨졌다. 스핑크스와 마찬가지로 융은 켄타우로스Centaure도 집단 무의식이 존재한다는 명백한 표현이라고 보았다.

결국 융의 분석 심리학적 관찰 방식에서 출발하는 신화의 연구는 상징적인 언어에서 출발해서 다의적인 해석에 이르게 되며, 이러한 해석들은 결코 완결적인 결과가 아니라는 점에서 융에게서 신화 해석의 과업은 앞으로 더욱 진척되기를 기대하는 어떤 대상인 것 같다.

5) 맺음말

지금까지 우리는 프로이트와 융의 심리학에서 무의식, 문예, 꿈, 콤플렉스 등과 관련하여 그들이 신화를 어떻게 이해하고 해석하는가에 대해 고찰해 보았다.

프로이트의 경우는 자신이 리비도라 명명한 무의식적 성적 본능에 가장 중요한 본질성을 부여하였다. 이 성적 본능이란 인간이 사회적인 맥락에서 탈락되게 하여 자신의 이데올로기적 형성에서 벗어나서 원시적이고 본능적인 상태로 이르게 하는 영역이다. 프로이트는 모든 가족과 가족 관계를 성적으로 다룸으로써 오이디푸스 콤플렉스는 기존의 가족과 가족 관계의 개념을 무너뜨리고 아버지는 아들의 연적이고 어머니는 단지 아버지의 연인일 뿐인 관계로 파악하는 것이다. 요컨대 성적 본능이 모든 현실성의 본질적 기준이 된 것이다. 이러한 성적인 본능을 파악하게 해 준 것이 오이디푸스 콤플렉스인데, 프로이트는 사실 이 오이디푸스 콤플렉스론을 지키기 위해 생의 모든 노력을 다 바쳤다고 할 수 있다. 그러한 노력이 바로 프로이트의 신화 해석의 방식이 된 것이다. 그러나 프로이트의 정신분석적 신화 해석은 자신의 방식이 객관적인 경험에 의지하는 과학적 방식임을 자처함에도 불구하고 인간의 사회성과 전인적 정신성을 무시함으로써 편협한 주관성의 영역에서 벗어나지 못했다는 한계를 지니고 있다. 결국 프로이트로서는 이데올로기에서 벗어나기 위한 영역인 성적 본능 그 자체가 비사회적이고 반사회적인 힘을 축적하는 곳이 되면서 오히려 하나의 이데올로기가 되어 버렸다는 비난을 면하기 어렵게 되어 버렸다.

그러나 융은 프로이트가 성적 본능에 너무 치중함으로써 야기시켰던 비객관성과 성적 이데올로기화에서 벗어나 그 해결책을 모색하였다. 물론 융의 연구의 중심은 프로이트의 경우처럼 무의식 영역이지만, 융의 무의식 영역은 인간의 정신성을 강조하게 된다. 그래서 융에게는 한 개인의 심성은 자연 상태의 원초적 욕구뿐만 아니라 인류의 역사와 자아실현을 향한 노력에 근거하고 있으며, 또한 서로 반대되는 내성성과 외향성이 조화되는 개별성individuation에 근거하고 있다고 여겨졌다. 그래서 무의식에서 집단 무의식의 존재를 발견해 내고 거기에서 어머니 원형이나 어린이 원형 등 다양한 원형들의 역할을 들추어냄으로써 신화에 대한 새로운 해석을 가능하게 하였다. 그러나 융의 심리학은 인간의 정신성을 강조한 나머지 신화를 이미 존재하고 있는 상징의 이야기에서 나아가 상상력의 환상으로까지 해석하려 함으로써 융은 신비주의의 날개를 달고 원형들이 전시되어 있는 회랑을 날아다녔다는 비난을 받기도 한다.

요컨대 프로이트의 정신분석학적 신화 해석은 생물학적 본능의 힘을 너무 강조한 데 비해 융의 경우는 인간의 정신성을 지극히 강조하였다고 할 수 있다.

III.

신화 해석의 실제

1. 오이디푸스 왕의 신화

오이디푸스 신화는 이 세상에서 가장 끔찍한 이야기라서 한번 들으면 뇌리에서 떠나지 않는다. 이 이야기의 실제적 진실은 어느 범위까지일까 궁금하기 짝이 없다. 오이디푸스Œdipe는 고대 그리스의 테바이Thèbes 왕가 출신이다. 우선 그의 선조들에게로 거슬러 올라가 보자. 그의 선조 중 아게노르Agénor는, 해신 포세이돈Poséidon의 아들이었는데, 이집트에서 태어나 소아시아의 페니키아로 가서 티르Tyr의 왕이 되었다. 텔레파사Téléphassa와 결혼해 아들인 카드모스Cadmos, 페닉스Phénix, 실릭스Cilix 등을 낳고 딸인 에우로페Europe[1]를 낳았다. 이 에우로페에 제우스Zeus가 반해 흰소로 둔갑해 에우로페를 크레타 섬으로 데려가 버린다. 아게노르는 에우로페를 찾으러 아들들을 보내며 에우로페를 찾기 전에는 돌아오지 말라고 하니 아내 텔레파사도 카드모스와 함께 떠났다. 카드모스를 제외한 아들들은 에우로페를 찾지 못해 여러 다른 지역에 정착했고, 카드모스는 그리스 방방곡곡에 끊임없이 여동생을 찾기 위해 돌아다닌다. 카드모스는 어머니와 트라

1 호우머의 『일리아드』*Iliade*에는 에우로페가 페닉스Phénix의 딸이라고 이야기된다. 아게노르의 가계의 인물들의 가족 관계는 신화 문헌마다 상당히 다양하게 이야기 된다는 것을 먼저 상기해야 한다. 즉 헤시오도스, 아폴로니오스, 아폴로도루스, 포사니아스, 그리고 고대 비극 작가들 등은 일치되지 않게 아게노르 가문의 부모 형제 자손 관계의 정보를 전해 준다.

키아에서 그곳 주민들로부터 환대받다가 어머니 텔레파사가 죽자 델포이 신탁을 물으러 간다. 그 신탁에서 에우로페 찾는 일을 그만두고 도시를 건설하라는 말을 듣는다. 이제 기나긴 여동생 찾는 일을 포기하고 델포이 신탁oracle de Delphes에 의지해 보이오티아Béotie에 자리잡고 테바이를 창건한다. 카드모스는 아내 하르모니아Harmonie와의 사이에 아들 폴리도로스Polydore[2]를 낳고 폴리도로스의 아들이 랍다코스Labdacos이며 랍다코스의 아들이 라이오스Laïos이다.[3] 오이디푸스 신화는 아버지 라이오스에서부터 시작된다.

오이디푸스 이야기는 이 신화의 출처마다 일치되지 않은 줄거리들로 전해진다. 이를테면 '오이디푸스가 아버지를 죽이고 어머니와 결혼한다'는 신탁은 아이스킬로스와 에우리피데스에게서는 오이디푸스를 어머니가 잉태하기 전부터 있었고, 소포클레스Sophocle가 전하는 신탁은 오이디푸스의 어머니가 그를 잉태했을 때 그 신탁을 받았다는 것이다. 어쨌든 오이디푸스는 신탁이 말한 대로 아버지를 죽인다. 그리고 테바이의 스핑크스의 수수께끼를 풀고 이오카스테Jocaste 즉 오이디푸스의 어머니와 결혼해 테바이의 왕으로서 두 딸과 두 아들을 낳는다. 그러나 테바이가 파멸의 상황에 이르게 된다. 테바이에 역병이 횡행하니 이 상황을 벗어나기 위해 신탁을 물었다. 라이오스 왕을 죽인 자를 찾지 않으면 그 위기가 멎지 않는다는 신탁에 따라 오이디푸스

2 폴리도로스의 누나가 세멜레Sémélé이다. 세멜레는 제우스와의 사이에 디오니소스Dionysos 주신을 낳았다.

3 P. Grimal, *Dictionnaire de la Mythologie grecque et romaine*, Paris, P.U.F., 1969, pp.323-324.

가 그 범인을 찾아낸 것이다. 자신이 범인임을 밝히고는 두 눈을 스스로 찌르고 암흑 세상을 방황함으로써 그 죄값을 치른다는 것이다. 오이디푸스 신화 이야기는 여기서 끝이 아니다. 자식들의 권력 투쟁으로 두 아들이 다 죽게 되고 딸 안티고네Antigone도 죽는 이야기까지 포함된다.

소포클레스의 경우는 이 신화를 세 가지 비극에서 다룬다. 『오이디푸스 왕』*Œdipe roi*에서는 오이디푸스가 부친을 살해하고 모친과 결혼한 자신의 저주받은 운명을 스스로 밝혀내고 직접 자신을 실명케 하여 단죄했다. 『콜로누스의 오이디푸스』*Œdipe à Colone*에서는 속죄해 온 오이디푸스가 두 딸 안티고네Antigone와 이스메네Ismène의 보호를 받고, 영웅 테세우스의 도움을 받으며 다시 영웅적 위상을 되찾으며 이 세상을 하직했다. 그리고 『안티고네』*Antigone*에서는 테바이에서 두 오빠들, 즉 에테오클레스Étéocle와 폴리네이케스Polynice가 권력 쟁탈 중에 크레온의 조종으로 모두 죽지만, 크레온이 폴리네이케스 시신은 장례도 못치르게 하며 시신을 내버려 두도록 명하나 안티고네가 크레온의 명령을 어기고 오빠의 장례를 치르니 그 죄로 죽음을 당하자 크레온의 아들 하이몬Hémon이 사랑하는 안티고네를 따라 자결해 버린다.

이 오이디푸스 신화에 대한 예술적 작품은 여러 장르로 시대와 나라를 막론하고 지속적으로 재현되거나 재창조되어 왔다. 문학에서는 중세 12세기에 익명 작가의 운문시로 된 『테바이 이야기』*Le Roman de Thèbes*에서부터 근대 시인 조제 마리 José-Maria de Heredia의 소네트 「스핑크스」*sphinx*, 그리고 연극에서는 『오이디푸스』*Œdipe*라는 제목으로 17세기의 코르네이유P. Corneille와 존 드라이덴John Dryden, 18세기의 볼

테르Voltaire, 20세기의 지드A. Gide 등의 작품이 공연되었다. 소설에서도 20세기의 앙리 보쇼Henry Bauchau의 『노상의 오이디푸스』*Œdipe sur la route*, 21세기에 하르프만Jacqueline Harpman의 『나의 오이디푸스들』*Mes Œdipes* 등이 쓰였다.

그리고 미술, 조각, 음악, 영화 등에서도 이 신화를 다룬 작품들을 내놓았다. 미술에서 앵그르Ingres의 『오이디푸스 스핑크스 수수께끼 풀다』*Œdipe explique l'énigme du sphinx*와 모로Gustave Moreau의 『스핑크스 수수께끼의 에피소드』*L'épisode de l'énigme du Sphinx*가 대표적이다. 또한 조각에서는 19세기의 휘그Jean-Baptiste Hugues가 『콜로누스의 오이디푸스』*Œdipe à Colone*란 이름의 작품을 내보였다. 오페라에서 20세기에 스트라빈스키Igor Stravinsky의 『오이디푸스 왕』*Œdipus rex*과 에네스코Georges Enesco의 『오이디푸스』*Œdipe*가 공연되었다. 이 외에도 20세기에는 영화로서 『오이디푸스 왕』*Œdipe roi*이란 제목으로 파솔리니Pier Paolo Pasolini와 필립 사빌Philip Saville이 각각 제작 상영하였다.

그리고 가장 주목할 내용은 20세기의 프로이트가 정신분석학 영역에서 이 오이디푸스를 현대적 무의식의 개념을 통해 우리 인간의 원초적 본능과 연결시킴으로써 오이디푸스 신화를 오이디푸스 콤플렉스 이론으로 부각시키면서 우리 인간의 보편적 관심사가 되게 하였다.

2. 소포클레스 비극 『오이디푸스 왕』의 의미

1) 시작말

신화는 세계와 인간의 시초와 본성 그리고 그 삶과 종말 등을 보여 주는 이야기라고 정의할 수 있다. 이러한 신화에는 우주와 신들의 창조와 탄생에 관한 기원 신화, 신족의 혈통을 전해 받은 신인, 즉 인간 영웅의 신화, 그리고 인간들의 이야기 등으로 구분될 수 있다. 요약하면 우주, 신, 신인, 인간에 관한 전승 내지 이야기인데, 이는 크게 신과 인간과의 관계를 다루는 신화와 인간과 인간의 관계를 주로 이야기하는 신화로 나눌 수 있다. 신화는 시대가 흐름에 따라 비극작가들에 의해 비극 속에서 신의 위상과 인간의 위상이 변화되어 가는 과정을 거치는데 그 과정은 대체로 신 중심에서 인간 중심으로 옮겨가는 모습을 보여 준다. 소포클레스의 『오이디푸스 왕』은 아마 이 신 중심의 신화에서 인간 중심의 신화로 넘어가는 중도 과정에 있는 신화 문학이라 할 수 있다. 사실 수많은 신화들 중 우리에게 전해져 지속되는 신화는 우리 인간에게 가장 전형적이고 대표적인 그리고 뭇 사람들의 공감을 많이 얻어온 것들이다. 그러한 신화들 중의 대표적 자리를 차지해 온 것이 오이디푸스 신화라고 할 수 있다.

소포클레스의 『오이디푸스 왕』은 가족 관계의 근원적 문제 이를테면 근친상간 등의 문제를 주로 다루고 있는 대표적 그리스 문학이다. 소포클레스가 『오이디푸스 왕』이라는 비극으로 표현한 이 신화가 당대 그리스 시민들에게 어떠한 의미로 어떤 영향을 끼쳤을지 알아보고자 하는 것이 우리의 목표이다.

그리스인들은 신화로 시작해서 신화로 전성기를 구가하고 신화의 쇠퇴와 더불어 그들의 문화가 쇠락하게 되었다고 말할 수 있다. 그리스인들은 그들의 신화 속에 그들의 정신적 세계를 담음으로써 그들의 신화적 세계는 현실의 삶까지도 지배하였던 것이다. 말하자면 그들의 신화는 그들의 역사와 삶을 거의 온전히 담고 있는 것이었다. 기원전 2200여 년 전부터 시작된 크레타Crète 문명과 기원전 1500여 년 전부터 펼쳐져 온 미케네Mycènes 문명 등과 관련된 수많은 신화들이 전해오다가 드디어 기원전 8세기에 호메로스Homère에 의해 문자로 정착되기 시작하여 서사시가 신화의 전파 수단이 되었다. 그러나 신화가 만능은 아니었다. 신화는 기원전 7세기부터 좀 더 합리적이고도 현실적 성찰을 무기로 한 자연철학자들에 의해 조금씩 도전을 받기 시작했다. 그러나 대부분의 그리스인들에게는 여전히 기존의 신들이 그들에게 꿈과 희망과 에너지를 제공한다고 믿었다. 그 덕분에 기원전 5세기 초반에 페르시아Perse 대군과 싸워 승리하고 지중해의 수많은 군소 지역을 아우르는 최고의 국가가 되었던 것이다. 그런 결과로 그 세기 중반에 페리클레스Périclès의 민주주의가 꽃피는 등 가장 빛나는 그리스로 발전할 수 있었던 것이다. 그러나 그 화려한 시대도 잠시이고 곧 그리스인들은 그들만의 오만과 편견에 휩싸이고 소피스트 철학자들이 신을 무시하고 인간의 지혜를 과대

신봉하는 등 사회가 불안정하게 되자, 힘을 축적했던 스파르타Sparte에 의해 아테네Athènes는 펠로폰네소스Péloponnèse 전쟁[4] 속으로 빠져들어가게 된다. 그런 어려운 전쟁의 와중에 소포클레스의 비극 『오이디푸스 왕』이 공연되었는데, 그럼에도 불구하고 인기를 누리게 된 것은 그만한 의의가 있었기 때문일 것이다. 즉 국가에서 왕의 사명과 책임은 무엇인가, 가족과 관련하여 근원적 인간 조건은 무엇인가, 인간은 신과 어떤 관계에 있는가, 전통적 신화관이 옳은가, 새로운 철학적 사고에 의한 세계관이 옳은가 등 많은 점에서 그 비극의 의의가 당대 사람들에게 인식되었을 것이다.

이제 소포클레스의 『오이디푸스 왕』 신화 이야기가 함유하고 있는 의의에 대해 세 가지 관점으로 나누어 알아보자. 왕으로서의 책임이나 의무와 관련된 국가적 관점과 부친 살해와 근친상간으로 인한 가족 구성원의 관계 파멸에 관련된 가족적 관점, 그리고 그리스 시민 사회에서 시민들의 신화 인식에 대한 사회적 관점으로 나누어 살펴보자.

2) 국가적 관점

(1) 국왕의 책임

고대 신화에서 종종 국력의 쇠약이나 국민적 위기 상황이 초래될 때 그것을 왕의 책임으로 돌리곤 했다. 그렇게 왕이 책임져야 하

---

4 펠로폰네소스Péloponnèse 전쟁: 기원전 431년 발발하여 기원전 404년까지 지속된 전쟁이다. 델로스Délos 동맹의 아테네와 펠로폰네소스 동맹의 스파르타가 싸워 결국 스파르타의 승리로 끝났다.

는 근거는 "국왕이 신체적 결함이나 질병을 가지거나 또는 쇠약해지거나 노쇠해지면, 그것이 인간이나 가축, 농작물에게도 그와 같은 결과를 초래한다"[5]라고 보았기 때문이다. 그래서 고대의 일부 부족에서는 "왕이 쇠약해진 징조가 나타나면 바로 적당한 의식에 의해 살해하고, (…) 왕의 자식은 누구나 현재의 왕과 싸울 권리가 있으며 싸워 이기면 왕위에 오르는 것이 허용되기도"[6] 했던 것이다. 후계자를 그러한 쇠약한 왕이 되기 전의 강한 왕에서부터 더욱 강한 왕으로 계승하고자 하는 그들의 관습은 적의 공격으로부터 지속적으로 살아남기 위한 최선의 방책으로 이해할 수 있을 것이다.

비극 『오이디푸스 왕』은 단순히 소포클레스라는 작가가 신화를 주제로 창작한 작품이 아니다. 이 비극은 펠로폰네소스 전쟁 속에서 상연된 연극[7]이며 따라서 아테네 시민들이 한가한 마음으로 관람할 수

5 Cf. Frazer, *The Golden Bough*, New York : Paperback Edition, 1963, p.313 : 랍다코스Labdacos 왕과 그 아들 라이오스Laïos 왕 그리고 그 아들 오이디푸스Œdipe 왕은 모두 신체적 결함을 가진 왕이었다. 이들 왕의 명칭인 'Labdacos'는 절름발이(le boiteux), 'Laïos'는 왼손잡이(le gaucher), 'Œdipe'는 부은 발(pieds enflés)이라는 의미를 지닌 말들이다. 즉 결함이 있는 자의 통치는 건승하지 못함을 암시해 주는 이름들이다.

6 *Ibid.*, p.311 : 이집트의 실루크Shilluk족의 경우는 근대에 이르기까지 그러한 관습을 유지했었다.

7 이 『오이디푸스 왕』은, 기원전 5세기 초반에 그리스가 페르시아 대군을 물리치고 델로스 동맹으로 정치적 우위를 확보한 후 기원전 5세기 중반 민주정치의 전성기를 구가하다가, 기원전 5세기 종반에 정신적으로 자만과 오만이 넘치고 소피스트들이 활개를 치고 지식으로 장사하는 등의 상황에 펠로폰네소스 전쟁으로 혼란이 극에 달해 국가적 위기에 처해진 때인 기원전 420년대 전반 경에 상연되었다.

있는 연극은 더욱 아니다. 시민들은 이 연극의 장면들이 그들의 현재의 모습에 직접 연관된 심각하고 중대한 의미를 담고 있음을 잘 알고 있다. 그 점은 소포클레스가 전쟁의 와중에도 시민들을 극장에 모아 놓고 비극에서 보여주고자 하는 연극적 목표이기도 한 것이다. 이 목표는 시민들에게 그들의 정신적 지표가 될 수 있는 것이며 달리 말하면 그들의 삶의 나침반 역할을 하는 것이기도 하다.

『오이디푸스 왕』은 올리브 나뭇가지를 든 시민들의 애원과 신음소리의 원인을 시민들에게 직접 묻는 오이디푸스 왕의 말로 시작된다:

> 내 백성들아, 카드모스의 젊은 후손들아, 거기서 그렇게 무릎 꿇고서 올리브 나뭇가지들을 경건히 들고서 탄원하는 것은 도대체 무슨 일이냐? 도시가 온통 냄새나는 증기와 불평이 뒤섞인 규곡叫曲으로 가득하구나. 난 이제 다른 사람으로부터 그대들 외침을 그냥 듣는 게 염려스럽고 믿을 수 없어 내가 직접 그대들에게 나왔어. 내 백성들아. 내가 오이디푸스야.[8]

이에 신관神官은 온 나라 안에서 식물과 동물과 사람에 만연한 죽음의 물결, 이를테면 과일의 씨앗이며, 목장의 소들이며, 아이를 낳는 부인들에게도 죽음이 엄습하고, 더욱이 페스트가 온 장안을 창궐하니, 지옥 같은 상황을 왕이 구제해 주기를 간곡히 기원하고 있다:

---

8 http://www.eBooksLib.com, eBooksLib, *Œdipe roi*(2002), p.2 : Œdipe — Enfants, jeune lignée de notre vieux Cadmos, que faites-vous là ainsi à genoux, pieusement parés de rameaux suppliants? La ville est pleine tout ensemble et de vapeurs d'encens et de péans mêlés de plaintes. Je n'ai pas cru dès lors pouvoir laisser à d'autres le soin d'entendre votre appel, je suis venu à vous moi-même, mes enfants, moi, Œdipe.

> 신관 — 저희들처럼 왕께서 보시듯이, 테바이는 재앙의 너울에 갇혀서 살상의 물결 위로 고개를 들 수 없는 상황입니다. 토양 속의 씨앗이 일구어내는 새싹에도, 들판의 황소 떼에도, 부인들에게도 죽음이 엄습하고 있죠. 이들 모두 더 이상 생명을 잉태하지 못하고 있어요. 불잡이의 여신, 만사에 끔찍한 여신 페스트[9]가 우리를 강타해 우리 도시를 덮쳐 카드모스의 가계를 점점 더 폐허로 비우게 하고 그러는 사이 우리의 탄식과 오열에서 검은 지옥이 더욱 기승을 부립니다. (…) 그러니 이번에도, 여기 모든 백성들의 사랑을 받는 전능한 오이디푸스여, 그대 발아래 무릎 꿇고서 간청하오. 저희들을 위해 도움의 길을 찾아주소서.[10]

국왕은 온 나라를 다스리고 책임을 지고 있는 신분의 사람이기에 국난 상황도 직접적이든 간접적이든 간에 왕이 초래한 것이라고 보거나, 또는 왕은 신인의 자격으로 신성한 권한을 이어받아 행사하므로 신의 도움을 얻든지 왕의 능력에 의하든지 간에 국난의 해결은 국왕이 할 일이라고 제관은 여기고 있다.

이에 오이디푸스 왕은 제관이나 시민이 바라는 것보다 이미 훨씬

9 기원전 430년 실제로 아테네에 전염병이 돌았고 페리클레스도 이듬해 전염병으로 사망했다.

10 eBooksLib, *Œdipe roi*(2002), p.3 : LE PRETRE — (…) Tu le vois comme nous, Thèbes, prise dans la houle, n'est plus en état de tenir la tête au-dessus du flot meurtrier. La mort la frappe dans les germes où se forment les fruits de son sol, la mort la frappe dans ses troupeaux de boeufs, dans ses femmes, qui n'enfantent plus la vie. Une déesse portetorche, déesse affreuse entre toutes, la Peste, s'est abattue sur nous, fouaillant notre ville et vidant peu à peu la maison de Cadmos, cependant que le noir Enfer va s'enrichissant de nos plaintes, de nos sanglots. (…) Eh bien ! cette fois encore, puissant Œdipe aimé de tous ici, à tes pieds, nous t'implorons. Découvre pour nous un secours.

더 국난에 대한 책임을 온 몸으로 심각하게 인식하고 있다고 말할 뿐만 아니라 그 해결을 위해 처남인 크레온을 벌써 아폴론 신탁소에 보내어 그 답을 기다리고 있는 상황이다:

> 오이디푸스 — 내 가련한 백성들이여, 그대들은 내가 모르고 있다고 생각하는 청원을, 하지만 난 너무 잘 알고 있는, 그 청원을 하러 나에게 왔지. 그대들 모두 고통스럽겠지. 난 잘 알지: 하지만 그대들 고통이 무엇이든 간에 나에게 만큼 고통스러운 것은 아니야. 그대들 고통은 그대에겐 그대 하나만의 고통이지. 각자는 다른 어느 누구에 해당하는 것이 아닌 자기만에게 해당하는 고통이지. 나의 마음은 테바이 사람들에게, 그대들에게, 또 나에게 즉 모든 이에 대해 신음하지. (…) 나는 너무나 무겁게 책임감을 느끼면서 유일한 해법을 지체 없이 사용했지. 메노이케우스의 아들인 내 처남 크레온을 피토[11]에 있는 포이보스 집에 보내어 우리 도시를 보전하기 위해 내가 무슨 말을 해야 하고 무엇을 해야 하는지를 물어보게 하였지.[12]

크레온은 아폴론 신탁에 국난의 원인을 물어 오이디푸스에게 그 답을 가져 오게 되나, 그 답은 이 땅에서 생긴 더러운 죄를 씻어 없앰

---

11 피토Pythô: 델포이Delphes의 옛 이름이다. 파르나소스 산에 있는 아폴론 신전에서 사람들이 아폴론의 신탁을 물었다. 포이보스Phoebus는 아폴론의 수식어이자 별명이다.

12 eBooksLib, *Œdipe roi*(2002), pp.4-5: Œdipe — Mes pauvres enfants, Vous venez à moi chargés de voeux que je n'ignore pas-que, je connais trop. Vous souffrez tous, je le sais; mais quelle que soit votre souffrance, il n'est pas un de vous qui souffre autant que moi. Votre douleur, à vous, n'a qu'un objet: pour chacun lui-même et nul autre. Mon coeur à moi gémit sur Thèbes et sur toi et sur moi tout ensemble. (…) Le seul remède que j'aie pu, tout bien pesé, découvrir, j'en ai usé sans retard. J'ai envoyé le fils de Ménécée, Créon, mon beau-frère, à Pythô, chez Phoebus, demander ce que je devais dire ou faire pour sauvegarder notre ville.

으로써 나라의 파멸을 막으라는 것이었으며 한 사람을 추방하거나 피로써 갚아야 하며 라이오스 왕의 시해자를 찾아 벌을 주라는 것이었다. 이에 대해 오이디푸스는 왕으로서 책임과 의무를 다하기 위해 최선의 노력을 하는데, 다음 장에서는 오이디푸스가 국가위기 극복에 어떠한 방식으로 대처하는지 살펴보자.

(2) 국난 대처 방식

아폴론 신탁의 답에 대한 오이디푸스 왕의 처신 태도는 대단히 인간적이면서 다분히 정치적이라 할 수 있다. 여기서 인간적이라는 말은 신적인 말과 대응되는 것으로서 당시 시대적 분위기와 관련된다. 즉 지금까지 의지하고 믿어온 신들이 그리스 시민들의 주인이냐 아니면 자연과학적 사고와 현실적 사고를 무기로 하는 인간들이 진정 자신의 주인인가 하는 문제가 소포클레스가 살던 시대에 중요한 논쟁의 대상이었다. 신들이 주도하는 한 인간들은 인간사와 관련하여 단순히 신에게 복종하고 믿고 의지하면 그것으로 인간의 임무는 완수되는데 반해, 인간이 인간사를 인간 스스로 해결하기 위해선 복잡하고 까다로운 합리적 절차를 거쳐야 한다. 이제 비극 『오이디푸스 왕』에서 오이디푸스의 이러한 면모를 알아보자.

크레온이 가져 온 아폴론 신탁의 말을 자못 기대했던 오이디푸스는, 크레온이 신탁의 말을 왕에게 전하는 방식에 신경을 쓰면서 시민들이 보는 공개 장소에서 신탁의 말을 전해 줄까 아니면 궁내에서 내밀히 알려 줄까를 고민하는 데 비해, 오이디푸스는 가져온 신탁의 말을 단호히 공개적으로 듣고자 한다:

크레온 — 왕께선 사람들 앞에서 제 말을 듣고 싶으세요? 전 말할 준비가 다 되었어요. 아니면 안으로 들어가서 듣는 게 더 좋으신가요?

오이디푸스 — 자 모든 사람 앞에서 말하게. 그들의 애도가 내 개인의 걱정보다 더 나에게 무거운 짐이 되지.[13]

크레온이 정치권력 제2인자로서 정보 전달 방식에 있어서 상당히 정략적인 태도를 보여 주는데 비해, 오이디푸스는 왕으로서 국정 처리 방식은 무엇보다도 민주적이어야 하며 따라서 당연히 투명하고 공개적이어야 함을 '모든 사람 앞에서 말하라'는 대사를 통해 단적으로 잘 보여 주고 있다.

이제 오이디푸스는 아폴론 신탁에 의해 죽은 라이오스 왕의 살해자를 찾아서 벌주는 과업을 부여받았다. 아폴론 신탁은 그 살해자가 이 나라에 있으며 그 살해자를 찾으려 하면 발견할 것이고 찾지 않고 내버려 두면 사라질 것이라 하였다는 크레온의 말에, 오이디푸스는 그를 찾기 위해 어떤 사소한 것이라도 많은 것들을 밝혀 줄 수 있다며 의심이 가는 것은 모두 눈으로 직접 확인하여 밝혀내고자 한다:

오이디푸스 — 아니 그들이 어디 있나? 그렇게 오래된 범죄의 불확실한 흔적을 지금에 와서야 어떻게 다시 찾아?

크레온 — 신이 이 곳에서라고 말했어요. 사람이 찾으면 발견할 것이고, 소홀히 무시하고 찾지 않으면 사라질 것이라고요.

---

13 *Ibid.*, p.6: CRÉON — Désires-tu m'entendre devant eux? je suis prêt à parler. Ou bien préfères tu rentrer?

Œdipe — Va, parle devant tous. Leur deuil à eux me pèse plus que le souci de ma personne.

크레온 — 모두가 죽었고 단 한 사람만이 예외로 도망쳐 두려워했는데 그는 단 한 가지 밖에 말 못했어요.

오이디푸스 — 뭘? 단 한 가지 구체적인 것이 다른 많은 것들을 밝혀 줄 수 있지. 단지 기대할만한 가장 사소한 이유를 우리에게 제공할지라도.[14]

그래서 오이디푸스 왕궁 앞의 제단 계단에 앉아 애원하는 시민들을 모두 물러가게 하고 테바이의 모든 시민들을 불러 오이디푸스 왕 자신이 그 어떤 일도 다하여 결국 이기든 죽든 간에 국난의 원인인 라이오스 왕의 살해자를 색출해 내고야 말겠다는 국왕의 결연한 각오를 알린다:

그러면 백성들이여, 일어나게, 걸음을 지체 말고 탄원하는 나뭇가지들을 들고 가게. 그리고 카드모스의 사람들이 여기에 모이도록 하게. 난 그를 위해 뭐든 할 준비가 되어 있어. 신이 나와 동참하니 사람들은 내가 기필코 이기는 것을 볼 것이다. 아니면 망하는 걸 보든지.[15]

---

14 *Ibid.*, pp.7-8 : Œdipe — Mais où sont-ils? Comment retrouver à cette heure la trace incertaine d'un crime si vieux?

CRÉON — Le dieu les dit en ce pays. Ce qu'on cherche, on le trouve ; c'est ce qu'on néglige qu'on laisse échapper. (…)

CRÉON — Tous sont morts, tous sauf un, qui a fui, effrayé, et qui n'a pu conter de ce qu'il avait vu qu'une chose, une seule….

Œdipe — Laquelle? Un seul détail pourrait en éclairer bien d'autres, si seulement il nous offrait la moindre raison d'espérer.

15 *Ibid.*, p.9 : Œdipe — (…) Levez-vous donc, enfants, sans tarder, de ces marches et emportez ces rameaux suppliants. Un autre cependant assemblera ici le peuple de Cadmos. Pour lui, je suis prêt à tout faire, et, si le dieu m'assiste, on me verra sans

그리고 오이디푸스는 모든 국민들에게 그 어느 누구도 랍다코스의 아들 라이오스 왕을 시해한 자를 알면 즉시 왕에게 고하고, 만약 자수를 하면 극형은 면제받을 수 있으며 오직 추방만 당하게 될 것이라고 공고하게 했다:

> 오이디푸스 — (…) 누구의 팔에 의해 랍다코스의 아들인 라이오스를 쓰러뜨렸는지를 아는 사람은 누구나 다 나에게 모든 것을 밝히도록 명하노라. 만약 자신이 두려우면 자수해 자기를 짓누르는 죄책에서 고이 스스로를 해방시킬 지어다: 그러면 다른 고역 없이 여기서 확실히 떠나기만 하면 될 것이로다.[16]

가당찮게 황폐화한 나라를 구제하기 위해서 그 처벌에는 누구도 예외가 없으며 오이디푸스 자신도 그 살해범을 자신의 집에 들인다면 남과 똑같이 자신에게도 저주가 내리게 하며, 그 살해범은 단독범이든 공범이든 간에 평생토록 욕된 삶을 짊어질 것이라고 엄중히 고한다:

> 오이디푸스 — (…) 난 그 범인에게 고한다. 그놈이 오직 혼자 끝까지 저질렀든, 공모자와 같이 했든 간에 그놈이 비참하게 평생 고통에 시달릴 것이다. 또 내가 우연히 그 범인을 내 집안에 들여놓더라도 내 자신이 방금 다른 사람들에게 외친 저주 그대로 모든 징벌

---

doute triompher - ou périr.

16 *Ibid.*, p.13 : Œdipe — (…) A quiconque parmi vous sait sous le bras de qui est tombé Laïos, le fils de Labdacos, j'ordonne de me révéler tout. S'il craint pour lui-même, qu'il se libère sans éclat de l'inculpation qui pèse sur lui : il n'aura nul ennui et partira d'ici en pleine sûreté.

을 나에게 부과할 것이다.[17]

또한 그 범인 검색에 오이디푸스 왕 자신이 직접 모든 방법을 강구하여 조상 대대로 내려온 랍다코스의 아들인 라이오스 왕의 살해범을 검거하는 데에 총력을 기울일 것을 선언한다:

> 오이디푸스 — (…) 나는 그 일에 모든 방법을 다 쓸 것이다. 내가 그 옛날 아게노르의 아들 카드모스의, 또 그 아들 폴리도로스, 또 그의 왕자인 랍다코스, 또 그 아들인 라이오스의 암살자, 그 살인의 장본인을 잡기 위해 그만큼 열렬히 온갖 방법을 쓸 것이다.[18]

이상과 같이 오이디푸스 왕은 범인 색출을 위해 가능한 모든 조치를 완벽히 해 놓는데, 이러한 조치는 국가의 책임자인 왕으로서 마땅히 해야 하는 처사일 뿐만 아니라 가장 인간적인 방법에 속하는 과정이다. 이제 이러한 최상의 준비 상태에서 크레온의 권고로 범인 색출에 가장 큰 도움이 된다는 테이레시아스와 면담을 하게 되나, 아폴론 신과 가장 가깝다는 테이레시아스는 오이디푸스의 범인 검색을 위한 도움 요청을 거절하려 하므로 오이디푸스가 테이레시아스에게 죄를

---

17 *Ibid.*, p.14 : Œdipe — (…) Je voue le criminel, qu'il ait agi tout seul, sans se trahir, ou avec des complices, à user misérablement, comme un misérable, une vie sans joie ; et, si d'aventure je venais à l'admettre consciemment à mon foyer, je me voue moi-même à tous les châtiments que mes imprécations viennent à l'instant d'appeler sur d'autres.

18 *Ibid* : Œdipe — (…) J'y emploierai tous les moyens, tant je brûle de le saisir, l'auteur de ce meurtre, l'assassin du fils de Labdacos, du prince issu de Polydore, du vieux Cadmos, de l'antique Agénor !

일부러 먼저 덮어씌우는 엄포의 전략을 사용하여 테이레시아스가 알고 있는 것을 답하게 한다:

> 오이디푸스 — 그래 그러마. 내가 빠진 격노에 내가 본 건 무엇이든 다 감추지 않으마. 그러니 알아라 내 눈앞에서 그 범죄를 꾸민 게, 그 범죄를 저지른 게 바로 너란 걸 알아라. 네 팔이 타격하지 않은 걸 제외하면 말이야. 하지만 네가 눈이 보인다면 바로 그 일을 행한 건 오직 너 바로 너 뿐일 게다.
>
> 티레시아스 — 정말이오? 그러면 대왕 자신이 선언한 말에 만족하길 촉구하오. 그 말이 무엇이든 오늘부터 나에게도 이 사람들에게도 더 이상 말하지 않기를 촉구하오. 왜냐하면 이걸 아시오. 바로 그대요. 그대란 말이오, 이 나라를 더럽힌 범인이![19]

즉 이 나라를 더럽힌 자는 바로 당신 오이디푸스 왕이며, 이어서 왕을 살해한 자가 바로 당신 오이디푸스라고 테이레시아스는 분명히 소리친다.

이제 난데없이 왕 자신이 그 끔찍한 범인으로 지목받으니 오이디푸스는 분명 권력의 제2인자인 크레온[20]이 왕권을 탐하여 간계를 꾸며 사

---

19 *Ibid.*, p.20 : Œdipe — Eh bien soit ! Dans la fureur où je suis je ne cèlerai rien de ce que j'entrevois. Sache donc qu'à mes yeux c'est toi qui as tramé le crime, c'est toi qui l'as commis — à cela près seulement que ton bras n'a pas frappé. Mais, si tu avais des yeux, je dirais que même cela, c'est toi, c'est toi seul qui l'as fait.
TIRÉSIAS — Vraiment? Eh bien, je te somme, moi, de t'en tenir à l'ordre que tu as proclamé toi-même, et donc de ne plus parler de ce jour à qui que ce soit, ni à moi, ni à ces gens ; car, sache-le, c'est toi, c'est toi, le criminel qui souille ce pays !

20 참조① 고대 그리스에는 장자가 반드시 왕 대신에 제물이 되어야 했던 왕족이 있었다. 이 나라의 아타마스Athamas라는 왕이 네펠레Néphélé라는 여자와 결혼해서 아들 프릭소스Phrixos와 딸 헬레Hellé를 낳았다. 나중에 이노Ino라는 두 번째 부

기적 잔재주를 부리는 것으로 판단하여 노발대발하며 분노해 마지 않는다. 즉 크레온이 테이레시아스를 매수하였다고 통탄해 하는 것이다:

> 오이디푸스 — 아! 부와 권세와 지식이여, 온갖 다른 지식들을 넘어서는 지식이여, 그대들은 분명 삶을 시샘하며 살아가지. 헌데 그대들은 얼마나 많은 질투심으로 살아가느냐! 테바이가 내 손에 놓아 준 왕권을 위해 내가 그에게 결코 청하지 않았는데 충성스럽던 크레온이 늘 친구이던 크레온이 이제 엉큼하게 날 가지고 놀며 날 쫓아내려 하네. 그러기 위해 그 놈이 이 사기꾼 예언자를, 이 음모의 대가 짓말쟁이, 이 위선적 협잡꾼, 이득에는 눈이 밝고 자신의 예언 일엔 완전 눈감은 이 돌팔이 예언자 놈을 선동했구나.[21]

인과의 사이에 두 아들 레아르코스Léarque와 멜리케르테스Mélicerte를 낳았는데, 그 두 번째 부인이 질투하여 프릭소스와 헬레를 제거하려고 나라의 여인들을 설득하여 보리씨를 모두 불에 볶도록 하여 다음에 곡식이 나지 않아 기근으로 사람들이 죽게 되었다. 이에 왕이 사자를 델포이에 보내 신탁을 묻게 하였으나 그 두 번째 부인이 사자를 매수하여 아타마스 왕이 본처의 아이들은 제우스신에게 제물로 바칠 때까지는 기근이 그치지 않는다는 답을 하게 하였다. (…): Frazer, *op. cit.*, pp.337-339.

참조② 페리클레스 시대의 정치인으로 클레온Cléon이 있었는데 그는 아테네 역사상 가장 비방 받은 인물이었으며, 역사가 투키디데스는 그를 증오했다. 그는 기원전 429년 페리클레스가 죽고 아테네 의회의 가장 영향력 있는 대변인이 되기도 했다: Cf. Encyclopaedia Universalis, *Cléon*, Paris: Encyclopaedia Universalis France, 1995.

21 eBooksLib, *Œdipe roi*(2002), p.23: Œdipe — Ah! richesse, couronne, savoir surpassant tous autres savoirs, vous faites sans doute la vie enviable; mais que de jalousies vous conservez aussi contre elle chez vous! s'il est vrai que, pour ce pouvoir, que Thèbes m'a mis elle-même en main, sans que je l'aie, moi, demandé jamais, créon, le loyal créon, l'ami de toujours, cherche aujourd'hui sournoisement à me jouer, à me chasser d'ici, et qu'il a pour cela suborné ce faux prophète, ce grand meneur d'intrigues, ce fourbe charlatan, dont les yeux sont ouverts au gain,

오이디푸스는 크레온을 보자마자 그에게 다짜고짜로 음모와 술수로써, 지지해 주는 사람들도 돈도 없으면서 왕위 찬탈을 위해 술책을 쓰는 어리석은 철면피라고 욕하면서 문전박대하여 쫓아버리려 한다:

> 오이디푸스 — 어이, 야! 너 여기서 뭐하는 거야? 뭐야! 그 거만한 낯짝으로 내 궁전까지 오다니, 분명히 내 삶을 빼앗으려는 살인자, 내 왕관을 뻔히 탐내는 강도 같은 놈··· 아니면 그럼 말해 봐, 신들의 이름으로! 네가 날 뭐로 봐, 비겁한 놈, 바보로 봐? (···) 오히려 바보짓은 네 놈 꿍꿍이속에 있지, 너한테 있지, 동지들도 없이, 친구들도 없이 왕위를 찬탈하려 시작하는 네놈한테 있지. 왕위란 사람들과 돈 없인 결코 얻을 수 없는 것인데도.[22]

사실 오이디푸스로서는 심증만 있고 물증이 없는 상태에서 이러한 반응을 보였으나, 왕의 신분에 대한 도전은 언제나 있어 왔고 또 있을 수 있는 것이 사실이므로, 오이디푸스의 위와 같은 즉각적이고도 감정적인 반응은 권력의 지배자로서 당연히 보일 수 있는 것이다. 그러나 크레온 자신은 추호도 잘못이 없음을 왕이 직접 확인하여 보라면서 그 확인 과정까지 밝힌다. 즉 왕이 그렇게 의심이 가면 먼저 아폴론 신전에 가서 크레온 자신이 전해 온 신탁의 사실 여부를 확인하고,

---

mais tout à fait clos pour son art. (···)

22 *Ibid.*, p.30 : Œdipe — Hé là ! que fais-tu donc ici? Quoi ! tu as le front, insolent, de venir jusqu'à mon palais, assassin qui en veux clairement à ma vie, brigand visiblement avide de mon trône !··· Mais, voyons, parle, au nom des dieux ! qu'as-tu saisi en moi lâcheté ou sottise? (···) La sottise est plutôt dans ton projet, à toi, toi qui, sans le peuple, toi qui, sans amis, pars à la conquête d'un trône que l'on n'a jamais obtenu que par le peuple et par l'argent.

그런 후 예언자 테이레시아스와 공모한 사실이 드러나면 왕과 크레온 자신이 공동 선고하여 크레온을 사형에 처하라는 것이었다:

> 크레온 — (…) 증거 있나요? 우선 피토 신전으로 가서 제가 대왕께 신탁을 정확하게 가져와 전했는지 물어보시오. 그런 후에 대왕께서 제가 그 예언자와 공모했다는 걸 증명할 수 있으면 저를 사형에 처하시오: 그것도 대왕 혼자 언도가 아니고 저의 말과 대왕의 말로써 같이 언도해서 사형에 처하시오. 그러나 단순한 의심으로 제 말도 들어보지도 않고 절 범인으로 몰지 마세요.[23]

크레온의 이러한 합리적 대처에 합창대장까지 오이디푸스의 속단이 위험하다고 하지만 오이디푸스는 오히려 음모에는 잠시의 시간이라도 놓치면 당하고 만다는 대응을 한다. 그러면서 두 사람의 치열한 언쟁이 벌어지는데 오이디푸스는 끝까지 크레온을 불신하고 권력적 질투에 대해 사형에까지 처할 수 있다고 하나, 크레온은 왕이 잘못된 지배를 해서는 안 되며 크레온 자신도 이 나라에 대한 권리 행사가 가능하다고 주장한다:

> 크레온 — 그럼 뭘 바라세요? 절 이 나라에서 추방한다고요?
> 오이디푸스 — 전혀 아니지: 추방이 아니고 내가 바라는 건 사형이야.
> 크레온 — 대왕의 그런 증오의 이유라도 우선 보여주시오.

23 *Ibid.*, p.35: CRÉON — (…) La preuve? Va à Pythô tout d'abord, et demande si je t'ai rapporté exactement l'oracle. Après quoi, si tu peux prouver que j'aie comploté avec le devin, fais-moi mettre à mort: ce n'est pas ta voix seule qui me condamnera, ce sont nos deux voix, la mienne et la tienne. Mais ne va pas, sur un simple soupçon, m'incriminer sans m'avoir entendu.

오이디푸스 — 너 그럼 반역자 되기를 주장해? 복종을 거부해?
크레온 — 아 예, 지금 제가 대왕께서 정신 나간 걸 보고 있군요.
오이디푸스 — 그건 내 관심 범위 안의 내 정신이지.
크레온 — 저의 관심도 가지고 있나요?
오이디푸스 — 넌 반역자 놈일 뿐인데 왜.
크레온 — 그런데 왕께선 아무 것도 모르고 계시고 있다면요?
오이디푸스 — 상관 마! 넌 너의 대왕께 복종해![24]

이 부분은 정권욕 투쟁에서 흔히 볼 수 있듯이 지배자는 약점을 더러 노출하고 도전자는 결점을 잘 보이지 않는 장면이다. 이를테면 오이디푸스 왕은 '어쨌든 간에, 너는 너의 왕에 복종해라!'라고 명령한다.

그런데 크레온의 누이이자 오이디푸스 왕의 아내 이오카스테가 화해 요청을 하고, 합창대가 나라의 위기에 권력자들의 의심과 불화보다는 신의 말, 즉 아폴론 신의 말이 최우선임을 조언하니 오이디푸스가 일단 양보하듯 물러난다. 그러나 오이디푸스는 여전히 크레온이 어디에 있든 간에 그는 영원히 내 증오의 대상이라는 말을 내뱉고, 이에 크레온은 승리자의 기세로 왕에게 '성질이 그러니 자기만 괴로운

24 *Ibid.*, p.36 : CRÉON — Que souhaites-tu donc? M'exiler du pays?
Œdipe — Nullement : c'est ta mort que je veux, ce n'est pas ton exil.
CRÉON — Mais montre–moi d'abord la raison de ta haine.
Œdipe — Tu prétends donc être rebelle? Tu te refuses à obéir?
CRÉON — Oui, quand je te vois hors de sens.
Œdipe — J'ai le Sens de mon intérêt.
CRÉON — L'as-tu du mien aussi?
Œdipe — Tu n'es, toi, qu'un félon.
CRÉON — Et si tu ne comprends rien?
Œdipe — N'importe ! obéis à ton roi.

법이지, 암 당연하지!'라면서 면박을 주는 것을 참지 않는다:

> 오이디푸스 — (…) 그가 어디에 있든지 그는 내 증오의 대상이야.
> 크레온 — 마음의 분노를 양보하시네요. 그 격노가 쇠락할 때는 대왕이 너무 혼돈스러워 보이네요. 특히 대왕같이 성미들이 그리 못되면 그 대가를 자기가 받는 법이지요.[25]

그리고 이오카스테가 오이디푸스와 크레온을 화해시키려는 과정에서 옛날 라이오스 왕에게 그의 아들[26] 출생에 대한 아폴론 신탁이 내렸을 때 신탁을 내린 자는 아폴론 신이 아니라 그 신관이라고 오이디푸스에게 말함으로써, 크레온에 대한 견제와 적대감은 오이디푸스에게 더욱 확실해진다:

> 이오카스테 — (…) 옛날 라이오스 왕에게 신탁이 내렸을 때, 그건 아폴론 신의 신탁이 아니라 그 신관들의 말이었지. 라이오스 왕이 기다려야 했던 운명은 나와 그 왕에게서 태어난 한 왕자의 팔에 죽는다는 것이었죠.[27]

그러나 결국 오이디푸스는 아폴론 신탁에 따라 국난의 원인인 라이

25 *Ibid.*, p.39: Œdipe — (…) Où qu'il soit, il sera, lui, l'objet de ma haine.
CRÉON — Tu cèdes la rage au coeur, on le voit, pour être ensuite tout confus, quand ton courroux sera tombé. Des caractères comme le tien sont surtout pénibles à eux–mêmes, et c'est bien justice.

26 오이디푸스를 일컫는 말이다.

27 *Ibid.*, p.42: JOCASTE — (…) Un oracle arriva jadis à Laïos, non d'Apollon lui même, mais de ses serviteurs. Le sort qu'il avait à attendre était de périr sous le bras d'un fils qui naîtrait de lui et de moi.

오스 왕 살해자를 찾기 위해 조력자 테이레시아스와 관련된 모든 직간접적 증인들인 이오카스테, 코린토스의 사자, 라이오스 왕의 양치기 등을 소환하여 철저히 심문함으로써 결국 오이디푸스는 아버지를 죽이고 어머니와 결혼한다는 아폴론 신탁이 자신에게 실현되어 버린 것을 확인하고 스스로 눈을 찔러 맹인이 되었으니 그는 이제 더 이상 통치자가 아닌 상황으로 바뀌었다. 이때 오이디푸스는 자신을 추방시켜 달라고 크레온에게 요구한 뒤 두 딸들을 잠시 자기 곁에 있게 해달라고 청원하나 크레온은 당연히 거절한다. 크레온은 오이디푸스에게 이제는 더 이상 지배하려고 주장하지 말라고 하면서 오이디푸스는 궁안으로 그 딸들은 여자들 방으로 격리시켜 버린다:

> 오이디푸스 — 아니 내 딸들은 안 돼! 딸들을 내게서 떼어 가지마!
> 크레온 — 그러니 항상 승리해 지배하는 걸로 주장하지 마시오. 그대 승리가 평생 동반하지는 않아요. 딸들은 여인들의 규방으로 데려가게 하고, 오이디푸스는 궁정 대문으로 나가게 해.[28]

오이디푸스와 크레온의 관계에서, 크레온이 권력 쟁취를 위해 음모와 술수를 미리 행사하는 직접적 단서는 보여주지 않았다 하더라도, 오이디푸스 왕은 계속 크레온을 두렵고 후환이 심히 염려되는 나쁜 정적으로 여기고 있고 그러한 오이디푸스의 판단은 잘못된 것이 결코 아니다. 정적에 대한 경계나 방어는 결코 소홀히 할 수 없는 것이기

---

28 *Ibid.*, p.88 : Œdipe — Non, pas elles ! non, ne me les enlève pas !
CRÉON — Ne prétends donc pas triompher toujours : tes triomphes n'ont pas accompagné ta vie. On ramène les fillettes dans le gynécée, tandis qu'on fait rentrer Œdipe par la grande porte du palais.

때문이다. 크레온에게도 마찬가지이지만 왕위나 정권은 쟁취나 방어의 대상 외에 다름 아니며, 통치 과정에서 선정을 하느냐 악정을 하느냐는 별개의 문제인 것이다.

오이디푸스는 선왕인 라이오스 왕의 살해자를 찾아내야 하는 일 모두를 혼자 담당하고 혼자 해결하게 된다. 이 해결은 바로 테바이를 구할 수 있는 중대한 일이므로 그 과정과 절차는 모두 왕 자신의 책임 하에 이루어진다. 즉 라이오스 왕 살해 사건의 범인 색출을 위해 오이디푸스 왕 자신이 모두 기획하여 증인을 호출하고 확인하며 범인을 색출하여 직접 단죄하고자 한다. 국왕의 이러한 합리적인 일처리 방식은 시민들에게 올바른 사고와 행위 방법을 가르쳐 줄 뿐만 아니라, 시민들로 하여금 국가와 왕을 신임할 수 있게 한다. 이제는 부친 살해와 근친상간의 금기의 문제와 관련하여 범인 색출 과정을 중심으로 살펴보자.

3) 가족적 관점

(1) 부친 살해의 문제

『오이디푸스 왕』에서는 무엇보다도 아버지를 죽이고 어머니와 결혼한다는 아폴론 신의 신탁이 실현되느냐 아니면 실현되지 않느냐가 가장 중요한 문제이다. 오이디푸스 왕은 국왕으로서 국가를 위기에서 구하기 위해 또 왕의 본분을 다하기 위해 신탁에 따라 직접 라이오스 왕의 살해자를 찾아내는 작업을 시작했다. 그러나 오이디푸스는 그 범인을 찾는 과정 중간에 점점 자신이 관련되어 감으로써 자신이 범인이 아님을 확인하기 위해 모든 가능한 방법을 사용하게 되었다.

그런데 이 부친 살해의 문제는 왕 살해의 신화[29]와 같은 맥락 속에 있는 것이며 또한 친족 살해 즉 부친 살해, 모친 살해, 형제 살해 등의 문제와도 무관하지 않다. 부친 살해가 왕 살해와 자연스레 연관되는 이유는 왕도 왕족 내에선 한 아버지이기 때문이며, 또한 원시 시대에 어떤 집단의 장은 그 집단의 규모가 크든 작든 간에 그 집단을 지배하고 통솔하고, 특히 이웃하는 적대적 집단과 경쟁하며 살아남기 위해서는 강력한 전제자가 되지 않을 수 없었으며 그는 바로 최고의 힘을 소유하는 남자, 즉 아버지인 동시에 왕이었기 때문이다. 프로이트의 이론에 의하면 "이 원시적 아버지 전제자는 모든 여자를 소유하고 모든 권리를 독차지 했고 따라서 경쟁 상대자가 될 수 있는 아들들을 죽이거나 추방하였다"[30]라는 것이다. 이에 아들들은 단합하여 아버지를 죽여 잡아먹기까지 했으나 서로 다툼으로써 유산을 계승하지 못했다. 이제 아들들은 아버지의 전횡이 반복되지 않도록 아버지가 소유하던 여자들은 포기하고 이웃 부족과 혼인하게 되었으며, 아들들은 아버지에 대한 죄책감이 남아 토템 제도로 결속을 하여 형제들의 씨족이 되었다는 것이다.

이제 오이디푸스는 자신에게 테이레시아스가 라이오스의 살해자로 공언하였기에 더더욱 가능한 모든 증거를 다 동원하여 그 살해자를

29 Cf. Frazer, *op. cit.*, pp.308-329 : 왕 살해 신화의 경우 신성한 왕의 살해, 쇠약해진 왕의 살해, 일정 기간 후의 왕 살해의 예들이 있다.

30 Freud, *Sigmund Freud présenté par lui-même*, Paris : Editions Gallimard, 1984, p.115.

색출하고자 한다. 이러한 상황에 코린토스에서 한 사자使者가 와서 폴리보스 왕이 사망하여 코린토스의 백성들이 그 아들 오이디푸스를 왕으로 옹립하려 한다고 알린다. 아직까지 자신의 아버지가 폴리보스 왕으로 알고 있는 오이디푸스는 폴리보스 왕의 사망이 암살에 의한 것인지 숙환에 의한 것인지 묻고 숙환에 의한 것임을 확인한 후 자신이 아버지를 살해하고 어머니와 결혼한다는 신탁에서 일단 벗어났다는 안도의 한숨을 내쉰다:

> 코린토스 사자 — 우선 정확한 보고를 드려야 하기에, 폴리보스 왕께서 실제로 서거하셨다는 걸 아십시오.
> 오이디푸스 — 음모로 또는 병으로 돌아가셨나?
> 코린토스 사자 — 조금만 충격 받아도 노인은 충분히 쓰러지죠.
> 오이디푸스 — 내가 너의 말을 믿으면 그분은 불행히도 숙환으로 돌아가셨다는 거군?
> 코린토스 사자 — 사실만큼 오랫동안 사시고…
> 오이디푸스 — 아! 부인, 피토에 있는 예언의 성소에, 아니 우리 머리 위에서 울어대는 저 예언의 새들에 이제 누가 도움을 청할 수 있겠소? 그들에 따르면 난 내 아버지를 살해해야 하는데, 그런데 내 아버지는 이제 죽어 무덤 깊은 곳에 매장되었잖아요. 내가 그 어떤 칼에도 손대지 않았는데![31]

31 eBooksLib, *Œdipe roi*(2002), p.55 : LE CORINTHIEN — S'il me faut tout d'abord te rendre un compte exact, sache bien qu'en effet Polybe a disparu.
Œdipe — Victime d'un complot ou d'une maladie?
LE CORINTHIEN — Le moindre heurt suffit pour mettre un vieux par terre.
Œdipe — Le malheureux, si je t'en crois, serait donc mort de maladie?
LE CORINTHIEN — Et des longues années aussi qu'il a vécues.
Œdipe — Ah ! femme, qui pourrait désormais recourir à Pythô, au foyer prophétique? ou bien à ces oiseaux criaillant sur nos têtes? D'après eux, je devais assass-

그런데도 아직 오이디푸스는 어버이의 얼굴이 그립기 그지없지만 코린토스로 돌아가길 거부하므로 코린토스의 사자가 다시 이유를 묻자 오이디푸스는 아폴론의 신탁이 실현될까 두렵다는 것이다. 사자는 이제 오이디푸스가 폴리보스 왕과는 아무런 혈족 관계가 없는 남남인 관계이니 걱정할 것 없다고 위로한다. 그래서 오이디푸스는 깜짝 놀라 폴리보스 왕이 날 낳지 않았다면 그대가 날 샀는지 아니면 우연히 만나 주웠는지 그 이유를 샅샅이 캐묻기 시작한다:

> 오이디푸스 — 뭐! 나를 낳은 사람이 폴리보스가 아니라고?
> 코린토스 사자 — 폴리보스는 저와 마찬가지로 그대를 낳지 않았어요.
> 오이디푸스 — 네가 나를 샀는가, 아니면 네가 나를 만났는가?
> 코린토스 사자 — 예, 나무가 우거진 키타이론의 한 골짜기에서 발견했어요.[32]

이에 사자는 어린 오이디푸스를 발견했다고 하나 오이디푸스는 그때 왜 그곳을 지나갔으며 무슨 일을 했으며 내 발 뒤꿈치 상처는 어떻게 된 것이냐고 낱낱이 물으니 사자는 다른 양치기가 나에게 주었으니 그에게 물어보라는 것이었다. 그러면 코린토스의 사자가 어린 오이디푸스를 주운 것이 아니고 다른 사람으로부터 건네받았으며 그는

---

iner mon père : et voici mon père mort, enseveli dans le fond d'un tombeau, avant que ma main ait touché aucun fer !

32 *Ibid.*, pp.59-60 : Œdipe — Quoi ! ce n'est pas Polybe qui m'aurait engendré?
LE CORINTHIEN — Polybe ne t'a pas engendré plus que moi. (…)
Œdipe — Tu m'avais acheté, ou rencontré, toi-même?
LE CORINTHIEN — Oui, trouvé dans un val du Cithéron boisé.

누구인지 또 추궁하니 라이오스 왕의 양치기라 답함으로써 곧바로 질문의 화살이 오이디푸스의 아내 이오카스테에게로 향하게 된다:

오이디푸스 — 그럼 나를 발견한 것은 네가 아니냐? 너는 날 다른 사람으로부터 받은 것이냐?

코린토스 사자 — 예, 다른 목자가 그대를 나에게 건네 주었습니다.

오이디푸스 — 그자가 누구인가? 너는 명확히 지적할 수 있는가?

코린토스 사자 — 그는 추호의 의심도 없이 라이오스 왕의 사람이었죠. (···)

오이디푸스(합창단에게) — 거기 있는 사람들 중에 이 사람이 말하는 목자가 누군지 아는 사람이 있느냐? 그가 시골에 사는지, 이곳 어디에서 그를 본 사람이 있는지 말해.

합창단장 — 왕께서 보고자 하시는 시골 사는 바로 그 목자인 듯 생각됩니다. 그렇지만 이오카스테께서 저기 계시니 저 분이 누구보다도 잘 알려 주실 겁니다.

오이디푸스 — 부인, 그댄 알고 있죠. 방금 우리가 보고자 한 그 사람, 그가 말하는 바로 그 사람을요···[33]

---

33 *Ibid.*, pp.61-62 : Œdipe — Ce n'est donc pas toi qui m'avais trouvé? Tu me tenais d'un autre?

LE CORINTHIEN — Oui, un autre berger t'avait remis à moi.

Œdipe — Qui est-ce? te peux-tu désigner clairement?

LE CORINTHIEN — Il était sans nul doute des gens de Laïos. (···)

Œdipe (au Choeur) — Parmi ceux qui sont là est-il quelqu'un qui sache quel est le berger dont parle cet homme, s'il habite aux champs, si on l'a vu ici? (···)

CORYPHEE — Je crois bien qu'il n'est autre que le berger fixé à la campagne que tu désirais voir. Mais Jocaste est là : personne ne pourrait nous renseigner mieux qu'elle.

Œdipe — Tu sais, femme : l'homme que tout à l'heure nous désirions voir et celui dont il parle···.

이제 이오카스테는 진퇴양난에 빠지고 오이디푸스에게 조사를 중지하는 것만이 상책이고 그것이 오이디푸스의 목숨을 건지는 길이라고 애걸하면서 더 이상 아무 말도 하지 않겠다고 한 후 퇴장해 버린다. 그러나 오이디푸스는 그 양치기를 즉각 대령하도록 호령할 뿐이다. 조사를 지금까지 진척시켜 수사가 완결점에 가까웠는데 지금 멈출 수 없다는 것이다. 합창대장이 이오카스테의 불길한 모습의 퇴장을 오이디푸스에게 알려도 오이디푸스는 불길한 일이 일어나려면 일어나라고 하며 자신의 출생과 관련된 의문과 비밀을 캐지 않고는 못 배기게 되었다.

마침내 소환된 라이오스 왕의 양치기가 도달해 코린토스의 사자와 대질 심문을 하게 된다. 라이오스 왕의 양치기가 코린토스의 사자에게 갓난 오이디푸스를 넘겨주었는지 물으니, 라이오스 왕의 양치기는 아직까지 그 비밀을 지키려고 안간힘을 쓰나 오이디푸스 왕의 호령과 압박에 결국엔 실토하고야 만다:

코린토스 사자 — 그럼 지금 나에게 말하오. 그 때, 그 애가 나의 아이인 것처럼 키우도록 하기 위해, 당신은 나에게 한 아이를 주었던 일 기억나죠?

양치기 — 당신 지금 무슨 말을 하오? 아니 당신은 무엇을 얻으려고 해요?

코린토스 사자 — 옛날 그 아이가 지금 이분이야!

양치기(막대기 쳐들어 올리며) — 네놈한테 화가 닥쳐! 입 다물지 못해!

(…)

오이디푸스 — 그가 우리에게 말한 그 아이를 그에게 준 자가 너야?

양치기 — 접니다. 차라리 그날 내가 죽었어야 했는데.[34]

이제 오이디푸스 왕은 라이오스 왕의 양치기에게 그 아이가 자신의 아이인지 남의 아이인지, 남의 아이이면 누구 집에서 태어난 아이인지, 또 누구한테서 그 아이를 건네받았는지 조목조목 따지며 심문한다. 라이오스 왕의 양치기는 그 아이가 아버지를 죽인다는 신탁 때문에 죽여 없애라고 그 아이를 받았다고 답한다:

양치기 — 그는 라이오스 가문에서 태어났죠.
오이디푸스 — 노예인가? 왕이 부모인가?
(…)
오이디푸스 — 너에게 그 애를 넘긴 게 그녀인가?
양치기 — 예, 전하.
오이디푸스 — 무슨 의도로?
양치기 — 제가 그 애를 죽이라고요.[35]

---

34 *Ibid.*, pp.68-69 : LE CORINTHIEN — Et maintenant, dis-moi. En ce temps-là, te souviens-tu de m'avoir remis un enfant, afin que je l'élève comme s'il était mien?
LE SERVITEUR — Que dis-tu? Ou Veux-tu en venir?
LE CORINTHIEN — Le Voilà, mort ami, Cet enfant d'autrefois!
LE SERVITEUR (levant son bâton) — Malheur à toi! veux-tu te taire!
(…)
Œdipe — C'est toi qui lui rendis l'enfant dont il nous parle?
LE SERVITEUR — C'est moi. J'aurais bien dû mourir le même jour.

35 *Ibid.*, pp.70-71 : LE SERVITEUR — Il était né chez Laïos.
Œdipe — Esclave? … Ou parent du roi?
(…)
Œdipe — C'est elle qui te l'avait remis?
LE SERVITEUR — C'est elle, Seigneur.

오이디푸스 왕은 끝내 절망의 구렁텅이에 떨어져 버렸다. 오이디푸스 왕은 국난 위기를 넘기려고 그렇게 희망차게 라이오스 왕의 살해자 색출을 시작하였으나 결과는 범인이 바로 자기 자신임을 밝히게 되어버린다. 사실 라이오스 왕이 오이디푸스 자신의 아버지이고 이오카스테가 자신의 어머니임이 동시에 확인되며 부친 살해와 모친과의 결혼도 동시에 밝혀졌다. 오이디푸스는 부친 살해라는 아폴론 신탁이 자신에게 성사되었음을 직접 확증하게 된 것이다. 오이디푸스의 철저하고 확실한 인간적 노력은 신의 위력에 무참히 짓밟혀 버렸다.

또한 오이디푸스는 자신의 아버지를 죽였을 뿐만 아니라 그보다도 어머니와 결혼하고 동침하여 아이들을 낳아버린 인간의 죄 중 가장 혐오스럽고 비인간적인 죄, 즉 어머니와의 근친상간의 장본인임을 동시에 확인하게 된다. 근친상간의 금기가 인간에 의해 가능한 것인지 또는 오직 신의 힘 내지 운명에 속하는 것인지 문제가 되는 것이다.

(2) 근친상간의 금기

근친상간의 문제는 신, 왕, 영웅의 시대에서부터 시작되었다. 오늘날 우리의 사고와는 다르게 고대의 신, 왕, 영웅의 시대에서는 근친상간이 신성함과 관련되어 있었다. 즉 성스런 혈통을 성스럽게 유지하는 수단으로 인정했기 때문에 근친상간의 관계로 심리적 부담감이나 죄책감 따위는 전혀 문제되지 않았다. 그래서 이집트의 파라오는 당연히 누이를 제1의 아내로 삼았고, 헬레니즘 시대의 프톨레마이오스 왕조

Œdipe — Dans quelle intention?

LE SERVITEUR — Pour que je le tue.

의 왕들도 근친상간을 당연시 하였다. 말하자면 신과 왕들에게는 근친상간이 오히려 그들의 혈통과 특권을 유지하는 최선의 방법으로 간주되었기 때문에 고대의 "신들, 왕들, 영웅들에게는 근친상간이 존재했던 것이다."[36] 이와 관련하여 원시 시대의 전제적인 아버지를 살해한 이후에 족외혼 관습으로 변화되면서 근친상간은 없어지고 토템 금제에 편입되게 되었다고 프로이트는 설명하였다. 그러나 물론 여기서 프로이트는 생략한 것으로 추측되지만, 아들들이 합심해 아버지를 제거한 후 가장 힘센 아들이 다시 어머니를 포함한 모든 여자들을 소유했던 과정도 없지는 않았을 것이다. 우리가 고찰하는 소포클레스의 비극 『오이디푸스 왕』은 그러한 오랜 과거의 경험이 재현되지나 않을까 하는 인간의 무의식적 두려움을 보여주는 신화이기도 하다.

『오이디푸스 왕』의 초반에서는 국가 위기 상황의 극복을 위한 왕으로서의 책임 의식에 충실한 오이디푸스의 사건 처리 모습, 즉 라이오스 왕의 살해자 색출 과정을 중심으로 전개되어 가지만, 중반 이후부터는 아버지 살해 후 어머니와 결혼하게 된다는 오이디푸스 왕 자신의 아폴론 신탁의 실현 여부와 자신의 출생 비밀의 확인 쪽으로 오이디푸스의 모든 촉각이 쏠리고 있다. 코린토스의 사자가 숙환에 의한 폴리보스 왕의 자연사 소식을 전하게 되자 오이디푸스는 자신에 관한 아폴론 신탁 실현이 자신에게서 멀어지는 것을 느끼고 어머니와의 결혼 문제에도 이제는 더 두려워하지 않아도 될지를 걱정하게 된다. 이에 이오카스테는 꿈에 어머니와 동침하는 일이 흔히 있듯이 그

36 Freud, *l'homme Moïse et la religion monothéiste*, Paris : Editions Gallimard, 1986, p.222.

건 쓸데없는 걱정이며 그저 그날, 그날을 잘 지내는 것이 최고라고 위안을 준다:

> 오이디푸스 — 어떻게 어머니와의 동침을 두려워하지 않을 수 있나?
>
> 이오카스테 — 아무 것도 확실히 예견할 수 없는 인간이, 운명의 장난감일 뿐인 인간이 무엇을 두려워해요? 사람이 그렇듯이 그저 되는대로 사는 것, 그것이 가장 좋은 방법이죠. 어머니와의 결혼을 두려워 마오. 많은 사람들이 꿈에 어머니와 동침했다고 하죠. 그와 같은 일들에 관심 두지 않는 것이 인생을 가장 쉽게 잘 사는 사람들이죠.[37]

그러나 아직 오이디푸스가 자신의 어머니로 알고 있는 폴리보스왕의 아내 메로페가 생존하고 있기에 여전히 두려움을 불식시키지 못하고 있고 그립기는 하지만 코린토스에 돌아갈 수 없다고 한다. 그러나 앞 장에서 보았듯이 코린토스의 사자가 오이디푸스 왕이 코린토스로 돌아갈 수 없는 이유를 물어 부친 살해와 모친과의 결혼이란 아폴론 신탁이 오이디푸스에게 실현될까 두렵다는 오이디푸스의 답을 듣자 오이디푸스의 양친은 폴리보스 왕과 메로페 왕비가 아님을 밝히므로, 오이디푸스 왕은 그 이유의 과정을 코린토스 사자에게 어린 오이디푸

---

37 eBooksLib, *Œdipe roi*(2002), p.56 : Œdipe — Et comment ne pas craindre la couche de ma mère?
JOCASTE — Et qu'aurait donc à craindre un mortel, jouet du destin, qui ne peut rien prévoir de sûr? Vivre au hasard, comme on le peut, c'est de beaucoup le mieux encore. Ne redoute pas l'hymen d'une mère : bien des mortels ont déjà dans leurs rêves partagé le lit maternel. celui qui attache le moins d'importance à pareilles choses est aussi celui qui supporte le plus aisément la vie.

스를 건네 준 라이오스 왕의 양치기를 불러 코린토스의 사자와 대질 심문을 시킨다. 이에 이오카스테는 오이디푸스에게 목숨이 걸려 있으니 조사를 중지시키라고 애원하지만 단호히 거절하고 자신의 출생의 비밀을 밝히려 할 뿐이다:

> 오이디푸스 — 안 돼. 난 벌써 내 출생의 비밀을 밝히는 걸 거절하기 위한 너무 많은 지표를 간파했어.
>
> 이오카스테 — 안 돼요, 제발 맙소사! 그대가 생명을 소중히 하신다면 그만 둬요. 더이상 생각하지 말아요. 내가 너무 고통스러워요, 내가.
>
> 오이디푸스 — 그러면 아무 것도 두려워 마오. 내가 노예의 아들로, 노예의 손자로 들어날지라도 그대가 그 때문에 천한 신분으로 전락치는 않아.
>
> 이오카스테 — 그렇지만 그만 둬요. 날 믿어요. 부디 제발.[38]

마침내 오이디푸스는 자신에게 부과된 아폴론 신탁 실현에 관한 모든 과정을 직접 자신의 눈으로 분명히 확인하게 되어버린다. 이제 오이디푸스는 아버지의 살해와 어머니와의 결혼으로 추락한 절망의 심연에서 어떻게 해야 하는가? 모든 것이 파멸되어 버렸다. 오이디푸스는 이오카스테의 아들인가, 남편인가? 오이디푸스는 라이오스의 아

---

38 *Ibid.*, p.63 : Œdipe — Impossible. J'ai déjà saisi trop d'indices pour renoncer désormais à éclaircir mon origine.

JOCASTE — Non, par les dieux ! Si tu tiens à la vie, non, n'y songe plus. c'est assez que je souffre, moi.

Œdipe — Ne crains donc rien. Va, quand je me révélerais et fils et petit-fils d'esclaves, tu ne serais pas, toi, une vilaine pour cela.

JOCASTE — Arrête-toi pourtant, crois-moi, je t'en conjure.

들인가, 동생인가? 오이디푸스는 자기 자식들의 아버지인가, 할아버지인가? 이젠 오이디푸스에겐 가족 관계란 완전히 파멸하여 무효화되어 버렸다. 가족 관계가 무효화되면 가족이 없는 것이 아닌가? 그러면 어떻게 정상적으로 존재할 수 있겠는가?

비록 오이디푸스 자신이 알고 자신의 뜻에 의해 저지른 것은 아무것도 없는데도 이렇게 파멸해버린 오이디푸스에게 합창대는, 모든 것을 보고 밝힌 세월이 그 흉측한 혼인에 형을 언도한다고 비난을 하면서 과거엔 우리를 되살려 주었지만 이젠 우리가 영원히 눈을 감게 되리라고 애탄한다:

> 합창단 — (…) 오 고귀하고 소중한 오이디푸스여! 이렇게 결혼의 침실은 아버지에 이어 아들이 똑같은 끔찍한 문으로 들어가는 것을 보았노라. 어떻게 그대 부친이 노역한 밭이 그렇게 오랫동안 반항도 없이, 오 불행토다, 그댈 지지해 줄 수 있었나? 세월은 모든 것을 보고, 그댄 무지해도, 모든 것을 다 들추어냈지. 세월은 그 결혼에 형을 언도하지. 아무 것도 얻지 못한 그 결혼, 아니 한 아버지와 여러 아이들이 동시에 그리고 오래 전에 태어나게 한 그 결혼에 언도하지. (…) 진실을 말해야 하지, 예전엔 그대에 의해 내가 삶을 되찾았지만, 지금은 그대에 의해 난 영원히 눈을 감게 되었지.[39]

---

39 *Ibid.*, pp.73-74 : LE CHOEUR — (…) Ah ! noble et cher Œdipe ! Ainsi la chambre nuptiale a vu le fils après le père entrer au même port terrible ! Comment, comment le champ labouré par ton père a-t-il pu si longtemps, sans révolte, te supporter, ô malheureux? Le temps, qui voit tout, malgré toi l'a découvert. Il condamne l'hymen, qui n'a rien d'un hymen, d'où naissaient à la fois et depuis tant de jour, un père et des enfants. (…) Il faut dire la vérité : par toi jadis j'ai recouvré la vie, et par toi aujourd'hui je ferme à jamais les yeux !

이 와중에 이오카스테도 무사할 수 없었다. 그녀는, 미친 듯 자신의 침실로 들어가 입으로는 라이오스 왕을 소리쳐 부르며 마음으로는 그 아들이자 남편인 오이디푸스를 떠올리며, 비참하게도 자신의 남편에게서 또 한 남편을 낳았고 자기 아들에게서 또 자기의 아이들을 낳은 그 끔찍한 혼인에 신음하며 스스로 밧줄로 목숨을 끊었다:

> 사자 — (…) 왕비께서는 방에 들어간 뒤에 격렬히 문을 꽝 닫았습니다. 그 때 라이오스 왕을 부르짖었죠, 벌써 수년 전에 죽은 그를. 왕비는 옛날 라이오스가 자신에게 준 아이들을 떠올리고, 그 아이에 의해 라이오스 왕은 죽었고, 이번에는 그 어머니가 자기 자식들에게 불길한 후손을 주게 하였죠. 왕비가 침실에서 울부짖었죠, 그 침실에서 비참하게도 자기 남편에게서 남편을 낳았었고, 자기 아들에게서 자기 아이들을 낳았죠. (…) 그녀는 목을 매어 죽었죠. 저기 우리 앞 천정에 매달린 끈에 목 졸린 채로.[40]

오이디푸스는 차마 못 볼 이오카스테의 그 참상을 적나라하게 봐 버렸지만 그건 영원히 못 본 것이 되어야 했다. 오이디푸스는 이오카스테의 가엾은 시신을 내려 눕히고 즉시 그녀의 옷 장식용 황금 비녀를 뽑아 자신의 두 눈을 사정없이 찌르고 또 찌른 후, '이제 네 놈의 두 눈알은 내가 자초해 겪었던 죄악을 결코 더 이상 못 볼 것이며, 내

---

40 *Ibid.*, pp.75-76 : LE MESSAGER — (…)

Elle entre et violemment ferme la porte derrière elle. Elle appelle alors Laïos, déjà mort depuis tant d'années ; elle évoque« les enfants que jadis il lui donna et par qui il périt lui-même, pour laisser la mère à son tour donner à ses propres fils une sinistre descendance». Elle gémit sur la couche" où, misérable, elle enfanta un époux de son époux et des enfants de ses enfants. (…) La femme est pendue ! Elle est là, devant nous, étranglée par le noeud qui se balance au toit….

가 보지 말아야 했던 것들을, 내가 알아봤어야 했는데 알아차리지 못했던 것들을 네 놈의 눈알들이 더 이상 못 보게 이 암흑이 막을 것'이라고 절규한 후, '문을 활짝 열고 모든 카드모스의 후손들이 자기 아비를 죽이고 어미와 결혼한 이놈을 잘 보게 하라'라고 고함친다.[41]

오이디푸스는 세상에서 이보다 더 이상 욕될 수 없는 죄, 즉 어머니와의 근친상간이란 숙명적 혼인에 스스로를 한없이 저주한다. '지금의 나를 있게 한 그 결혼은 똑같은 씨가 똑같은 여인에게서 또 자라게 하였기에, 이 세상에 똑같은 핏덩이인 아버지들, 형제들, 아이들을 하나로 보여 주다니! 이 세상에 더없이 수치스럽게도 어머니인 동시에 아내인 여인을 신부로 삼았으니!'라고 말하면서 차마 그렇게 행한 것보다 그렇게 말하는 것이 더욱 수치스런 일일 뿐이라며 견뎌 낼 수 없는 지경이 됨으로써, 오이디푸스는 이제 범인이면서도 '신의 이름으로 날 죽이든지, 바다에 던지든지, 테바이인들이 날 결코 볼 수 없는 곳으로 쫓아버리라고'하면서 수사관이었던 자신에게 형을 언도하고야 만다.[42] 결국 범인이 수사관에게 형을 언도하는 판사가 된 꼴이다.

---

41 *Ibid.*, pp.76-77 : «Ainsi ne verront-ils plus, dit-il, ni le mal que j'ai subi, ni celui que j'ai causé ; ainsi les ténèbres leur défendront-elles de voir désormais ceux que je n'eusse pas dû voir, et de manquer de reconnaître ceux que, malgré tout, j'eusse voulu connaître !» (…) Il demande à grands cris «qu'on ouvre les portes et qu'on fasse voir à tous les cadméens celui qui tua son père et qui fit de sa mère…» - ses mots sont trop ignobles, je ne puis les redire.

42 *Ibid.*, p.82 : Œdipe — Hymen, hymen à qui je dois le jour, qui, après m'avoir enfanté, as une fois de plus fait lever la même semence et qui, de la sorte, as montré au monde des pères, frères, enfants, tous de même sang ! des épousées à la fois femmes et mères les pires hontes des mortels… Non, non ! Il est des choses qu'il

이제 오이디푸스는 자신이 자신에게 형을 선고한 대로 크레온에게 자신의 추방을 부탁하여, 오직 신의 뜻에 따른다면서도 오이디푸스의 추방에 바로 동의한다는 모순된 크레온의 답을 얻는 한편, 자신의 자식들, 특히 아들들이야 남자이니 어디 있든 굶어 죽기야 하겠냐마는 언제나 오이디푸스와 같이 식사를 했던 불쌍한 딸들을 보호해 주기를 간청하지만 답을 비켜가니, 크레온에게 행운을 빌어주고 관대한 왕이라 칭하면서 크레온이 아니면 모든 이로부터 버림받을 부모 잃은 애처로운 딸들에게 아버지 역할을 해 주도록 다시 동정을 요청하지만, 크레온은 오이디푸스에게 많이 울었으니 궁 안으로 들어가라는 말로 답을 대신해 버린다:

> 오이디푸스 — (…) 하지만 내 불쌍하고 가련한 딸들은 돌봐주오, 그들 없이 내가 식탁 차린 적이 없고 내가 맛본 모든 음식을 항상 같이 먹었던 그 애들을 제발 보살펴 줘!
> (…)
> 크레온 — 그댄 꽤 많이 울었으니 궁 안으로 들어가시오.[43]

비극 『오이디푸스 왕』에서, 과거에 테바이 나라를 구한 영웅이었던

---

n'est pas moins honteux d'évoquer que de faire. Vite, au nom des dieux, vite, cachez-moi quelque part, loin d'ici ; tuez-moi, ou jetez-moi à la mer, en un lieu où vous ne me voyiez jamais plus….

43 *Ibid* : Œdipe — (…) Mais de mes pauvres et pitoyables filles, sans qui jamais on ne voyait dressée la table où je mangeais, et qui toujours avaient leur part de tous les plats que je goûtais, de celles-là,je t'en supplie, prends soin! (p.85)

(…)

CRÉON — Tu as assez pleuré, rentre dans la maison. (p.87)

저 유명한 오이디푸스가 결국에는 그 누구로부터도 도움을 받지 못하고 정적 크레온으로부터 무시당하고 농락당하는 비참한 신세로 추락하였다. 비록 오이디푸스가 자신도 모르게 저지른 죄이지만, 어머니와의 근친상간이란 죄가 얼마나 가혹한 파국을 가져오는가를 여실히 보여준다.

4) 사회적 관점

(1) 스핑크스의 가르침

소포클레스 시대의 아테네 시민들의 생활은 아크로폴리스acropolis와 아고라agora[44]를 중심으로 이루어졌다. 거기에는 신전이 있고 신전에 딸린 디오니소스 극장에서 매년 3월 디오니소스 축제 때에 비극을 상연하였다. 그런데 연극 상연은 신관이 주관하고 유명 정치인이나 재력가의 후원 하에 1만 5000명이 넘는 관중이 모인 가운데 벌어지는 국가적 축제 행사였다. 그런 만큼 비극을 상연하는 극장은 시민들을 위한 훈육의 장이 되지 않을 수 없었다.

소포클레스의 『오이디푸스 왕』에서는 오이디푸스가 이미 자신도 모르게 아버지를 살해하고 어머니와 결혼한 후 자식들까지 낳은 뒤에

---

44 아크로폴리스는 도시국가 도시의 중심부에 자리잡은 높은 언덕인데 주로 성소나 성채가 있다. 아고라는 그리스 시민들이 종교적, 정치적, 경제적 문제들과 관련하여 모임을 하는 시민 광장으로서 관청과 신전 극장 등 공공건물이 자리잡고 있는 시민 생활의 중심지였다. 그러나 아고라가 나중에는 많은 사람들로 혼잡해져 시장 역할은 그대로 유지하고, 정치토론이나 연극 상연은 다른 곳에서 하게 되었다.

연극 행위가 시작된다. 지금 우리가 문제로 삼는 오이디푸스의 스핑크스 퇴치도 이미 과거의 일이다. 그러나 이 연극에서는 우리의 관심을 집중시켜야 하는 것은 현재나 미래의 일이 아니라 모두 과거에 일어난 것들이다. 라이오스 왕 살해 사건이 그렇고 어머니와의 결혼 건도 마찬가지로 과거사이지만 오이디푸스에게는 현재나 미래의 일은 안중에도 없고 그러한 과거사에 몰입해 있다. 스핑크스의 수수께끼 문제도 마찬가지로 과거사이다.

이제 오이디푸스가 스핑크스의 수수께끼를 풀고 테바이의 왕이 되었던 과거 상황에 관해 알아보자. 오이디푸스가 라이오스 선왕의 살해자를 찾아내겠다는 의지를 처음 표명할 때, 크레온은 여러 명의 강도들에 의해 라이오스 왕이 살해된 후 유일하게 수행자 한 사람만이 도망쳐 나왔지만 그런 이후 테바이 사람들이 처해 있던 당시의 곤경에서 도와주는 자가 아무도 없어 살해한 범인들을 색출할 겨를이 없었으며, 그 곤경이란 바로 알 수 없는 배신적 노래의 수수께끼를 내는 스핑크스에 의해 사람들이 직면하게 된 위험이라고 오이디푸스에게 설명해 준다:

크레온 — 라이오스 왕은 강도들을 만났는데, 단 한 사람의 팔에 의해서가 아니고, 일단의 무리들의 공격으로 쓰러졌다고 그는 주장했죠.

오이디푸스 — 그 공격에 값을 올리고, 금상을 지불하지 않고서야 강도들이 어찌 그와 같은 대담한 짓을 했을까?

크레온 — 각자가 제각기 그렇게 생각했죠. 하지만 라이오스가 죽었는데 우리들은 도탄에 빠진 상황 속에 있어서 더 이상의 방어나 복수가 없었어요.

오이디푸스 — 그렇다면 무슨 도탄이, 왕이 참변을 당했는데, 그와 같은 사건의 의혹을 밝히지 못하게 할 수 있었소?

크레온 — 배신적 노래를 하는 스핑크스가 우리로 하여금 그 의혹에서 멀어지게 하여 우리 눈 앞에 당면한 위험을 바라보게 하였죠.[45]

『오이디푸스 왕』에서 스핑크스[46]에 대한 언급은 위의 부분과, 이 앞에 신관이 지금 도시 전체가 빠진 죽음의 물결에서 구해달라고 탄원하면서 '옛날 그대가 와서 노래 부르는 그 끔찍한 놈에게 카드모스의 도시가 공물을 바치지 않게 해 준'[47]이라고 하는 부분이 전부다.

---

45 eBooksLib, *Œdipe roi*(2002), pp.8-9 : CRÉON — Il prétendait que Laïos avait rencontré des brigands et qu'il était tombé sous l'assaut d'une troupe, non sous le bras d'un homme.

Œdipe — Des brigands auraient-ils montré pareille audace, si le coup n'avait pas été monté ici et payé à prix d'or?

CRÉON — C'est bien aussi ce que chacun pensa ; mais, Laïos mort, plus de défenseur qui s'offrît à nous dans notre détresse.

Œdipe — Et quelle détresse pouvait donc bien vous empêcher, quand un trône venait de crouler, d'éclaircir un pareil mystère?

CRÉON— La Sphinx aux chants perfides, la Sphinx, qui nous forçait à laisser là ce qui nous échappait, afin de regarder en face le péril placé sous nos yeux.

46 기원전 2500년경 이집트의 케프렌Khephren 왕의 피라미드에 딸린 기제Gizeh의 스핑크스가 최초 최대의 것으로 알려져 있고, 이집트 외에 시리아 · 페니키아 · 바빌로니아 · 페르시아 · 그리스 등지의 스핑크스도 알려져 있다. 그리스 신화에서는 에키드나Echidna와 티폰Typhon의 아들, 또는 라이오스의 딸이라는 등 여러 가지 전설이 있다. 다른 설에 따르면 아폴론 또는 디오니소스가 그를 보냈다고도 한다: M. Grant, J. Hazel, *Dictionnaire de la Mythologie,* Marabout, 1981, p.329; Cl. Dubois, *Grand dictionnaire Encyclopédique Larousse, 'sphinx'*, Paris: Librairie Larousse, 1985.

47 eBooksLib, *Œdipe roi*(2002), p.3 : LE PRETRE — (…) Il t'a suffi d'entrer jadis

그러나 이 두 번밖에 언급되지 않은 과거사임에도 불구하고, 스핑크스 수수께끼 풀기는 당대 그리스가 처해 있었던 중요한 사회적 문제를 알려 주고 있다는 점을 이해해야 한다. 즉 스핑크스는 어떤 존재이고 어떤 의미를 가지고 있었으며 스핑크스를 오이디푸스가 퇴치한다는 것은 또 무엇을 의미하고 무엇을 가르쳐 주는지 알아야 할 것이다.

이집트에 나타난 최초의 스핑크스는 사람의 머리와 사자의 몸으로 되어 있었는데, 이것은 태양신을 상징하는 것으로 여겨져 왕의 힘, 통치자의 권력, 즉 군주의 신성권을 의미했으며, 선한 신이자 보호자의 역할을 했다. 그런데 "그리스의 스핑크스는 기원전 1700년대에 크레타의 미노아 문명과 기원전 1400년대의 미케네 문명에서 나타나는데, 이들은 더 많은 장식과 함께 얼굴이 여성화되면서 더 크게 유형화되다가 다시 기원전 11세기에서 8세기의 암흑기에는 그 유형이 사라지게 되었다. 그러다가 기원전 6세기 초부터 그리스의 스핑크스는 거대한 괴물들과 마찬가지로 신화적 지위를 가지게 된다."[48] 그런 후 기원전 520년에서 기원전 400년 사이에는 도자기의 그림들에서 스핑크스들이 등장하곤 하였다. 이들 스핑크스의 한 특성을 『오이디푸스 왕』에서 보여 주고 있다. 이 스핑크스는 새의 날개와 사자의 몸통과 여자의 머리로 이루어져 하늘과 땅과 인간의 모습으로 조합된 괴물의 형상

dans cette ville de Cadmos pour la libérer du tribut qu'elle payait alors à l'horrible chanteuse.

48 *Encyclopaedia Universalis*, 'sphinx', Paris : Encyclopaedia Universalis France, 1995.

을 하고 있다. 이 존재는 신도 아니고 인간도 아닌 것이 분명하다. 그렇다면 무엇인가? 반은 신성을 지니고 반은 인간성을 지닌 괴물이라 해야 옳다. 신화 시대에 인간의 숭배의 대상인 신은 주로 보이지 않는 것인 자연 현상적 제반 에너지 같은 것이었다가 점차로 가시적인 존재, 즉 인간에게 두려움을 준 인간보다 힘의 우위에 있던 것, 이를테면 맹수 같은 동물이었다. 그 다음 시대의 신의 모습은 흔히 동물과 인간이 합성된 모습으로 더러 나타나곤 했다. 『오이디푸스 왕』에 나타나는 스핑크스는 날개와 사자의 몸은 신성이요, 여인의 얼굴은 지혜를 겸비한 인간성을 의미한다고 볼 수 있다. 그러면 인간의 지혜와 신성에서 어느 쪽이 주인인가? 과거에는 무력했던 인간에 비해 신이 절대적 우위에 있었다. 그러나 소포클레스 시대엔 어떠한가? 소수의 사람들은 이미 철학이란 것을 통해 기존 신화 속의 신들보다 더 현실적이고 더 믿음직하고 더 영원성이 있는 어떤 신성을 자연 속에서 찾기 시작했다. 신화에 대한 도전, 즉 자연철학이 공공연하게 시작된 지가 벌써 두 세기 가까이 되었던 것이다. 그 도전은 페리클레스 시대를 거치면서 소피스트 철학자들이 그랬던 것처럼[49] 인간 정신이 신성보다 우위를 점하기 시작하여 사회는 이제 정신적인 지주가 무너지고 있었다. 이 위기를 어떻게 극복하여야 할지가 당대의 급선무였다. 이 문제의 중심에 서 있는 것이 스핑크스이다. 『오이디푸스 왕』의 스핑크스는 인간적 지혜로 무장한 신성을 지닌 괴물이다. 그의 인간적 지혜의

49 Platon, *Protagoras/Platon*, Paris :Flammarion, 1997, p.16 : 페리클레스와 동시대인인 프로타고라스는 인간은 만물의 척도라고 주장하며 "신들이 존재하는지, 또 그들의 모습이 어떻게 생겼는지 나는 발견할 수 없다"라며 신들을 조롱했다.

무기란 “때로는 2개의 다리로, 때로는 4개의 다리로, 때로는 3개의 다리로 가는데, 가장 적은 다리를 사용할 때 가장 빨리 가는 게 무엇이냐”[50]라는 수수께끼이다. 마침내 이 무기가 더욱 지혜로운 인간에게 제압당함으로써 그 존재는 당연히 사라지지 않을 수 없게 되었다. 한 타락한 신성이 인간에 의해 패배한 상황이 되었다. 그런데 어디까지나 이 상황은 한 건의 사건이었다. 그래서 그것이 인간의 진정한 승리인가는 증명이 따라야 된다. 그 증명의 임무를 맡은 자, 그 수사관이 바로 오이디푸스인 것이다.

(2) 신을 믿느냐 인간을 믿느냐

앞에서도 거론했지만 소포클레스 시대, 특히 소피스트 철학자들이 판을 칠 무렵에는 기존의 신화를 믿는 사람들과 인간적 지혜를 신봉하는 사람들 간의 대립이 심각하였다.[51] 이러한 시대에 상연된 『오이디푸스 왕』에서 무엇보다도 중요한 것은 이제 사람들이 신을 믿어야 하는가, 인간을 믿어야 하는가라는 문제이다. 아폴론의 신탁이 옳으면 신을 믿어야 할 것이고, 현명한 지혜의 소유자이자 대표적인 한 인간인 오이디푸스가 아폴론의 신탁을 벗어나면 사람들은 인간, 즉 인간의 지혜를 더 믿게 될 것이다. 이 신탁의 실현 여부를 증명할 책임을 맡은 오이디푸스는 현실 속에서 가장 합리적인 절차와 과정으로 문

50 M. Grant, J. Hazel, *op. cit.,* p.329.

51 J.-P. Vernant, *mythe et société en grèce ancienne*, Paris : Librairie François Maspero, 1979, p.201 : 소포클레스 시대의 muthos와 logos의 심각한 대립 국면을 의미한다.

제를 해결하는 인간이다. 그리고 오이디푸스가 가장 인간적인 존재로 부각되는 것은 마지막 장면의 자신의 처벌이다. 즉 신의 뜻은 원래 라이오스 왕으로 하여금 아이를 낳지 말게 하였으나, 본의 아니게도 라이오스 왕과 이오카스테가 낳아버려서 라이오스 왕이 그 오이디푸스를 바로 죽이도록 했다. 그러나 오이디푸스는 죽임을 당하지 않았다. 자신이 부친을 살해하고 어머니와 결혼한 것을 알고도 자신을 죽이는 처벌 대신에 눈을 찔러 암흑의 고통으로 이 세상을 살아가는 길을 택했던 것이다. 신은 오이디푸스를 이 세상에 태어나지 않는 자이기를 원했다. 그러나 오이디푸스는 죽지 않을 수 없는 상황에서도 의연히 자신을 벌하고 당연히 이 세상에 존재하는 길을 택했던 것이다. 인간은 존재하는 자이기 때문이다.

『오이디푸스 왕』에서 합창대장이 그 어떤 신이 강제하여 그대 오이디푸스의 팔로 눈을 찌르게 하였는지 물으니, 오이디푸스는 '방금 나에게 이 끔찍한 치욕을 준 자는 아폴론이지, 그 치욕은 이제 나의 운명이야, 아니 내 손 말고 그 누구 손이 찔렀겠나!'라고 말한다:

> 합창단장 — 오 그대 무슨 짓을 했소? 그댄 어떻게 자기 눈동자를 찌를 수 있었나요? 무슨 신이 그대 팔을 밀쳤나요?
>
> 오이디푸스 — 친구들이여, 아폴론 신이지! 그렇지 아폴론이 나에게 그 때 그 잔혹함, 그 잔혹한 불행을 가했지. 그건 그때부터 내 운명이지. 하지만 다른 어떤 손이 내 눈 찌른 건 아니야. 바로 내 손이야, 불행한 자여. 내 시력이 가지는 어떤 감미로운 그 무엇을 다시 볼 필요가 있나?[52]

---

52 eBooksLib, *Œdipe roi*(2002), p.79 : LE CORYPHÉE — Oh ! qu'as-tu fait? Comment as-tu donc pu détruire tes prunelles? Quel dieu poussa ton bras?

평생을 암흑으로 방랑하게 되는 모습은 진정 죽음보다 더욱 비장감 넘치는 인간적 행위가 아닐 수 없다. 죽지 않고 고통 속에서 사는 것이 가장 인간적인 것은 주검은 이미 인간이 아니기 때문이기도 하다.

그러나 그는 결코 신을 전적으로 부정하지는 않고 신을 두려워 할 줄도 아는 존재였다. 라이오스 왕의 살해자를 찾는 중에 크레온이 추천한 테이레시아스로부터 오이디푸스 왕 자신이 범인이라는 말을 듣고 오이디푸스는 크레온의 음모라고 미리 확신하고 크레온에게 분노하며 사형에 처하겠다고 했으나, 합창대가 모든 다른 신들보다 우위에 있다고 아폴론 신을 예찬하면서 두 사람에 대해 화해 요청을 하니 '좋아! 그럼 가도 좋다!'라고 하며 오이디푸스가 일단 양보를 하는 모습에서 잘 드러난다:

> 합창단 — 아뇨, 저는 최후의 단말마로 죽는다 해도 모든 신들보다 우위에 있는 저 태양신을 증인으로 삼습니다. (…) 과거의 죄악들에 이제 그대 두 분한테서 오는 죄악들이 더해 지는 걸 제가 봐야 한다면, 죽어가는 이 나라가 제 영혼을 비탄스럽게 만듭니다.
>
> 오이디푸스 — 아 그렇다면 그렇게 해! 그를 보내 줘![53]

Œdipe — Apollon, mes amis ! oui, c'est Apollon qui m'inflige à cette heure ces atroces, ces atroces disgrâces, qui sont mon lot, mon lot désormais. Mais aucune autre main n'a frappé que la mienne, malheureux.' Que pouvais-je encore voir dont la vue pour moi eût quelque douceur?

53 *Ibid.*, p.39 : LE CHOEUR — Non, J'en prends à témoin le dieu qui prime tous les dieux, j'en prends à témoin le Soleil, (…) Mais ce pays qui meurt désole mon âme, si je dois voir maintenant s'ajouter aux maux d'hier des maux qui viennent de vous deux.

Œdipe — Eh bien soit ! qu'il parte !

결국 오이디푸스는 자신의 잘못에 자신이 전적으로 책임을 지고 자신을 벌하여 끝까지 스스로 책임지는 대표적 인간, 진정으로 인간다운 인간이 된 것이다.

이제 신에 대한 믿음과 관련하여 합창대에 대해 살펴보자. 그리스 비극에서 이 합창대의 역할은 대단히 중요하다. 그래서 그리스 비극은 합창대에서 시작해서 합창대로 끝난다고 할 만큼, "그리스 비극에서 합창대가 사라지면 사실 비극은 죽게 된다."[54] 원래 합창대는 신성한 성격을 지니고 있는 것이어서[55] 자주 바쿠스 신을 찬양하곤 했다.

『오이디푸스 왕』에서도 국가 위기를 극복하기 위해 제신들에게 도움을 청하면서, 활활 타는 횃불을 밝히며 행차하시어 모든 명예가 거절당한 신을 물리쳐 달라고 합창단이 바쿠스신에 대한 찬양과 청원을 하고 있다:

> 난 마침내 황금왕관을 쓴 신을 부르지. 그는 우리나라에 그 이름을 주신 신이지. 바쿠스 종자들이 에보에évohé라 외치는 붉은 얼굴의 그 바쿠스 신은 유랑하는 마이너스 종자들의 동반자이죠. 아 그 신이 와서, 불타는 횃불로 밝혀, 신들 중에 모든 명예가 거부당하는 신을 공격해 주오.[56]

---

54 J. Romilly, *Précis de littérature grecque,* Paris: P.U.F., 1980, p.66.

55 Cf. O. Got, *Œdipe Roi*, Paris: Nathan, 1994, p.9: 신성스러운 합창대에서 이탈되어 생긴 제1의 주역 배우(protagoniste)가 합창대 앞에서 배우로 소개되니 솔론 같은 몇몇 사람들은 신성을 모독하는 일이라고 여겼다.

56 eBooksLib, *Œdipe roi*(2002), p.12: J'appelle enfin le dieu au diadème d'or, celui qui a donné son nom à mon pays, le dieu de l'évohé, Bacchos au visage empourpré, le compagnon des Ménades errantes. Ah qu'il vienne, éclairé d'une torche ardente, attaquer le dieu à qui tout honneur est refusé parmi les dieux.

합창대는 다른 많은 위대한 신들에 대해서도 찬양 어린 마음으로 국난 위기의 극복을 위해 구원을 요청하고 있다. 즉 '빛나는 희망의 딸이며 최고의 신 제우스의 딸이며 불멸의 아테나Athéna 여신'이라 예찬해 주며 지혜의 여신 아테나에게도, 산과 들과 숲의 여신이자 사냥의 여신 아르테미스에게도, 의술과 진실과 태양의 신이자 활의 신인 아폴론에게도, 우리의 부름에 달려와서 삼중의 힘으로 죽음과 황폐로부터 나라를 구해달라고 기원하기도 하며,[57] 또한 오이디푸스가 라이오스 왕의 살해자 색출 과정에서 그 살해자가 오이디푸스 자신이 아닌가하고 의심하지 않을 수 없을 때에, 합창대는 최고의 신 제우스에게 '그대는 만물의 주인이니 그대의 영원한 힘으로 그 불한당들이 그대의 시야에서 도망가지 못하게 해 달라'고 청하기도 한다.[58]

이렇게 신들을 예찬하고 신들에 의존하는 노래를 부르는 합창대는 사실 한편으로 신성을 대표하지만 다른 한편으로는 사람들, 즉 그 사회의 대표적인 시민들[59]을 나타내기도 한다. 또한 이 합창대에서 보이

57 *Ibid.*, pp.10-11 : Dis-le-moi, Parole éternelle, fille de l'éclatante Espérance. C'est toi que j'invoque d'abord, toi, la fille de Zeus, immortelle Athéna ; et ta soeur aussi, reine de cette terre, Artémis, dont la place ronde de Thèbes forme le trône glorieux ; et, avec vous, Phoebos l'Archer ; allons ! tous trois ensemble, divinités préservatrices, apparaissez à mon appel !

58 *Ibid.*, p.51 : LE CHOEUR — (…) Ah ! Zeus souverain, puisque, si ton renom dit vrai, tu es maître de l'univers, ne permets pas qu'elles échappent à tes regards, à ta puissance éternelle.

59 그리스 비극의 제목이 아이스킬로스의 '페르시아 사람들'(*les Perses*), 소포클레스의 '트라키스 여인들'(*les Trachiniennes*)처럼 아예 합창단의 사람들로 표시된 경우도 빈번하다.

지 않는 작가의 말을 느낄 수 있다. 왜냐하면 합창대는 주역 배우와는 달리 "극에서 적극적인 역할을 하지는 않지만 인물들의 심적 상태와 동기 부여에 대해 신중히 자문하거나 그들 자신이나 공동체의 운명에 대해 한탄도 하기"[60] 때문이다. 그래서 이 합창대는 시민들에게 가르치는 훈육의 내용을 노래하지 않을 수 없는 것이다. 『오이디푸스 왕』의 마지막 부분에서 오이디푸스가 부친 살해와 어머니와의 근친상간을 저질러 어머니가 자살한 후 있을 수 없는 패륜아로서 자신의 눈을 찌르고 절망에 빠져 있을 때 합창대는 '인간이 생명의 끝장을 넘기기 전에는 결코 행복하다고 부르지 말라'라고 말함으로써 인간사의 행복과 불행은 인간에 달려 있지 않고, 결국 운명에 달려 있고 신들에 달려 있다는 점을 가르쳐 주고 있다:

> 지금 그가 얼마나 끔찍한 비참함의 풍파에 휩쓸려 갔는가! 그러므로 인간에게 항상 고려해야 하는 것은 마지막 날이지. 어떤 비애를 겪지 않고서 삶의 끝을 횡단하기 전에는 결코 인간이 행복하다고 부르지 말도록 유의하자.[61]

요컨대 합창대장을 포함하는 합창대는 비극이나 신화의 역할에 대해 잘 표현해준다. 즉 『오이디푸스 왕』에서, 중요한 상황마다 신들을 예찬함으로써 합창대의 기원적 성격을 느끼게 해 주기도 하고, 또는

---

60 O. Got, *op. cit.*, p.12.

61 eBooksLib, *Œdipe roi*(2002), p.89 : Aujourd'hui, dans quel flot d'effrayante misère est-il précipité ! c'est donc ce dernier jour qu'il faut, pour un mortel, toujours considérer. Gardons-nous d'appeler jamais un homme heureux, avant qu'il ait franchi le terme de sa vie sans avoir subi un chagrin.

오이디푸스에게 나아갈 길을 판단해 주거나 오이디푸스를 위해 애탄해 주기도 함으로써 합창대가 숨어 있는 작가적 성격을 보이기도 하고, 또 합창대원들이 대표적 사회 구성원으로서 노래할 때는 배우적 역할도 수행하는 등 그리스극에서 합창대는 대단히 중요하고도 다양한 역할들을 행하고 있는 것이다.

그런데 우리는 이 『오이디푸스 왕』에서 테이레시아스의 역할에 대해서 특별히 주목해야 한다. 테이레시아스는 돌아다니는 눈먼 거지임에도 아폴론 신처럼 꿰뚫어 볼 수 있는 예언적 능력을 소유하고 있어 라이오스 왕의 살해자를 찾는 데는 그에게 의지하는 것이 가장 좋을 것이라고 합창단장이 말한다.

그래서 오이디푸스가 테이레시아스에게 아는 것을 말하라고 요구하나 테이레시아스가 답을 거절하다가 강요에 의해 당신이 찾는 살해자는 바로 당신 오이디푸스라고 말하고:

> 테이레시아스 — 그대요, 제가 싫다는데 제게 억지로 말하게 했기 때문에 말해요.
> 오이디푸스 — 뭐라고? 내가 알기 쉽게 다시 말해봐.
> 테이레시아스 — 아직 못 알아들었어요? 아니면 내가 말하도록 타진하는 거예요?
> 오이디푸스 — 내가 잘 알았다고 말하기엔 충분치 않아, 자 한 번 더 반복해 봐.
> 테이레시아스 — 제가 말해요. 바로 그대가 찾는 암살자라고요.[62]

---

62 *Ibid.*, p.21 : TIRÉSIAS — C'est toi, puisque tu m'as poussé à parler malgré moi.
Œdipe — Et à dire quoi? répète, que je sache mieux.
TIRÉSIAS — N'as-tu donc pas compris? Ou bien me tâtes-tu pour me faire parler?

이어서 오이디푸스의 모든 죄상, 즉 '그는 테바이 사람임이 밝혀지게 되나 그것이 크게 기쁜 일이 아니며, 그가 이때까지는 잘 보았지만 오늘부터 맹인이 될 것이며, 이때까지는 부자였지만 앞으로는 거지가 되어 작대기로 길을 더듬으며 낯선 땅에서 헤매게 될 것이며, 또 그는 자기 아들의 아버지이자 동시에 형제로 밝혀지고, 자기를 낳은 여인의 남편이자 동시에 아들로 드러날 것이며 지아비의 살해자인 동시에 지아비의 근친상간한 적이 될 것임을' 낱낱이 예언하게 된다.[63]

오이디푸스는, 위기의 국난을 극복하기 위해서 더욱이 오이디푸스에 대한 테이레시아스의 그런 단정적 예언이 엉터리임을 밝히기 위해서, 모든 가능한 현실적 절차와 합리적 과정과 방법을 동원하여 아폴론 신탁대로 라이오스 왕의 살해자 색출을 진행하였지만, 결국 테이레시아스의 모든 말이 사실로 드러나 버렸다. 인간적 지혜를 동원하여 치밀한 모든 노력을 쏟았던 일국의 왕 오이디푸스는 눈먼 거지 예언자인 테이레시아스에 허무하게 무참히 패배하여 "슬프고도 슬프도다! 내 얼마나 불행한지고! 내 걸음이 비참한 이내 몸 어디로 데려가나? 내 목소린 허공을 배회하며 지향 없이 어디로 날아가나? 아 나의

Œdipe — Pas assez pour dire que J'ai bien saisi. Va, répète encore.

TIRÉSIAS — Je dis que c'est toi l'assassin cherché.

63 *Ibid.*, pp.26-27 : TIRÉSIAS — (···) il se révélera un Thébain authentique - et ce n'est pas cette aventure qui lui procurera grand-joie. Il y voyait : de ce jour il sera aveugle ; il était riche : il mendiera, et, tâtant sa route devant lui avec son bâton, il prendra le chemin de la terre étrangère. Et, du même coup, il se révélera père et frère à la fois des fils qui l'entouraient, époux et fils ensemble de la femme dont il est né, rival incestueux aussi bien qu'assassin de son propre père !

운명이여 넌 어디로 추락했는가"[64]라고 절규할 때에 오이디푸스의 그 비참한 모습을 보는 사람들은 신의 존재를 전율적으로 느끼지 않을 수 없을 것이다.

요컨대 오이디푸스가 가지고 있던 인간적 지혜는 예언자 테이레시아스의 신적 지혜에 비하면 너무나 보잘 것 없음이 밝혀졌다. 그러나 오이디푸스는 자신의 눈을 찌름으로써 보지는 못하나 진실을 깨달은 존재, 즉 신을 늘 경배하는 인생을 택한 것이다. 테이레시아스를 통해서 보고 확인되는 것만 믿는 인간의 무력함과 보이지 않는 존재인 신의 위력을 대비적으로 잘 알려 줌으로써 신에 대한 인간의 태도를 재인식시켜 주고자 한 것이다.

5) 맺음말

그리스의 연극은 신관의 주관 아래 아테네 유지들의 후원으로 수많은 시민들이 함께 관람하는 국가적 행사이자, 같은 주제를 다함께 생각하며 서로의 의견을 주고받으며 단합하는 시민의 장이 되도록 하는 것이었다. 고대 그리스 비극은 신화가 점차 사회화되고 인간화되는 과정 속에서 이루어진 산물이라고 할 수 있다. 즉 극장이라는 특별한 공동의 공간에서 비극 형식을 통해 신화를 더욱 실제적이며 현장감이 넘치도록 알려주고 훈육함으로써, 공동체의 단합을 도모하고 시

64 *Ibid.*, p.78 : Œdipe — Hélas ! hélas ! malheureux que je suis ! Où m'emportent mes pas, misérable? Où s'envole ma voix, en s'égarant dans l'air? Ah ! mon destin, où as-tu été te précipiter?

민정신을 함양하게 하는 것이 그리스 비극이었다. 더욱이 그리스 비극은 뛰어난 작가들이 경쟁 상황 속에서 정제된 형식으로 주로 유익한 신화들을 인간의 행위로 보여주기 때문에 그 자체가 시민들을 위한 교화적 성격이 강한 것이다. 말하자면 작가는 비극에서 신화를 통해서 은유적이든 직접적이든 간에 조상이나 통치자, 국민이나 시민들의 삶의 방식에 대해 전해주며 가르치게 되는 것이다. 바로 여기에 고대 그리스 비극 작품의 중요한 의의가 있는 것이다.

지금까지 우리가 살펴본 소포클레스의 비극 『오이디푸스 왕』의 신화 이야기의 주요 의미에 대해 해석의 관점에서 되짚어 보자.

첫째, 국왕은 어떠한 국가의 재난도 자신의 책임으로 받아들인다. 즉 전염병도 가축의 불임도 식물의 성장 불능까지도 모두 왕의 책임으로 생각함으로써 모든 시민이 왕에게 의지할 수 있게 한다.

둘째, 오이디푸스 왕은 국가적 위기에 처해서 합리적인 모든 절차와 방법을 동원해서 그 위기를 극복하고자 하는 강한 의지와 실천력을 보여줌으로써 시민들이 왕과 국가에 대한 믿음을 가지게 할 뿐만 아니라 시민들이 각기 합리적 실천력을 키우게 한다.

셋째, 아폴론 신탁이 오이디푸스 왕에게서 실현됨으로써 오이디푸스는 부친살해자인 동시에 어머니와 근친상간한 패륜아가 됨을 보여주는데, 이는 부친살해나 근친상간의 금기를 어떤 방식에 의해서든 어기게 되면 그 대가를 치른다는 점과 인간이 신에 의지하지 않고는 결코 온전하지 못하게 된다는 점을 시민들에게 인식시키려 하였다.

넷째, 본 비극은 당대 그리스 사회의 중요한 이슈를 해결하고자 했다. 즉 사람들이 기존의 신들에 복종해야 하는가 아니면 철학자들이 주장하는 인간의 지혜를 신봉해야 하는가를 선택해야 하는 문제에서 신들의 편을 택하도록 하였다.

다섯째, 비극의 구성요소 중 합창대는 신의 입장, 작가적 태도, 시민정신 등으로 그 역할을 수행한다.

결국 비극 『오이디푸스 왕』은 자신이 범인이면서 자신이 수사를 시작하여 자신을 검거한 후, 형의 선고도 본인이 본인에게 하고 형의 집행도 자신이 자신에게 한 이상한 현대적 탐정소설 같은 것인데, 그 진행 과정은 더없이 인간적인 방식으로 전개되나 결국은 아폴론 신의 한마디의 신탁이 오이디푸스의 모든 것을 결정하고야 만 고대 비극이었다. 신을 무시한 인간의 불행을 시민들에게 강하게 훈육한 비극이라고 할 수 있다. 이 신화적 비극 작품은 신화의 위력, 신들의 절대적 힘을 사람들이 믿게 함으로써 국가적, 사회적, 개인적 안정과 행복에 이르게 하려는 의도를 가득 담고 있다. 요컨대 오이디푸스 신화를 소포클레스가 비극 작품을 통해서 일차적으로 해석하였다면 우리는 그의 비극을 독서함으로써 이차적 또는 최종적 해석을 하게 되는 셈이다.

Bibliographie

ASTIER, C., *Le Mythe d'Œdipe*, Armand Colin, 1974.

BAKHTINE(M.), *le freudisme*, Editions l'âge d'homme, 1980.

BERTHELOT, DERENBOURG(H.) et al., *La Grande Encyclopédie*: lffv., Paris: Société anonyme de la Grande Encyclopédie, 1884-1902.

BERTHOUX, A. M., *Littérature et parricide*, http :// www.hommes-et-faits.com/ ima _cult /AMB _Parricide.htm, 1997.

BONNEFOY(Yves), *Dictionnaire des Mythologies et des Religions des Sociétés traditionnelles et du Monde antique*, Paris, Flammarion, 1981.

CASEVITZCMichel), Diodore de Dicile, *Naissance des Dieux et des Homines*, Paris. Les Belles Lettres, 1991.

CAZENAVE(M.), LE GOFF(J.), DURAND(G.) et al., *Mythes et Histoire*(Question de, No 59), Paris-Albin Michel, 1984.

CHAMOUX(F.) et BERTRAC(P), *Diodore de Sicile*, Paris, Les Belles Lettres, 1993.

CHEVALIER(J.), GHEERBRANT(A.), *Dictionnaire des Symboles*, Paris : Ed. Robert Laffont S.A. et Ed. Jupiter, 1982.

CHUVIN(Pierre), *Mythologie et Géographie dionysiaques*, Clermont Ferrand, Adosa, 1991.

CORNFORD(F. M.), *Thucydides Mythistoricus*, London, Routledge & Kegan Paul LTD., 1965.

CUNNINGHAM(A.), *The Theory of Myth*, London, Sheed and Ward, 1973.

DECHARME(Paul), *Mythologie de la Grèce Antique*, Wentworth Press, 2018.

DE ROMILLY(Jacqueline), *Homère*, Paris, P.U.F., 1985.

DE ROMILLY(Jacqueline), *Précis de Litérature grecque*, Paris, P.U.F., 1980.

DEFORGE(Bernard), *Le commencement est un Dieu*, Paris, Les Belles Lettres, 1990.

DIEL(Paul), *Le Symbolisme dans la mythologie grecque*, Paris, Payot, 1952.

DUBOIS, Cl., *Grand dictionnaire Encyclopédique Larousse*, Paris: Librairie Larousse, 1985.

DURAND(G.), *Figures mythiques et visages de roeuvre*, Dunod, 1992.

ELIADE(M.) et COULIANO(I.P.), *Dictionnaire des Religions*, Paris, Plon, 1990.

ELIADE(M.), *Aspects du mythe*, Editions Gallimard, 1963.

ELIADE(M.), *Mythes, rêves et mystères*, Editions Gallimard, 1957.

Encyclopédie Française, Paris, Larousse, 1981.

Encyclopoedia Universalis, Corpus 15, Paris-Encyclopoedia Universalis France S.A., 1989.

EURIPIDES, *Tragiques grecs*, Editions Gallimard, 1962.

FINLEY(M. I.), *Mythe, Mémoire, Histoire*, Paris : Flammarion, 1981.

FINLEY(M. I.), *The portable greek historians*, New York: Penguin Books, 1982.

FRAZER(J. G.), *Apollodorus : the Library*, London, William Heinemann, 1961.

FRAZER, J. G., *The Golden Bough*, New York: Paperback Edition, 1963.

FREUD(S.), *la naissance de la psychanalyse*, P.U.F., 1973.

FREUD(S.), *Sigmund Freud présenté par lui-même*, Editions Gallimard, 1984.

FREUD(S.), *sur le rêve*, Editions Gallimard, 1988.

FREUD(S.), *The Ego and the Id*, standard Edition, vol. 19, 1961.

FREUD(S.), *l'homme Moïse et la religion monothéiste*, Paris: Editions Gallimard, 1986.

FREUD(S.), *Sigmund Freud présenté par lui-même*, Paris: Editions Gallimard, 1984.

FREUD(S.), *Totem et tabou*, Paris : Editions Gallimard, 1993.

GABRIEL-LEROUX((J.), *les Premières Civilisations de la Méditerranée*, Paris, P.U.F., 1954.

GLOTZ(G.), *Histoire grecque I.*, Paris, P.U.F., 1986.

GOT. O., *Œdipe Roi*, Paris : Nathan, 1994.

GRANT (Michael) et HAZEL (John), *Dictionnaire de la Mythologie*, Verviers, Marabout. 1975.

GRAVES(Robert), *les Mythes grecs*, Paris, Fayard, 1967.

GRIMAL(Pierre), *Dictionnaire de la Mythologie grecque et romaine*, Paris, P.U.F., 1969.

GRIMAL(Pierre), *la Mythologie grecque*, Paris, P.U.F., 1975.

GUTHRIE(W.K.C.), *History of greek philosophy*(*I, II*), Cambridge University Press, 1977.

GUTHRIE(W.K.C.), *Les Grecs et leurs Dieux*, Paris, Payot, 1956.

HAMMEL(J. P.), *l'Homme et les Mythes*, Hatier, 1994.

HERODOTE, *Enquête I-II*, Editions Gallimard, 1990.

HESIODE, *Theogonie*, Paris, Les Belles Lettres, 1964.

HESIODE, *les Travaux et les Jours*, Paris, Les Belles Lettres, 1964.

HESIODE, *les Travaux et les Jours*, Lausanne, Editions de l'Aire, 1979.

HOMERE, *lliade*, Éditions Gallimard, coll. «Bibliothèque de la Pléiade», 1993.

HOMERE, *L'Odyssée*, Éditions Gallimard, coll. «Bibliothèque de la Pléiade», 1993.

HUISMAN(D.), *Dictionnaire des philosophes I*, P.U.F., 1984.

JONES(E.), *La vie et l'oeuvre de Sigmund Freud*, t. II, P.U.F., 1958-1969.

JONES(E.), *L'homme à la découverte de son âme*, P.U.F., 1953.

JUNG(C.G.), C. Kerenyi, *Essays on a science of mythology*, Princeton University Press, 1969.

JUNG(C.G.), *on the Nature of the Psyche*, Princeton University Press, 1973.

KNOS(B.), *Civilization of the Ancient Mediterranean(Greece and Rome) II*, Charles Scribner's Sons, 1988.

La Grande Encyclopédie, Paris, Société anonyme de la grande encyclopédie, 1884-1902.

LAGACHE(D.), *La psychanalyse*, P.U.F., 1955.

LAROUSSE(P.), *Grand Dictionnaire Universel du XIXe siècle*, VII, Paris: Slatkine, Genève, 1982.

MALINOWSKI(B.), *Myth in primitive psychology*, New York, w. w. Norton & Company, inc., 1926.

MAZON(Paul), *Hésiode*, Paris, Les Belles Lettres, 1964.

MILNER(M.), *Freud et l'interprétation de la littérature*, C.D.U. et S.E.D.E.S., 1980.

MOURRE(Michel), *Dictionnaire de l'Histoire*, Paris, Bordas, 1994.

NORPHEUS-LACOMBE, *Œdipe Roi*, http://www.eBooksLib.com, 2002/10, 2002.

PEPIN(J.), *Mythe et Allégorie*, Paris, Etudes Augustiniennes, 1976.

PLATON, *Œuvres complètes I*, Editions Gallimard, 1950.

POTTIER. R., *Anthropologie du mythe*, Editions Kimé, 1994.

POULARD(P.), *Dictionnaire des Religions*, P.U.F., 1993.

RAMNOUX(Clémence), *la Nuit et les Enfants de la Nuit dans la Tradition grecque*, Paris, Flammarion, 1959.

ROBERT(Paul), *le Robert des Noms propres, grèce*, Paris, Dictionnaires le Robert, 1994.

ROMILLY(J. De), *La construction de la vérité chez Thucydide*, Julliard, 1990.

ROMILLY(J. De), *Précis de littérature grecque*, Paris: P.U.F., 1980.

ROUDINESCO(E.), *Histoire de la psychanalyse en France 1*, Fayard, 1994.

SAID(S.), *Approches de la mythologie grecque*, Paris: Nathan, 1993.

SCHERER. J., *Dramaturgies d'Œdipe*, Paris: P.U.F, Nizet, 1987.

THCYDIDE, *La Guerre du Péloponnèse*, tome l-II, Paris-Editions

Gallimard, 1964.
VERNANT(J.-P.), *Mythe et pensée chez les Grecs*, Paris, Ed. la Découverte, 1985.
VERNANT(J.-P.), *Mythe et pensée chez les Grecs*, Paris, Ed. la Découverte, 1985.
VERNANT(J.-P.), VidalNaquet(P.), *La Grèce ancienne, Edition du Seuil*, 1981.
VERNANT(J.-P.), *mythe et société en grèce ancienne*, Paris: Librairie François Maspero, 1979.
VEYNE(Paul), *Les Grecs ont-ils cru à leurs mythes?*, Paris, Le Seuil, 1983.
김운비 역: VEYNE, P., 『그리스인들은 신화를 믿었는가』, 서울: 이학사, 2002.
김윤동, 「플라톤의 신학」, 철학논총(12), 1996.
김재홍 역: SNELL(B.), 『정신의 발견』, 까치, 1994.
김진경 역: KITTO(H. D. F.), 『그리스 문화사』, 탐구당, 1994.
백상창 역: HALL(C.S.), 『프로이드심리학, 문예출판사』, 1999.
설영환 편역: JUNG(C.G.), HALL(C.S.), JACOBI(J.), 『융심리학 해설』, 선영사, 1986.
이규영 역: HUBNER(K.), 『신화의 진실』, 민음사, 1991.
이부영, 조대경 역: JUNG(C.G.), ERIKSON(E.H.), 『현대의 신화/아이덴티티』, 삼성출판사, 1993.
정영목 역: JUNG(C.G.) 편저, 『사람과 상징』, 까치, 1995.
정장진 역: BIET, C., 『오이디푸스』, 서울 : 이룸, 2003.
정장진 역: FREUD(S.), 『창조적 작가와 몽상』(프로이트 전집 18) 열린책들, 1998.
정태진 역: CASSIRER(E.), 『인간과 문화』, 탐구당, 1981.
조대호 역: THOMSON(G. D.), 『고대 사회와 최초의 철학자들』, 고려원, 1992.
조우현 외 3인, 『그리스비극』1, 현암사, 1994.

최명관 역: CASSIRER(E.),『국가의 신화』, 서광사, 1988.
표원경 역: NASIO(J.-D.),『정신분석학의 7가지 개념』, 백의, 1999.
허창운 외 3인,『프로이트의 문학예술이론』, 민음사, 1997.

조진근

경북대학교 사범대학 불어교육과 교수
프랑스 고전문학 전공
2021년까지 강의함

그리스 신화론

신화의 문헌과 신화의 해석

초판 1쇄 발행 _ 2021년 2월 15일

저　자 · 조 진 근
발행인 · 정 현 걸
발　행 · 신 아 사
인　쇄 · 대명프린팅
주　소 · 서울특별시 은평구 통일로 59길 4 (2층)
전　화 · (02) 382-6411　팩스 · (02) 382-6401
홈페이지 · www.shinasa.co.kr
E-mail · shinasa@daum.net
출판등록 · 1956년 1월 5일(제9-52호)

ISBN: 979-11-91158-05-2(93210)

정가 *14,000* 원